中小微企业管理丛书

中小微企业市场开拓与公关指南

刘嘉莹　编　著

大连出版社

内容简介

本书共分十章，以市场为基础，以市场营销策略为主线，突出了时代特点，坚持了管理创新，强化了案例教学，具有针对性、实用性、前瞻性和新颖性。本书对于更好地开展中小微企业经营管理人员教育培训工作，进一步提高广大中小微企业的现代管理素质和整体管理水平，打造一批开拓型、创新型的优势中小微企业，必将起到十分重要的作用。

图书在版编目(CIP)数据

中小微企业市场开拓与公关指南 / 刘嘉莹编著. —大连：大连出版社，2013.9
(中小微企业管理丛书)
ISBN 978-7-5505-0573-5

Ⅰ.①中… Ⅱ.①刘… Ⅲ.①中小企业—市场营销学—指南 Ⅳ.①F276.3-62

中国版本图书馆 CIP 数据核字(2013)第209789号

出 版 人：刘明辉
策划编辑：成秉权
责任编辑：乔 丽
责任校对：尚 杰
封面设计：林 洋
版式设计：金东秀
责任印制：徐丽红

出版发行者：大连出版社
地址：大连市西岗区长白街12号
邮编：116011
电话：(0411)83620416/83621075
传真：(0411)83610391
网址：http://www.dlmpm.com
电子信箱：qiaoli-2006@163.com
印 刷 者：大连美跃彩色印刷有限公司
经 销 者：各地新华书店

幅面尺寸：170mm×240mm
印 张：11.75
字 数：220千字

出版时间：2013年9月第1版
印刷时间：2013年9月第1次印刷
书 号：ISBN 978-7-5505-0573-5
定 价：25.00元

前　言

改革开放以来，尤其是党的十八大的召开，我国的中小微企业发展迅速，在国民经济和社会发展中的地位和作用日益增强。中小微企业是国民经济和社会发展的重要基础，是创业富民的重要渠道，在扩大就业、增加收入、改善民生、促进稳定、增加国家税收、发展市场经济等方面具有不可替代的作用。

"十二五"乃至今后一个时期，是我国中小微企业快速发展的战略机遇期。一个全方位、多层次、宽领域对外开放，全面参与国际竞争的新格局已经展现，广大中小微企业发展的政策环境、经营理念、管理方式、运作模式均已发生根本性变化，对经营管理人员的素质也提出了新的更高的要求。一方面，中小微企业快速成长，更加依赖于中小微企业科技的进步和劳动者素质的提高；另一方面，由于诸多方面的原因，中小微企业的整体素质和经营管理水平与大企业特别是国有大企业相比还有不小的差距。因此，加大中小微企业经营管理人员的培训力度，进一步提高中小微企业整体管理素质和水平，推进广大中小微企业的健康成长和可持续发展，已成为加快经济结构调整，转变经济增长方式的一项战略举措。

专家指出，中国经济再次腾飞的关键在于中小微企业的良性发展，而中小微企业要实现良性发展就必须学会"两条腿走路"，既要做好资本市场的运营，又要做好产品市场的开拓。

中小微企业既要把有限的资金用在刀刃上，又要把不多的人力资源发挥到极致，在经营实战中常常因为某些条件的限制而无法严格按照现代企业市场营销的理念去运作。所以，在以市场为主导的今天，还有很多中小微企业不由自主地以推销为主导，以产品为主导甚至以生产为主导。毋庸置疑，这是一个危险的现象。中小微企业必须以科学的市场营销技术进行产品的开发、设计与生产，去设计具有竞争力的价格和渠道，选择合适的促销方式，学会网络时代的媒体公关以及公关活动策划。

本书共分十章，以市场为基础，以市场营销策略为主线，突出了时代特点，坚持了管理创新，强化了案例教学，体现了针对性、实用性、前瞻性和新颖性。相信，本书对于更好地开展中小微企业经营管理人员教育培训工作，进一步提高广大中小微企业的现代管理素质和整体管理水平，打造一批开拓型、创新型的优势中小微企业，必将起到十分重要的作用。

编著者

2013 年 9 月

目　录

第1章 中小微企业要过市场关

【导入案例】

广告促销不等于市场营销

托尔斯泰曾经说过,幸福的家庭都是相似的,不幸的家庭各有各的不幸。但企业的情况刚好相反,成功的企业各有各的绝活,而失败的企业却是相似的:它们都从根本上失去了自己的顾客基础或市场基础。山东秦池酒业有限公司(以下简称秦池)的情况似乎更特殊,因为当它正辉煌的时候,实际上已经掘下了失败的陷阱。我们在这里并不想批评秦池,因为秦池的领导人具有企业家最可贵的挑战精神,令人钦佩,只是要从秦池的大胆实践中探索企业经营的规律,把秦池所付出的代价化为中国企业家们的共同财富。

秦池作为临朐县的一个小酒厂,其发家靠的是有针对性的广告促销,其辉煌是中央电视台标版广告的中标。如果时间停留在1996年10月,或者当时临朐县将该酒厂以高价卖掉(当时一家资产评估机构曾将秦池估值10亿元以上),那么,秦池便是中国商战史上成功的经典。因此许多人往往以为秦池的问题出在第二次中央电视台标版广告投标上。实际上,这只是事物的表象。1996年秦池中标并在市场上获得前所未有的辉煌成绩,本身就使秦池处于一个两难境地。如果秦池不第二次中标,那么其销售量肯定会直线下降(孔府宴已是前车之鉴)。对于一个富有挑战精神的企业家来说,这不仅意味着企业的死亡,实际上也意味着企业家生命的终结,这是绝对不可接受的。而秦池再次中标的结局也就是我们今天所看到的。因此1996年的中标创造了表面上的辉煌,实际上设下了隐蔽的陷阱。

广告促销的确使某些企业走出了困境,尝到了甜头。广告也许可以使企业暂时赢得市场,但它并不能构成企业的核心能力。广告只是一种促销手段,不等于市场营销。那么,什么是市场营销?

我们知道,伴随着中国经济改革与发展,市场营销学作为一门新兴学科引入我国已近30年。30年来,市场营销理论与方法的研究经过了从传播普及到深入研究以及广泛应用的时期。实践证明,市场营销学对促进我国经济发展,推动企业健康成长做出了巨大的贡献。市场营销策略与方法的广泛应用使得我国涌现出一批诸如海尔、TCL、伊利、蒙牛等优秀的民族企业，这些企业是市场营销理论成功应用的典范。但市场营销到底是什么，它从哪里开始？对于从事市场营销研究的人来说，也许这个问题很简单，但是对90%以上的中国企业，尤其是对中小微企业来说，这个看似非常简单的问题，却从来没有被认真思考过，更没有在企业界达成共识，所以对市场营销普遍存在着一些误解。基于历史原因，中国的绝大多数企业家都是在计划经济的环境中成长起来的，他们并没有接受过市场经济和市场营销方面的系统教育或培训。可以说，到目前为止，绝大多数中国企业还停留在"推销状态"，还没有进入真正的"营销状态"。因此，从理论上弄清市场营销的含义、市场营销的来龙去脉，对于指导中小微企业正确地做出市场营销决策、科学地进行市场营销活动至关重要。

1.1 你有"小企业综合征"吗

有些小企业的经营者经常说自己无法做大企业那样的营销，因为他们没有那么大的预算支出。为什么不能呢？有人称此为"小企业综合征"。

大企业会在广告宣传和市场营销上花费大量资金，在电视、广播和报纸上做引人注目的广告，保持市场份额。竞争总是激烈的，最终，拥有最好的营销策略、提供优质产品和高质量服务的公司会获得巨大成功。

对于小企业来说，这有什么不同呢？除了预算资金的数目不同，事实上并没有什么不同之处。如果广告和营销方案对于一个大公司奏效，那么为什么小企业不能采用同样的办法呢？一个最好的案例是许多大公司采用的"客户忠诚度计划"。其中最著名的是世界上几乎每家航空公司都提供的"常客奖励计划"。该计划的基本原则是你乘坐同一家公司（包括它的合作伙伴）的飞机越频繁，你得到的免费航班和优惠就越多。这个原则为什么不能用于像咖啡厅或洗车店这样的小企业呢？回报你忠诚的客户吧。这样做就是对客户做出的选择表示答谢——因为他们选择了你。大企业采用的很多方法也适用于小企业，而且只需花小部分的费用。忘记"小企业综合征"吧，采用已经被大公司证实有效的方法，然后获取他们的投资成果。

1.2 中小微企业的营销困局

1.2.1 企业品牌营销困局

近年来，关于品牌营销的争论很多。中国的很多企业尤其是中小企业，都在思考一个问题，那就是要不要大张旗鼓地去做品牌营销，要不要为塑造和提升品牌营销而大量投入。其实，在品牌营销方面，很多企业都存在迷茫或困局，比如，一直走不出“做产品”的怪圈，并逐渐陷入一种恶性循环。在市场上我们可以看到，有的企业的产品一开始做得很好，可一旦市场上出现供不应求的状况，要么开始偷工减料，或以次充好，或减少容量，要么就是改变包装、变相提价。然而，顾客的眼睛是雪亮的，经过上述一番“改头换面”之后，慢慢顾客开始“移情别恋”，市场销量开始大幅下滑。企业意识到后马上又开始“加量不加价”、“特惠装”、“量足价优”，销量又开始有所回升。这时，企业又开始“投机取巧”，市场销量又开始下降。如此反复，企业别说做品牌营销，就连生存和稳定发展都成问题。

有的企业和产品虽然在市场上有较高的知名度，但却缺乏应有的美誉度，这都是因为企业不断地陷入“做产品”的怪圈里走不出来造成的。再比如，很多企业没有品牌营销意识，认为只要把产品做好，在市场上卖好，至于品牌不品牌的，没有太大关系。这其实是一种观念误区。现在已经不是“酒香不怕巷子深”的年代了，没有品牌营销以及品牌营销内涵，企业就没有发展的动力和后劲。

1.2.2 营销模式同质化困局

近年来，企业在市场营销当中，越来越面临着营销模式同质化的困局，具体表现在：很多企业的模仿能力特别强，从产品模仿，到价格跟随，再到渠道克隆，最后到促销复制等等，不一而足。

作为企业，尤其是中小企业，其实要辩证地看待跟随策略，它既有好处，也有坏处。好处是能够让企业低成本，甚至无风险地运作市场；坏处是过度地跟随会让企业陷入同质化的“红海”难以自拔。因为在同质化的条件下，企业只能打价格战，而价格战是一把双刃剑，既伤别人也伤自己，真正的价格战没有赢家。

同质化制造“红海”局面，而差异化则创造“蓝海”局面。什么是蓝海？蓝海的本质是差异化，就是寻找无人竞争的领域。而现实当中，更多的企业还是缺乏差异化而盲目跟风。有这样一家酒企，当泸州老窖推出了一款名叫“国窖1573”的产品时，这家酒厂就照葫芦画瓢推出了“老窖1949”。这种缺乏技术含量的跟随，就是缺少差异化的突出表现。这种跟随，只会让企业邯郸学步，而无法在根本上有所突破。

1.2.3 企业策划力短板困局

在市场上，我们经常发现一些让人匪夷所思的现象，那就是一些企业的产品很好，却没有好的市场，这是一件值得我们深思的事情。

由于缺乏有效的市场策划，很多企业往往投入了巨额的市场费用后，结果却不尽如人意。这一方面会给企业带来大量“失血”的可能，另一方面也容易错失市场发展的大好时机。

曾经有一家企业好大喜功，在没有做周密的市场调查，以及前期市场铺货做得不扎实、不到位的情况下，投入了几千万元做电视广告，开始了狂轰滥炸，可结果如何呢？广告引导消费，顾客看到了广告之后，想购买但却找不到购买的地方，造成广告费用的白白浪费。这就是策划与市场没有紧密配合带来的失误。

1.2.4 危机公关困局

危机公关，是很多中国本土企业，尤其是中小微企业的致命短板。三鹿集团，一个中国乳品行业的巨头，自恃大国企的背景，不懂危机公关，结果因为“三聚氰胺事件”而轰然倒塌。一个有着50余年历史的中国食品工业百强、中国企业500强、品牌价值达149.07亿元的中国驰名商标，就此陨落，后来被三元股份有限公司以6.16亿元人民币竞购，在行业中被称为“蛇吞象”，这不能不说是一种遗憾。而反观国外的一些企业，比如可口可乐、肯德基等等，都曾出现过这样那样的危机事件，为何它们能够安然度过危机，这跟它们一整套的危机处理流程与方法、技巧有很大的关系。不善于危机公关，让很多企业陷入被动，甚至走上不归路。

很多企业在危机到来的时候，往往会出现惊慌失措以致失策，或因为低估了危机可能带来的影响掉以轻心，危机扩大时，而又无招可施。比较典型的案例是三株口服液，三株在20世纪90年代曾经创造了很多辉煌，它的陨落原因也是多方面的，但是与湖南常德一位老人喝了三株口服液死亡之后，三株的危机公关处理不当有很大的关系。常德一位老人喝了三株口服液后死亡，家人索赔，但是三株口服液不承认对方是喝了自己的产品死亡的。于是对方将三株告上法庭，一审判决消费者赢了，说老人的死亡跟喝三株口服液有一定的关系。事情进展到这儿，三株本应该理性对待，但它不服判决，继续进行上诉。结果二审判定三株口服液产品没问题，不是诱发老人死亡的原因。这场官司三株是赢了，但结局是经历此事件的三株，从此开始走下坡路。因为这场沸沸扬扬的官司打了一年半的时间，在这期间，很多媒体纷纷报道和转载，大家看了之后，不再购买三株的产品，一些代理商也开始大规模退货，企业最后停产。后来，三株的总裁吴炳新在内部会上说了这样一句话：“三株赢了官司，却输了市场，这场官司下来，让我们至少少挣十几个亿。”其实，岂止是十几个亿，把企业都给输掉了。这就是不懂危机公关带来的恶果。

造成这种困局的因素很多，比如区域文化影响、经济政策制约、企业体制机制、企业经营者的经营理念与思路等等，但不可否认还有一个共同点，就是企业在经营发展过程中，都要过市场关。在市场经济条件下，市场是一切经济活动的集中体现。从生产企业到消费者个人，无不与市场有着千丝万缕的联系。市场是所有企业从事生产经营活动的出发点和归宿。

市场营销是企业整体活动的中心环节，又是评判企业生产经营活动成功与失败的决定要素。因此，企业必须不断研究市场，认识市场，进而才能适应市场和驾驭市场。

1.3 如何科学全面地理解市场营销

1.3.1 什么是市场营销

市场营销学是来源于企业的市场营销实践又作用于企业的市场营销实践的科学。它于 20 世纪初起源于美国,第二次世界大战后的 20 世纪 50 年代,现代营销理论进一步形成,其基本内容有市场调研、选择目标市场、产品开发、渠道选择、产品促销、产品销售、提供服务等一系列与市场有关的企业经营活动。近几十年来,中外学者对市场营销的含义表述各异,现代营销学之父菲利普·科特勒指出,市场营销是个人或群体通过创造,提供并同他人交换有价值的产品,以满足各自的需要和欲望的一种社会活动和管理过程。美国市场营销协会(AMA)对市场营销的定义随着时代的变迁而不断变化,如表 1-1 所示。

表 1-1　美国市场营销协会对市场营销的定义

时间	定义
1935 年	市场营销是把商品和服务从生产地流向消费地从事的各种经营活动。
1960 年	市场营销是生产者引导产品和服务流向消费者或使用者所从事的各种经营活动。
1985 年	市场营销是通过创造和实现交换,对创意、产品和服务的观念、价格、促销和分销进行计划和实施以实现个人和组织目标。
2004 年	市场营销既是一种组织职能,也是为了组织自身及利益相关者的利益而创造、传播、传递客户价值,管理客户关系的一系列过程。
2008 年	市场营销既是一种行为、一套制度,也是创造、传播、传递和交换对消费者、代理商、合作伙伴和全社会有价值的物品的过程。

上述几个阶段的定义有共性,即营销不是一个简单的环节,而是一个过程。上述几个定义的变化,说明市场营销的发展趋势:由早期的“交易驱动”发展到“客户关系驱动”、“价值驱动”和“全社会价值网驱动”。由此,我们可以从以下几个方面理解市场营销的含义:

第一,市场营销分为宏观和微观两个层次。宏观市场营销是反映社会的经济活动,其目的是满足社会需要,实现社会目标。它由三部分构成:①国家、企业和政府三个参加者;②资源和产品两个市场;③资源、货物、劳务、货币及信息五个流程。微观市场营销是一种企业的经济活动过程,它是根据目标顾客的需求,生产适销对路的产品,从生产者流转到目标顾客,其目的在于满足目标顾客的需要,实现企业的目标。

第二,市场营销与推销、销售的含义不同。市场营销包括市场研究、产品开发、定价、促销、服务等一系列的经营活动。而推销、销售仅是企业营销活动的一个环节或部分,是市场营销的职能之一,不是最重要的职能。

第三,市场营销的内涵随着社会经济的发展而不断变化和扩充。第二次世界大战前的几十年只强调推销和销售,今天市场营销已发展为系列化的经营过程,随着企业营销实践的发展而不断丰富其内涵。

第四,市场营销活动的核心是交换,但其范围不仅限于商品交换的流通过程,而且还包括产前和产后的活动。产品的市场营销活动往往比产品的流通过程要长。现代社会的交易范围很广泛,已突破了时间和空间的壁垒,形成了普遍联系的市场体系。

市场营销作为一种复杂、连续、综合的社会管理过程,是基于下列核心概念的运用之上的,只有准确地把握和运用市场营销的核心概念,才能深刻认识市场营销的本质。市场营销的核心概念主要有需要、欲望和需求,产品,效用、价值和满足,交换和交易,关系和网络,市场,市场营销及市场营销者。

1)需要、欲望和需求

消费者的需要、欲望和需求是市场营销的出发点,满足消费者的需要、欲望和需求是市场营销活动的目的。需要指消费者生理及心理的需求,如人们为了生存,对食物、衣服、房屋等的生理需求及安全、归属感、尊重和自我实现等心理需求。市场营销者只能通过营销活动对人的需要施加影响,并不能凭主观想象加以创造。欲望指人们的需要趋向某些特定的目标以获得满足的愿望。人的需要是有限的,而人的欲望是无限的,强烈的欲望能激发人的购买行为。需求指有支付能力和愿意购买某种物品的欲望。可见,消费者的欲望在有购买力做后盾时就变为需求。许多人想购买奥迪牌轿车,但只有具有支付能力的人才能购买。因此,市场营销者不仅要了解有多少消费者对其产品有购买欲望,还要了解他们是否有能力购买。

2)产品

产品泛指用来满足顾客需求或欲望的商品和劳务。产品包括有形与无形两种。有形产品是为顾客提供服务的载体。无形产品或服务是通过其他载体,诸如人、地、活动、组织和观念等来提供的。当我们感到疲劳时,可以到音乐厅欣赏歌星唱歌(人),可以到公园去游玩(地),可以到室外散步(活动),可以参加俱乐部活动(组织),或者接受一种新的意识(观念)。服务也可以通过有形物体和其他载体来传递。市场营销者切记销售产品是为了满足顾客需求,如果只注意产品而忽视顾客需求,就会失去市场。

3)效用、价值和满足

消费者选择所需的产品,主要是根据对满足其需要的每种产品的效用进行估价而决定的。效用是消费者对满足其需要的产品的全部效能的估价。产品全部效能(或理想产品)的标准如何确定？例如某消费者到某地,交通工具可以有自行车、摩托车、汽车、飞机等。这些可供选择的产品构成了产品的选择组合。又假设某消费者要求满足不同的需求,即速度、安全、舒适及节约成本,这些构成了其需求组合。这样,每种产品有不同能力来满足其不同需要,如自行车省钱,但速度慢,欠安全;汽车速度快,但成本高。消费者要决定一项最能满足其需要的产品。为此,将最能满足其需求到最不能满足其需求的产品进行排列,从中选择出最接近理想产品的产品,它对顾客效用最大。如顾客到某目的地所选择理想产品的标准是安全、快速,他可能会选择汽车。

顾客选择所需的产品,除效用因素外,产品价格高低亦是考虑因素之一。如果顾客追求效用最大化,他就不会简单地只看产品表面价格的高低,而会看每一元钱能产生的最大效用,如一部好汽车价格比自行车昂贵,但由于速度快、修理费少、相对于自行车更安全,其效用可能更大,从而更能满足顾客需求。

4)交换和交易

人们有了需求和欲望,企业亦将产品生产出来,还不能解释为市场营销,产品只有通过交换才使市场营销产生。人们通过自给自足或自我生产方式,或通过偷抢方式,或通过乞求方式获得产品都不是市场营销,只有通过等价交换,买卖双方彼此获得所需的产品,才产生市场营销。可见,交换是市场营销的核心概念。

交换是一个过程,而不是一种事件。如果双方正在洽谈并逐渐达成协议,称为在交换中。如果双方通过谈判并达成协议,交易便发生。交易是交换的基本组成部分。交易是指买卖双方价值的交换,它是以货币为媒介的;而交换不一定以货币为媒介,它可以是物物交换。交易涉及几个方面,即两件有价值的物品,双方同意的条件、时间、地点,还有用来维护和迫使交易双方执行承诺的法律制度。

5)关系和网络

交易营销是关系营销大观念中的一部分。精明能干的市场营销者都会重视同顾客、分销商等建立长期、信任和互利的关系。而这些关系要靠不断承诺及为对方提供高质量产品、良好服务及公平价格来实现,靠双方加强经济、技术及社会联系来实现。关系营销可以减少交易费用和时间,最好的交易是使协商成为惯例。处理好企业同顾客关系的最终结果是建立起市场营销网络。市场营销网络是由企业同市场营销中介人建立起的牢固的业务关系。

6)市场

市场由一切有特定需求或欲望并且愿意和可能从事交换来使需求和欲望得到

满足的潜在顾客所组成。一般来说,市场是买卖双方进行交换的场所。但从市场营销学角度看,卖方组成行业,买方组成市场。行业和市场构成了简单的市场营销系统。买方和卖方由四种流程所联结,卖者将货物、服务和信息传递到市场,然后收回货币及信息。现代市场经济中的市场是由诸多种类的市场及多种流程联结而成的。生产商到资源市场购买资源(包括劳动力、资本及原材料),转换成商品和服务之后卖给中间商,再由中间商出售给消费者。消费者则到资源市场上出售劳动力而获取货币来购买产品和服务。政府从资源市场、生产商及中间商购买产品,支付货币,再向这些市场征税及提供服务。因此,整个国家的经济及世界经济都是由交换过程所联结而形成的复杂的相互影响的各类市场所组成的。

7)市场营销及市场营销者

上述市场概念使我们更全面地了解市场营销概念。它是指与市场有关的人类活动,亦即为满足消费者需求和欲望而利用市场来实现潜在交换的活动。它是一种社会活动和管理过程。

市场营销者则是从事市场营销活动的人。市场营销者既可以是卖方,也可以是买方。作为买方,他力图在市场上推销自己,以获取卖者的青睐,这样买方就是在进行市场营销。当买卖双方都在积极寻求交换时,他们都可称为市场营销者,并称这种营销为互惠的市场营销。

【人物介绍】

现代营销学之父——菲利普·科特勒

菲利普·科特勒(Philip Kotler)生于1931年,是现代营销集大成者,被誉为“现代营销学之父”,任美国西北大学凯洛格商学院终身教授。拥有芝加哥大学经济学硕士和麻省理工学院的经济学博士、哈佛大学博士后及苏黎世大学等其他8所大学的荣誉博士学位。他曾多次获得美国国家级勋章和褒奖,1995年,菲利普·科特勒获得国际销售和营销管理者组织颁发的“营销教育者奖”。

菲利普·科特勒博士著作众多,许多作品被翻译为20多种语言,被58个国家的营销人士视为营销宝典。其中,《营销管理》一书更是被奉为营销学的圣经。同时他还为《哈佛商业评论》、《加州管理杂志》、《管理科学》等一流杂志撰写了100多篇论文。

菲利普·科特勒也非常重视中国市场的研究。相对于经济平稳发展的欧美国家，中国充满机会。1999年年底，有着近30年历史的科特勒咨询集团(KMG)在中国设立了分部，为中国企业提供企业战略、营销战略和业绩提升咨询服务。菲利普·科特勒晚年的事业重点是在中国，他每年来华六七次，为平安保险、TCL、创维、云南药业集团、中国网通等公司做咨询。他的理论深受全世界总裁，营销、经济、管理、教育等各界人士推崇，演讲场面震撼，座无虚席。

1.3.2 企业营销思想的演变

企业营销思想是企业经营活动的指导思想，是一种商业哲学或思维方法，是企业领导人在组织和谋划企业的营销管理实践活动时所依据的指导思想和行为准则，也是高层管理者如何处置企业、顾客和社会三者利益时所持的态度、思想和观念。无论是西方国家企业或我国企业，经营哲学思想演变都经历了由“以生产为中心”转变为“以顾客为中心”，从“以产定销”变为“以销定产”的过程。企业经营哲学的演变过程既反映了社会生产力及市场趋势的发展，也反映了企业领导者对市场营销发展客观规律认识的深化结果。

1)生产观念

生产观念是指导销售者行为的最古老的观念之一。这种观念产生于20世纪20年代前。企业经营哲学不是从消费者需求出发，而是从企业生产出发，其主要表现是“我生产什么，就卖什么”。生产观念认为，消费者喜欢那些可以随处买得到而且价格低廉的产品，企业应致力于提高生产效率和分销效率，扩大生产、降低成本以扩展市场。例如，美国汽车大王亨利·福特曾傲慢地宣称：“不管顾客需要什么颜色的汽车，我只有一种黑色的。”这就是典型生产观念的表现。显然，生产观念是一种重生产、轻市场营销的商业哲学。

生产观念是在卖方市场条件下产生的。在资本主义工业化初期以及第二次世界大战末期和战后一段时期内，由于物资短缺，市场产品供不应求，生产观念在企业经营管理中颇为流行。中国在计划经济体制下，由于市场产品短缺，企业不愁其产品没有销路，工商企业在其经营管理中也奉行生产观念，具体表现为：工业企业集中力量发展生产，轻视市场营销，实行以产定销；商业企业集中力量抓货源，工业生产什么就收购什么，工业生产多少就收购多少，也不重视市场营销。

2)产品观念

它也是一种较早的企业经营观念。产品观念认为，消费者最喜欢高质量、多功能和具有某种特色的产品，企业应致力于生产高值产品，并不断加以改进。它产生于市场产品供不应求的卖方市场形势下。最容易滋生产品观念的时机，莫过于当企业发明一项新产品时。此时，企业最容易患上“市场营销近视”，即不适当地把注意力放在产品上，而不是放在市场需求上，在市场营销管理中缺乏远见，只看到自己的产品质量好，看不到市场需求在变化，致使企业经营陷入困境。

例如，美国某钟表公司自1869年创立到20世纪50年代，一直被公认为是美国最好的钟表制造商之一。该公司在市场营销管理中强调生产优质产品，并通过由著名珠宝商店、大百货公司等构成的市场营销网络分销产品。1958年之前，公司销售额始终呈上升趋势，但此后其销售额和市场占有率开始下降。造成这种状况的主要原因是市场形势发生了变化：这一时期的许多消费者对名贵手表已经不感兴趣，而趋于购买那些经济、方便且新颖的手表；而且，许多制造商迎合消费者需要，已经开始生产低档产品，并通过廉价商店、超级市场等大众分销渠道积极推销，从而夺得了该钟表公司的大部分市场份额。该钟表公司竟没有注意到市场形势的变化，依然迷恋于生产精美的传统样式手表，仍旧借助传统渠道销售，认为自己的产品质量好，顾客必然会找上门。结果，企业经营遭受重大挫折。

【知识链接】

市场营销近视症

“营销近视症”是著名的市场营销专家、美国哈佛大学管理学院西奥多·莱维特教授在1960年提出的一个理论。营销近视症就是不适当地把主要精力放在产品上或技术上，而不是放在市场需要（消费需要）上，其结果导致企业丧失市场，失去竞争力。莱维特断言：市场的饱和并不会导致企业的萎缩；造成企业萎缩的真正原因是营销者目光短浅，不能根据消费者的需求变化而改变营销策略。

所谓营销近视症，是企业管理者，特别是高层管理者，对于企业生产的产品和技术盲目乐观与自信，认为只要产品质量好、性能优越，就一定会有市场；对于产业的理解十分狭隘，将其等同于某一种具体的产品，而不能从更为本质的层面上理解产品和产业，因此对于产业发展所面临的替代品和潜在竞争者的威胁浑然不觉；忽视顾客的需求及其变化，一味执迷于现有产品的改进，忽视产品的创新和企业的变革。简而言之，营销近视症是营销的生产导向、产品导向和推销导向，不是真正的市场营销观念。在市场日益成为买方市场，产业增长日益依赖买方有效需求推动的经济体系中，营销近视症在微观层面会使一个企业走向死胡同，在宏观层面会使一个产业陷入停滞甚至灭亡，丧失产业发展的最佳机会。

3）推销观念

推销观念表现为“我卖什么，就努力推销什么”。就是不问消费者是否真正需要，采用各种推销手段，把商品推销给消费者。

这种观念虽然比前两种观念前进了一步，开始重视广告术及推销术，设立推销部门在组织上予以保证，但其实质仍然是以生产为中心的一种营销指导思想。推销观念仍存在于当今的企业营销活动中,如对于顾客不愿购买的产品,往往采用强行的推销手段。由于各种急迫的强销心理,所以在推销导向阶段,尽管生产者对消费者不得不重视,敬如上宾,但对消费者内心更为深层次的需求还是处于漠然和忽视的状态,销售中只关注如何吸引消费者来购买,或者“货物出门,概不负责”,因而对消费者还没有做到真正的关心。

4)市场营销观念

市场营销观念是作为对上述诸观念的挑战而出现的一种新型的企业经营哲学。这种观念是以满足顾客需求为出发点的,即“顾客需要什么,就生产什么”。尽管这种思想由来已久,但其核心原则直到20世纪50年代中期才基本定型,当时社会生产力迅速发展,市场趋势表现为供过于求的买方市场,同时广大居民个人收入迅速提高,有可能对产品进行选择,企业之间为实现产品的竞争加剧,许多企业开始认识到,必须转变经营观念才能求得生存和发展。市场营销观念认为,实现企业各项目标的关键,在于正确确定目标市场的需要和欲望,并且比竞争者更有效地传送目标市场所期望的物品或服务,进而比竞争者更有效地满足目标市场的需要和欲望。

5)客户观念

随着现代营销战略由产品导向转变为客户导向,客户需求及其满意度逐渐成为营销战略成功的关键所在。各个行业都试图通过卓有成效的方式,及时准确地了解和满足客户需求,进而实现企业目标。实践证明,不同子市场的客户存在着不同的需求,甚至同属一个子市场的客户的个别需求也会经常变化。为了适应不断变化的市场需求,企业的营销战略必须及时调整。在此营销背景下,越来越多的企业开始由奉行市场营销观念转变为奉行客户观念或顾客观念。

所谓客户观念,是指企业注重收集每一个客户以往的交易信息、人口统计信息、心理活动信息、媒体习惯信息以及分销偏好信息等,根据由此确认的不同客户终生价值,分别为每个客户提供不同的产品或服务,传播不同的信息,通过提高客户忠诚度,增加每一个客户的购买量,从而确保企业的利润增长。市场营销观念与之不同,它强调的是满足一个子市场的需求,而客户观念则强调满足每一个客户的特殊需求。

需要注意的是,客户观念并不适用于所有企业。一对一营销需要以工厂定制化、运营电脑化、沟通网络化为前提条件,因此,贯彻客户观念要求企业在信息收集、数据库建设、电脑软件和硬件购置等方面进行大量投资,而这并不是每一个企业都能够做到的。有些企业即使舍得花钱,也难免会出现投资大于由此带来的收益的局面。客户观念最适用于那些善于收集单个客户信息的企业,这些企业所营销的产品能够借助客户数据库的运用实现交叉销售,或产品需要周期性地重购或升级,或产品价值很高。客户观念往往会给这类企业带来异乎寻常的效益。

6)社会市场营销观念

社会市场营销观念是对市场营销观念的修改和补充。它产生于20世纪70年代西方资本主义出现能源短缺、通货膨胀、失业增加、环境污染严重、消费者保护运动盛行的新形势下。因为市场营销观念回避了消费者需要、消费者利益和长期社会福利之间隐含着冲突的现实。社会市场营销观念认为,企业的任务是确定各个目标市场的需要、欲望和利益,并以保护或提高消费者和社会福利的方式,比竞争者更有效、更有利地向目标市场提供能够满足其需要、欲望和利益的物品或服务。社会市场营销观念要求市场营销者在制定市场营销政策时,要统筹兼顾三方面的利益,即企业利润、消费者需要的满足和社会利益。

上述六种企业经营观,其产生和存在都有其历史背景和必然性,都是与一定的条件相联系、相适应的。中国仍处于社会主义市场经济初级阶段,由于社会生产力发展程度及市场发展趋势、经济体制改革的状况及广大居民收入状况等因素的制约,中小微企业的经营观念仍处于推销观念为主、多种观念并存的阶段。

1.4 市场营销在中小微企业中的职能与作用

1.4.1 市场营销的职能

1)商品销售

商品销售十分重要。企业需要尽最大努力来加强这一职能。其具体的活动包括:寻找和识别潜在顾客,接触与传递商品交换意向信息,谈判,签订合同,交货和收款,提供销售服务。然而,进行商品销售是有条件的。顺利进行商品销售的有关条件包括:①至少有两个主体,他们分别拥有在自己看来是价值相对较低但在对方看来具有更高价值的有价物,并且愿意用自己所拥有之物来换取对方所拥有的有价物。②他们彼此了解对方所拥有的商品的质量和生产成本。③他们相互之间可以进行有效的意见沟通。例如洽谈买卖条件,达成合同。④交易发生后他们都能如意地消费和享受所得之物。但是常常发现,这些条件不是处处成立的,因此企业经常会面临销售困难的局面。为了有效地组织商品销售,将企业生产的商品更多地销售出去,营销部门就不能仅仅只做销售工作,还必须进行市场调查研究、组织整体营销、开发市场需求等活动,而且要等到后面这些工作取得一定效果以后,才进行商品销售。

2)市场调查与研究

市场调查与研究又称市场调研,指企业在市场营销决策过程中,系统客观地收集、分析和研究有关营销活动的信息的工作。

企业销售商品的必要外部条件之一是该商品存在着市场需求。人们把具备这个条件的商品称为适销对路的商品。只有存在市场需求,商品才能销售出去。某种商品的市场需求,是指一定范围内的所有潜在顾客在一定时间内对于该商品有购买力的欲购数量。如果某种商品的市场需求确实存在,而且企业知道需要的顾客是谁、在哪里,就可以顺利地进行商品销售。

理智的生产者和经营者当然不会生产经营那些没有人需要的商品,要选择生产那些有人购买的商品。然而问题在于,一定范围的市场对于某种商品的需求量是经常变动的。有许多因素会对潜在顾客的需求产生影响。例如,居民收入的增长会使人们逐步放弃对低档、过时商品的消费,随之将购买力转向档次较高、新颖的商品;一种商品价格过高使许多人认为消费不合算而很少购买它,但当它的价格下降时,人们就会产生消费合算的念头,愿意多购买、多消费。潜在顾客对于一种商品的购买欲望从来都是不稳定的。购买欲望的变化必然影响购买力的支付方向,导致市场需求的变化。对于这种变化,生产者和经营者可能缺乏信息,因而在变化发生以后,处于被动状态。

为了有效地实现商品销售,企业营销经理需要经常研究市场需求,弄清楚谁是潜在顾客,他们需要什么样的商品,为什么需要,需要多少,何时何地需要,研究本企业在满足顾客需要方面的合适性,研究可能存在的销售困难和困难来源,并且相应地制定满足每一个顾客需要的市场营销策略。这就是市场调查与研究职能的基本内容。不难发现,市场调查和研究不单纯是组织商品销售的先导职能,实际上是整个企业市场营销的基础职能。

3)生产与供应

企业作为生产经营者,需要适应市场需求的变化,经常调整产品生产方向,借以保证生产经营的产品总是适销对路的。在市场需求经常变动的条件下,企业的这种适应性就来自企业对市场的严密监测、对内部的严格管理、对变化的严阵以待、对机会的严实利用。所有这些职能在企业经营管理上笼统地称为生产与供应职能。这个职能名称实际上是沿用传统的说法,在现代市场营销理论中,这个职能被称作整体营销。

整体营销是由企业内部的多项经营职能综合来体现的。要让销售部门在每个时期都能向市场销售适销对路的产品,市场调研部门就要提供准确的市场需求信息;经营管理部门就要把市场需求预测资料转变成生产指令,指挥生产部门生产和其他部门的协作。要让销售部门及时向顾客提供他们需要的产品,就要让生产部门在顾客需要产生之前将相应的产品生产出来;为了让生产部门能够做到这一点,技术开发部门就要在更早的时候完成产品设计和技术准备工作,能够向生产部门提供生产技术;财务部门就要在更早的时候筹集到资金,提供给生产部门进行生产线或机器设备的调整,提供给采购部门进行原料、材料、零部件的采购和供应;人事部门也要在更早的时候对工人进行技术培训和岗位责任教育,激发职工提高生产劳动的积极性和主动性。要让销售部门能够迅速打开销路,扩大商品销售数量,公共关系部门就应当在此之前在顾客心目中建立高尚的企业形象和企业产品形象,扩大服务顾客的声势和信誉传播范围;广告宣传部门就要在此之前有效地展开广告宣传攻势;促销部门要在此之前组织对潜在顾客有吸引力的促销活动;销售渠道和网络管理部门要在此之前争取尽可能多的中间商经销或代销企业的商品。这样,各个部门相互之间协同作战,共同来做好市场营销工作,就是整体营销。

实行整体营销需要对传统上各个职能部门各自为政的做法加以改变,甚至需要改变某些职能部门的设置。在市场营销中,要让技术开发部门根据顾客的需要开发人们愿意购买的商品;让财务部门按照市场营销需要筹集资金,供给资金,补充"给养";让生产部门在顾客需要的时间产出顾客需要的产品,保证销售部门及时拿到合适的产品,采用顾客喜闻乐见的方式,向存在需要的顾客进行销售。这样技术开发部门、生产部门、财务部门和销售部门就结合起来了,共同为促进商品的销售而运作。这样才能形成整体营销的效果。

4)创造市场需求

不断提高社会生活水平的社会责任要求企业努力争取更多地满足消费者需要。这就是说,仅仅向消费者销售那些他们当前打算购买的商品是不够的。消费者普遍存在着"潜在需求",即由于某些原因,消费者在短期内不打算购买商品或服务予以满足的需求。潜在需求的客观存在是由消费者生活需要的广泛性和可扩张性决定的。潜在需求实质上就是尚未满足的顾客需求,代表着在提高人们生活水平方面还有不足之处,也是企业可开拓的市场中的"新大陆"。

企业既要满足已经在市场上出现的现实性顾客需求,让每一个愿意购买企业商品的顾客确实买到商品和服务,也要争取那些有潜在需求的顾客,提供他们所需要的商品和服务,创造某些可以让他们买得起、可放心的条件,解除他们的后顾之忧,让他们建立起购买价格合算、消费合理的信念,从而将其潜在需求转变成为现实需求,前来购买企业的商品和服务。这就是"创造市场需求"。例如,通过适当降价,可以让那些过去买不起这种商品的消费者能够购买和消费这种商品,让那些过去觉得多消费不合算的消费者愿意多购买、多消费,真正满足其需要;通过广告宣传,让那些对某种商品不了解因而没有购买和消费的消费者了解这种商品,产生购买和消费的欲望;通过推出新产品,可以让那些难以从过去的商品获得满足的消费者有机会购买到适合其需要、能让其满意的商品;通过提供销售服务,让那些觉得消费某种商品不方便、不如意、不安全因而很少购买的消费者也能尽可能多地购买和消费这种商品。创造市场需求可以使市场的现实需求不断扩大，提高顾客需求的满足程度；也可以使企业开创一方属于自己的新天地，大力发展生产；同时使企业在现有市场上可进可退，大大增强对市场需求变化的适应性。

5）协调平衡公共关系

公共关系活动早就有，20世纪初美国还出现过专业的公共关系咨询公司。企业管理理论界在20世纪30年代就承认了职工关系、顾客关系的重要性。然而，在落后的生产观念、销售观念的条件下，公共关系没有作为市场营销的一个“内在职能”。到60年代再次爆发保护消费者权益运动之后，公共关系职能才得到广泛重视。在80年代，人们不再把公共关系看作企业的“额外负担”，而是把它当成了市场营销的一种职能。1981年，格罗路斯（Christian Gronroos）提出了“内部营销”的理论；到1985年，杰克逊（Barbara B. Jackson）提出要开展“关系营销”。这些新观点，综合起来，就是认为需要在市场营销职能中增加一个新项目：协调平衡各种公共关系。

企业作为一个社会成员，与顾客和社会其他各个方面都存在着客观的联系。改善和发展这些联系既可改善企业的社会形象，也能够给企业带来市场营销上的好处，即增加市场营销的安全性、容易性。按照杰克逊的观点，商品销售只是企业与顾客之间营销关系的一部分。事实上，他们之间还可以发展经济的、技术的和社会的联系和交往。通过这些非商品交换型的联系，双方之间就可以增进相互信任和了解，可以发展为相互依赖、相互帮助、同甘共苦的伙伴关系，让企业获得一个忠实的顾客群，还可以将过去交易中的烦琐谈判改变为惯例型交易，节省交易费用。这种“关系营销”的思想同样适合于发展和改善企业与分销商、供应商、运输和仓储商、金融机构、宣传媒体以及内部职工的关系，使企业在市场营销过程中，都能找到可以依赖、可予以帮助的战略伙伴。协调平衡公共关系需要正确处理三个关系，即商品生产经营与企业社会化的关系，获取利润与满足顾客需要的关系和满足个别顾客需要与增进社会福利的关系。

1.4.2 市场营销对企业发展的作用

使一个企业经营卓越的原因是什么？这个问题是引起国内外企业界及学术界普遍关注的问题。国内有几家电冰箱厂同国外某企业合资生产，国内消费者对电冰箱的爱好、生产冰箱所耗费的原材料成本以及销售价格差距不大，但个别电冰箱厂销售量下降，经济效益差，另外一些电冰箱厂则销售量日益上升，经济效益好。原因何在？经调查发现，根本差异在于市场营销观念及相应的市场营销组合策略。成功的企业有一套明智的经营原则，即有强烈的顾客意识、强烈的市场意识及推动广大职工为顾客生产优质产品的本领。美国著名的IBM公司是巧妙应用市场营销观念及营销策略的成功典范。IBM总经理罗杰所说过:“在IBM公司,每个员工都在推销……当你走进纽约IBM大厦或世界各地办事处时,你都会产生这种印象。”有人问,IBM销售什么产品?他回答:“IBM公司不出售产品,而是出售解决办法。”市场营销虽然不是企业成功的唯一因素,但却是关键因素。美国著名管理学家德鲁克曾指出:市场营销是企业的基础,不能把它看作是单独的职能。从营销的最终结果,即从顾客的观点看,市场营销就是整个企业。企业经营的成功与否不是取决于生产者,而是取决于顾客。当今,市场营销已成为企业经营活动考虑的第一任务,这一点在发达市场经济国家显得尤为突出。

随着国际经济一体化的发展,各国均卷入国际市场竞争的洪流。哪家公司能最好地选择目标市场,并为目标市场制定相应的市场营销组合策略,哪家公司就成为竞争中的赢家。总之,从微观角度看,市场营销是联结社会需求与企业反应的中间环节,是企业用来把消费者需求和市场机会变成有利可图的公司机会的一种行之有效的方法,亦是企业战胜竞争者、谋求发展的重要方法。

【案例分析】

海岛卖鞋
——对市场营销的不同认识

某国某制鞋企业老板一直思考着企业如何进一步发展的问题。制鞋行业在该国应该说已相当成熟,而且市场化程度很高,竞争异常激烈。为了扩大自己的市场份额,公司从上到下,想了不少办法,可总是收效甚微,不仅市场份额没什么变化,而且销售额也增长不大。公司大量的营销投入往往得不偿失,这一方面说明竞争激烈,另一方面也说明国内鞋业市场已经基本饱和。

正当这位老板一筹莫展之际,公司财务科长汇报财务工作。在讨论完公司财务问题后,财务科长趁机向老板请婚假。这位财务科长一直兢兢业业,任劳任怨,深得老板信任,而且婚假这段时间内,公司财务工作正好不忙,只是些例行工作。老板自然很爽快地批准了财务科长的请假要求,并关切地问财务科长的婚礼筹备情况。财务科长回答说准备一切从简,旅游结婚。原来财务科长和新娘约好趁婚假出国到非洲某海岛旅游胜地旅游放松。老板连声说好,突然想起公司的发展问题,灵光一现:“国内市场既然难以有作为,不妨从国际市场上找找出路。”于是嘱咐财务科长出国旅游期间,顺便考察一下该海岛的鞋业市场,看看公司通过出口打开国际市场、扩大销售的可能性。财务科长欣然接受了这个任务。

不久,财务科长偕妻子来到这个海岛。在陪妻子旅游之余,财务科长牢记老板的嘱托,四处打听该海岛的鞋业市场的情况。令人奇怪的是,在他们所到的旅游区内竟然没有一家卖鞋的商铺,更看不到修鞋的地方。问当地的土著居民该岛鞋业市场位置时,他们都是一脸茫然,想不起有哪个地方卖鞋。更令人惊讶的是,财务科长观察到当地土著居民基本上不穿鞋,虽然极少数人穿鞋,但那种鞋也只是一种自编的绑在脚上的草垫而已。于是,认真负责的财务科长立刻通过越洋电话向老板汇报说:"这个地方连卖鞋的地方都找不到呢,根本不存在什么鞋业市场,看样子公司发展得另辟蹊径。"

这位老板一直在鞋业市场摸爬滚打,他的理想就是让消费者在全世界的鞋业市场都能找到他的鞋,让所有的人都能穿上他的鞋。听了财务科长的汇报,他似乎不能相信现在还有这样的地方,心里嘀咕,是不是财务科长一直做财务工作,市场意识不够敏锐?为了公司的进一步发展,慎重起见,老板找来两名长期在市场一线的销售人员,其中销售人员甲老成持重,办事让人放心;销售人员乙则开朗活泼,富于创新精神。老板给这两名销售人员指定了一个新任务:去海岛考察当地的鞋业市场,评估公司鞋业出口的可能性。老板希望用销售人员对市场的敏感来更准确地把握海岛市场。鉴于财务科长只是在旅游区内观察了解,这次老板特意安排两位销售人员在海岛分头行动,尽量走访多一些地方,然后分头向他汇报。

销售人员甲和乙接受了老板的指示后便迅速行动起来,前往海岛分头调研。大约过了一个星期,两个人几乎同时通过越洋电话向老板汇报,但是汇报的内容却大相径庭。销售人员甲汇报说:他几乎走遍了海岛,发现这里的人几乎不穿鞋子,没有穿鞋的需求,自然也就没有市场。与甲的沮丧相反,销售人员乙十分兴奋地汇报说:他走遍了海岛,发现这里的人几乎都没有鞋,海岛鞋业市场潜力很大。难得的机会,公司应马上寄一批鞋子让他和甲留在这里销售。

听完两名销售人员的不同汇报,老板更加不知所措。在重大经营决策问题上,他一向慎重。在公司的营销决策方面,老板对营销总监总是言听计从,于是老板又派他最信任的营销总监出马,并希望营销总监通过实地考察后能拿出一个具体的决策方案。

一个月后,营销总监拿出一份具体的海岛鞋业营销策划方案。方案基本认同销售人员乙的看法,认为公司在该海岛发展业务是一次难得的营销机会;不过对营销的可行性以及如何营销,认识大有不同。方案首先调查居民不穿鞋的原因:长期以来,由于海岛自然条件好,到处都是沙地和草地,而且一年四季都比较暖和,岛内居民就养成了打赤脚的习惯。但是通过调查发现:岛内居民由于长期赤脚,缺乏保护,大部分人都患有脚疾,穿鞋对他们有好处。由于遗传特征和长期生活习惯不同,海岛居民的脚部特征和内陆居民有很大不同,所以要根据海岛人脚部特征重新设计生产合适海岛人的鞋,而不能简单地将公司现有的鞋搬过来卖。公司还应开展大量的海岛公益活动、宣传活动,以培养海岛居民穿鞋的习惯,并确立公司的鞋业领导者地位。另外,方案还提到一种其他地方没有的水果,预计这种水果销售前景相当好,这样可以通过公共关系手段与海岛政府协商取得该种水果的独家代理权,以补偿在海岛低价售鞋造成的损失以及组织公益活动推广穿鞋习惯的费用。

讨论分析题:

1. 通过本案例,你认为作为营销者该如何认识“市场”?
2. 营销与推销有何不同,该如何认识“营销”?
3. 需求可创造吗?谈谈你对市场营销创新的体会。

第2章　认识市场

【导入案例】

针对老年人的服装销售

某服装企业在为老年人提供服装时采用了以下一些营销措施:在广告宣传策略上,着重宣传产品的大方实用,易洗易脱,轻便、宽松。在媒体的选择上,主要是电视和报纸杂志。在信息沟通的方式方法上,主要是介绍、提示、理性说服,而力求避免炫耀性、夸张性广告,不邀请名人明星。在促销手段上,他们主要是采取价格折扣、展销会。在销售现场,生产厂商派出中年促销人员,为老年消费者提供热情周到的服务,为他们详细介绍商品的特点和用途,若有需要,就送货上门。在销售渠道的选择上,他们主要选择大商场,靠近居民区,并设立了老年专柜或老年店中店。在产品的款式、价格、面料的选择上,分别采用了以庄重、淡雅,民族性为主,以中低档价格为主,以轻薄、柔软为主,适当地配以福、寿等喜庆寓意的图案。在老年顾客的接待上,厂家再三要求销售人员在接待过程中要不徐不疾,以介绍质量可靠、方便健康、经济实用为主,在介绍品牌、包装时注意顾客的神色、身体语言,适可而止,不硬性推销。

某一天,该厂设立的老年服装店里来了四五位消费者,从他们亲密无间的关系上可以推测出这是一家子,并可能是专为老爷子来买衣服的。老爷子手拉一个十来岁的孩子,面色红润、气定神闲、怡然自得,走在前面,后面是一对中年夫妇。中年妇女转了一圈,很快就选中了一件较高档的上装,要老爷子试穿,可老爷子不愿意,理由是价格太高、款式太新。中年男子说反正是我们出钱,您管价钱高不高呢。可老爷子并不领情,脸色也有点难看。营业员见状,连忙说,老爷子您可真是好福气,儿孙如此孝顺,您就别难为他们了。小男孩也摇着老人的手说:"好的好的,就买这件好了。"老爷子说小孩子懂什么好坏,但脸上已露出了笑容。营业员见此情景,很快把衣服包好,交给了中年妇女,一家人高高兴兴地走出了店门。经过这几个方面的努力,该厂家生产的老年服装很快被老年消费者所接受,销售量急剧上升,企业得到了很好的经济效益。

这家公司的成功在于它"更加接近消费者"。在激烈的市场竞争中,深入研究市场,剖析需求,追踪顾客的购买行为,才能赢得市场。本章将讨论如何认识市场,探讨购买规律。

2.1 如何识别市场与需求

市场是企业营销活动的出发点和归宿,企业为了有效地开展市场营销活动,就要着重研究与剖析市场需求及其购买行为。市场可以分为消费者市场和组织市场两大类,分析与掌握这两类市场及其购买行为的特点和规律,有利于企业更好地细分市场和选择目标市场,制定更有效的市场营销策略。

2.1.1 消费者市场的含义及特征

消费者市场又称消费品市场或生活资料市场,是指个人或家庭为满足生活需求而购买(租用)消费品和服务的市场。消费者需求是人类社会的原生需求,从根本上决定其他所有市场的需求,消费者市场是起决定作用的市场,是市场体系的基础。因此,消费者市场是现代市场营销理论研究的主要对象。

消费者市场是随着社会经济、政治、技术和文化的发展而不断地产生和发展的,尽管受到各种因素的影响而千变万化,但总是存在着一定的规律性。企业要更好地在消费者市场开展营销活动,必须首先分析、认识消费者市场的特点。消费者市场的特征主要表现在以下几个方面:

1)购买者的广泛性与非专业性

人类的生存和发展离不开生活消费,凡是有人的地方,都有消费品交易存在。消费者市场的购买者分布在社会的各个地方、各个层面,这势必导致消费者市场具有广泛性的特征。

消费者对所购买的商品大多缺乏专门的甚至是必要的知识,对消费品的性能、特点、使用、保养和维修等很少有专门研究,多属非专家购买。消费者在购物时很容易受广告、包装、品牌、服务、商品的新奇特点、降价、商店的良好营业气氛、营业员的劝告等外在因素的影响,导致冲动性购买。

2)购买行为的分散性与可诱导性

个人或家庭是基本的消费品购买单位。其购买行为一般受每个消费单位需求量、购买力、存放条件等的限制,表现为小批量、多批次的零星购买。各个消费单位在空间上有着广泛的分散居住特性,从而形成消费者市场的分散性。

消费者在购买商品的品种、品牌以及时间、地点等方面有较大的选择性,容易受营销活动的刺激诱导,使购买力发生转移。在具有货币支付能力的情况下,可诱导的主要因素有所购买商品吸引力的大小和消费者购买商品欲望的强弱等。其购买行为较容易受厂商各种促销组合的影响和个人情感体验的支配,存在着一定的可诱导性。

3)消费需求的差异性与伸缩性

消费需求差异的体现是多方面的。消费者市场人数众多,个体差异性大,由于年龄、职业、收入、教育程度、居住区域、民族和宗教等方面的不同,决定了消费者的需要、欲望、兴趣、爱好和习惯的多样化,以及对不同商品或同类商品的不同品种、规格、质量、式样、服务和价格等方面多种多样的需求。随着人们收入水平和文化程度的提高,消费者自主消费意识增强,消费个性化趋势日益明显。同时,随着消费者收入水平差距的扩大,消费者市场的层次性也日益明显。这种需求层次由低到高大体上可分为理性消费需求、享受性消费需求和智能性消费需求。

消费者受政治、经济、社会、心理因素和企业促销力度的影响,其消费需求和购买力在某一时期会放大或缩小,这便是消费需求的伸缩性或弹性。不同类型的产品,消费者需求的伸缩性不同。日常生活必需品的消费需求伸缩性较小,人们对它的需求比较均衡,而且有一定限度,其需求量不会因货币收入的增减而大幅度地波动。而非生活必需品,尤其是一些中高档消费品等,选择性强,消费需求的伸缩性就比较大。

2.1.2 组织市场的构成及特征

企业不仅把商品和服务出售给广大个人消费者,而且把大量的原材料、机器设备、办公用品及相应的服务提供给诸如企业、社会团体和政府机关等组织用户。这些用户构成了总市场体系中的一个庞大的子市场,即组织市场。组织市场指企业为从事生产、销售等业务活动,以及政府部门和非营利组织为履行职责而购买产品和服务所构成的市场。根据购买动机的不同,组织市场又可以进一步划分为生产者市场、中间商市场、社会团体与政府市场。

1)生产者市场

亦称产业市场或生产资料市场,指购买产品或服务用于制造其他产品或服务,然后销售或租赁给他人以获取利润的单位和个人。组成生产者市场的主要产业有工业、农业、林业、渔业、采矿业、建筑业、运输业、通信业、公共事业、金融业、保险业和服务业等。生产者市场是组织市场中最庞大和最多样化的市场。

在某些方面,生产者市场与消费者市场具有相似性。然而,生产者市场在市场结构、市场需求、购买决策及其他方面都和消费者市场有着明显的差异。生产者市场的特点主要表现在以下几个方面:

(1)购买者数量少,购买规模大,地理位置相对集中。在消费者市场上,购买者是消费者个人或家庭,购买者人数众多,规模很小。但在生产者市场上,购买者绝大多数都是企业单位,购买者的数目比消费者市场少得多,购买的规模也大得多。由于生产集中和规模经济，要达到一定的生产批量，一次的购买额必须很大。有时一位买主就能买下一个企业较长时期内的全部产量，有时一张订单的金额就能达到数千万元甚至数亿元。相对于个人消费者而言，产业购买者所处的地理区域相对比较集中，从而导致这些区域的采购量占据整个市场的很大比重。例如，中国半数以上的工业购买者集中在大中城市。

(2)购买参与者较多，专业化强。与消费者市场相比，影响组织市场购买决策的人较多。因为产业采购决策一般都不是由个人做出，大多数企业有专门的采购组织，重要的采购决策往往由技术专家和高级管理人员共同做出，其他人也直接或间接地参与，这些组织和人员形成事实上的“采购中心”。采购人员大都经过专业训练，不像消费者市场有那么多的冲动性购买。他们对要购买的产品不仅在性能、质量、规格以及技术细节上的要求都较为明确，而且他们运用的专业方法、谈判技巧也都较老练。决策程序更为规范、科学，且不易受广告宣传及其他促销措施的影响，购买的理智性较强。

这就要求产业市场营销人员必须组成一支训练有素、有专业知识和人际交往能力的销售代表队伍与买方的采购人员和采购决策参与人员打交道，向他们提供详细的技术资料和特殊的服务。

(3)需求具有派生性。派生需求也称为引申需求或衍生需求。生产者市场的需求是从消费者对最终产品和服务的需求中派生出来的，并随着消费者市场需求的变化而变化。派生需求往往是多层次的，形成一环扣一环的链条。例如，对棉花的需求依赖于纺织工业的需求，而纺织工业的需求又依赖于服装工业的需求，服装工业的需求则依赖于最终消费者对于服装，尤其是对于棉制品服装的需求。

(4)需求具有波动性。生产者市场需求的波动幅度大于消费者市场需求的波动幅度，一些新企业和新设备尤其如此。如果消费品需求增加某一百分比，为了生产出满足这一追加需求的产品，工厂的设备和原材料会以更大的百分比增长，经济学家把这种现象称为加速原理。一般来说，派生需求的层次越多，需求链条越长，其波动幅度也越大。生产企业可实行多角化经营，尽量增加产品品种，扩大企业经营范围，以减少风险。

(5)需求价格弹性小。生产者市场对产品和服务的需求总量受价格变动的影响较小，在短期内更是如此。一般规律是在需求链条上距离消费者越远的产品，价格的波动越大，需求弹性却越小。而且，原材料的价值越低，或原材料成本在制成品成本中所占的比重越小，其需求弹性就越小。

(6)直接购买。生产者市场的购买者往往向供应方直接采购，而不经过中间商环节，价格昂贵或技术复杂的项目更是如此。供货厂家往往派人员直接上门推销，由于需求方参与购买过程的人多，竞争激烈，因此需要更多的销售访问来获得商业订单。调查表明,工业销售从报价到产品发送通常以年为单位。

(7)互惠购买。生产企业在采购商品的同时,往往希望供应商也购买自己的产品,以互购为交易条件之一,即所谓"你买我的产品,我就买你的产品"的互惠协约关系。这种关系有时是双边的,有时是多边的,如甲买乙的产品,乙买丙的产品,丙买甲的产品。购买者和供应者互相购买对方的产品,互相给予优惠,建立固定的产销关系,彼此的产品销路都有了保障。

(8)租赁代替购买。在设备的购买上,生产者日益转向租赁,以代替完全购买。许多企业无力购买或需要融资购买,采用租赁的方式可以节约成本。过去租赁仅限于大型设备、建筑机械等,近年来有扩大租赁范围的趋势,包括汽车、机床、办公用品、打字机等价值相对较低的设备和产品均可租赁。这些是营销人员在推销生产资料产品时值得注意的方式。

2)中间商市场

亦称转卖者市场。中间商指购买产品用于转售或租赁以获取利润的单位和个人,批发商和零售商是中间商市场的主体。中间商市场的主要特点为:

(1)中间商只赚取销售利润,单位产品增值率低,故必须大量购进和大量销出。中间商大都有固定的进货渠道,一次性购买的数量较大,且有较为规律的进货时间。

(2)中间商市场的需求也是派生的。中间商购买行为源于消费者的需求。与生产者相比,中间商离消费者更近,中间商的需求更直接地反映了消费者的需求,常常受到消费者需求的影响与制约。

(3)中间商对交货时间要求高。中间商对商品的需求属于派生需求,由消费者市场决定。因此,中间商对购买商品的时间和数量往往有相当苛刻的要求,总希望既能及时、适时、足量满足市场需求,抓住商机,又能最大限度地减少库存,加速资金的周转速度,提高资金的利用效率。对于季节性商品、流行性商品及鲜活易腐商品,供应商按时交货至关重要。此外,随着市场竞争的加剧,中间商对电子计算机的广泛应用,无库存采购、即时供货等制度的实行,中间商的储存功能逐渐削弱,对厂家在质量、数量和时间等各方面严格按照市场需求组织生产的要求提高。

【知识链接】

零库存

零库存(Zero Inventory)可追溯到20世纪的六七十年代,当时的日本丰田汽车实行准时制(JIT:Just in Time)生产,在管理手段上采用了看板管理,以单元化生产等技术实行拉式生产(Pull Manufacturing),以实现在生产过程中基本没有积压的原材料和半成品。这种前者按后者需求生产的制造流程不但大大地降低了生产过程中库存和资金的积压，而且在实现JIT的过程中，也相应地提高了相当于生产活动的管理效率。而生产零库存在操作层面上的意义，则是指物料（包括原材料、半成品和产成品）在采购、生产、销售等一个或几个经营环节中，不以仓库储存的形式存在，而均是处于周转的状态。也就是说，零库存的关键不在于适当不适当，这和是否拥有库存没有关系，问题的关键在于是产品的存储还是周转的状态。

如此看来，零库存的好处是显而易见的，例如库存占有资金的减少；优化应收和应付账款；加快资金周转；库存管理成本的降低；以及规避市场的变化及产品的更新换代而产生的降价、滞销的风险等等。

(4)中间商对价格很敏感。中间商的职能是买进卖出，基本上不对产品进行再加工，很难形成自己的产品特色，差异化是相对的、有限的，故它对购买价格更敏感，进销差价往往直接影响到中间商的利益。

(5)中间商往往需要厂家支持。中间商由于财力、技术力量有限，且不是专门销售一家企业的产品，故往往需要生产厂商在广告、技术服务等多个方面的支持。特别是对于技术含量较高的产品，中间商需要供应商提供技术服务、售后服务，以提高产品的市场竞争力。

3)社会团体与政府市场

作为社会团体市场，它追求的目标不是利润、市场份额等，所以也被称为非营利组织市场。包括学校、医院、疗养院、教会、工会、监狱和其他机构，以及其他类似组织。非营利组织既不同于企业，也不同于政府机构，它是具有稳定的组织形式和固定的成员，独立运作，发挥特定社会功能，以推进社会公益而不以营利为宗旨的事业单位与民间团体。

政府市场，指为执行政府职能而购买或租用产品的各级政府部门。政府通过税收、财政预算掌握了相当比例的国民收入，从而形成潜力巨大的政府采购市场。它是一种特殊的非营利组织市场。政府市场的主要特点为：

(1)需求受到较强的政策制约，计划性较强。一国的经济政策对政府集团的消费影响较大，财政开支紧缩时，需求减少；反之，则相应增加。一国政府开支要列入财政预算，各级政府部门购买什么、购买多少都要受到财政预算的限制，需要制订购买计划，还要经过预算、审批等过程。

(2)购买需求受到社会公众的监督。各级政府机构的开支来自财政拨款，财政拨款来自于社会公众的税收，社会公众有权以各种形式对政府机构的购买活动加以监督，要求政府负有效率、公正、廉洁，能以最低标准的购物数量实现政府的各项职能。为此，政府经常要求供应商提供大量的书面材料。然而，政府机构的决策过程往往受到官僚式的规定以及不必要的规则，一拖再拖的决策和频繁的人员更替等的影响，对供应商来说，就应该尽可能地了解、掌握这些规则，并设法找到突破烦琐程序的捷径。

(3)购买方式多样。政府市场购买方式明显区别于消费者市场或中间商市场，较为复杂。对日用办公品购买，往往先选定供应商，然后采取连续再购买的形式定期购买；对价格昂贵的大宗商品，如飞机、汽车等，则采用公开招标的方式竞购；对公共福利品，则容易受到推销商的影响等。

(4)购买目标的多重性。由其社会职能决定，政府在购买时除了考虑价格较低等经济性因素外，还要追求其他政治性、军事性和社会性目标。如国防用品、军火的采购，关系到两国或多国之间政治与外交关系的购买行为，对某些地区、某些产业的产品的扶持性购买等。

基于多种原因，许多面向政府部门销售的公司并没有表现出市场营销的倾向。政府部门在采购政策中已强调了价格标准，并会引导供应商在降低成本方面做出努力。另外，由于产品的各项特征已被严格设定，因而产品差异也不是市场营销的可利用因素，甚至广告和常规的人员推销也起不了太大的作用。但对某些公司而言，建立专门针对政府部门的营销机构是必要的。通过积极了解政府部门的需求和项目，参与其产品规格设计过程，积聚竞争优势，认真筹备投标，对外加强沟通和联系，以树立和强化本公司的信誉，赢得政府订单。

2.2 如何分析消费者购买行为

购买行为形成一系列生理、心理和社会活动过程，是购买动机和购买活动的总和，分析购买行为应从以下几方面着手。

2.2.1 消费者购买行为模式

尽管对消费者市场进行分析是个复杂的问题，我们还是能够简化这个过程，市场营销学家将其归纳为以下七个方面：

该市场由谁构成？(Who)　　购买者(Occupants)
消费者购买什么？(What)　　购买对象(Objects)
消费者为何购买？(Why)　　购买目的(Objectives)
有谁参与购买行为？(Who)　　购买组织(Organizations)
消费者怎样购买？(How)　　购买方式(Operations)
消费者何时够买？(When)　　购买时间(Occasions)
消费者何地购买？(Where)　　购买地点(Outlets)

由于 7 个英文单词的开头字母都是 O，所以称为“7OS”研究法。“市场 7OS”问题，也是我们分析市场的基本思路。市场营销学研究消费者市场，核心是研究消费者的购买行为,即消费者购买商品的活动和与这种活动有关的决策过程。

对消费者购买行为的研究,有些问题比较直观,如消费者购买什么产品、在什么地方购买等;至于"人们为何购买"这样的问题则非常复杂。因为消费者购买决策不能像物理现象那样加以准确地测量,特别是消费者的思想活动过程更是难以直接观察和测量的。为此,一些西方学者对消费者购买行为模式进行了深入的研究,并提出了多种不同的典型模式,如科特勒行为选择模式、尼科西亚模式、恩格尔模式、霍华德—谢恩模式等。在对消费者购买行为的分析理论中,"S－O－R"模式,即"刺激—个体生理—反应"模式是消费者购买行为的一般模式,如图2－1所示。

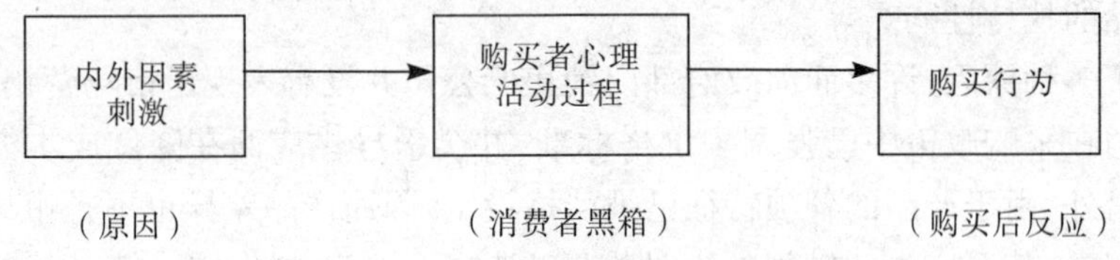

图2－1　消费者购买行为的一般模式

图2－1表明,所有消费者的购买行为都是由刺激所引起的,这种刺激既来自于消费者身体内部的生理和心理因素,如生理和心理的需要、个性、态度、习惯、观念等,也可以来于自外界环境,如产品、价格、地点、促销等营销刺激以及政治、经济、技术、文化等方面的影响。消费者在各种因素的刺激下,产生购买动机,在动机的驱使下,作出购买某商品的决策,实施购买行为,再产生购买后对厂家的评价,这样就完成了一次完整的购买过程。

消费者购买行为的一般模式,是营销部门计划进行商品销售的依据。营销部门要认真研究和把握购买者的内心世界,认识消费者的购买行为规律,并根据本企业的特点,给消费者适当的"刺激",以便使外在的刺激因素与消费者的内在心理发生整合作用,促使消费者作出购买决策,实施购买行为。

2.2.2 影响消费者购买行为的因素

消费者是否购买某种商品,从根本上来说取决于两个方面:一是该商品所能提供的效用,即购买者拥有该商品后所能获得的满足;二是为了获得该商品所必须支付的代价。如果前者大于后者,消费者便会购买该商品;反之,消费者便会放弃购买该商品。换言之,消费者的购买决策取决于其对商品效用和所支付代价的价值评价。从这个意义说,影响消费者这种价值评价的因素即为影响消费者购买行为的因素。主要包括文化因素、社会因素、个人因素及心理因素等。营销人员基本上无法控制这些因素,但他们必须考虑到这些因素,如表2－1所示。

表2－1　　影响消费者购买行为的因素

文化因素	社会因素	个人因素	心理因素
文　　化	相关群体	年龄和生命周期阶段	动　　机
亚 文 化	家　　庭	职　　业	知　　觉
		经济状况	学　　习
社会阶层	角色和地位	生活方式	信念和态度
		个性和自我观念	

2.2.3 消费者购买决策的参与者

消费者的消费虽然是以一个家庭为单位,但参与购买决策的通常并非一定是家庭的全体成员,许多时候是家庭的某个成员或某几个成员,有时则扩大到朋友、同事,在多个成员组成购买决策层时,不同成员扮演着不同的角色。这些购买者角色包括以下几类:

发起者:首先想到或提议购买某种产品或服务的人。

影响者:其看法或意见对最终决策具有直接或间接影响的人。

决定者:指对购买过程起到完全或大部分决定作用的人。他可以决定是否买、买什么、买多少、何时买、何处买等方面的问题。

购买者:实际执行采购的人。

使用者:实际消费或使用产品和服务的人。

对营销人员而言,首先要关注购买决策者,因为他们对购买活动的成败最为关键。许多消费品的购买决策者很容易识别,如女性一般是化妆品的购买决策者,男性在购买烟酒等产品时最有发言权,小零食的购买一般由儿童说了算,家具则往往由家庭成员特别是夫妻双方共同决策。有些消费品的购买决策者不那么容易被识别,这时就要分析家庭不同成员的影响力。正确地识别购买决策者,可以帮助企业有针对性地制定适合目标市场的促销策略。其次,营销人员还要关注购买者,因为他们有可能在一定程度上更改购买决策,如改变购买的数量和品牌,改变购买的时间和地点。了解这一点,企业就可以有的放矢地开展商品陈列和销售现场的广告促销活动。了解购买决策过程中的参与者的作用及其特点,公司才能够制定出有效的生产计划和营销计划。

2.2.4 消费者购买决策过程

消费者的购买决策过程有一定的规律性。这个过程早在实际购买发生之前就已经开始，而且一直延伸到购买结束之后。购买决策过程一般经历确认需求、信息收集、方案评价、决定购买和购后行为五个相继的阶段，如图2－2所示。

图2－2　消费者购买决策过程

1）确认需求

确认需求是消费者购买决策过程的起点。当消费者在现实生活中感觉到或意识到实际与期望之间有一定差距，并产生了要解决这一问题的要求时，购买的决策过程便开始了。人们的需要可以是由内在的刺激引起的，也可以是由外在的刺激引起的。如口渴（内在刺激）会驱使人们去购买饮料，而广告中甜美的饮料（外部刺激）也会刺激人们去购买。因此，市场营销活动不仅应当进行详细的市场调查以了解人们的需要，并根据人们的需要提供合适的产品，还应当通过产品的创新来引发人们的需要。

营销人员的任务，一是必须了解那些与本企业的产品实际上和潜在的有关联的驱策力；二是了解消费者的需要随时间推移以及外界刺激强弱而波动的规律性，并在此基础上采取措施，安排诱因，制定出具有针对性的营销战略，引发需要，加快消费者需要转化为行为的过程。

2）信息收集

当唤起需要的动机很强烈，市场上又有可以满足的物品时，消费者就能很快实现购买。但多数情况下，被唤起的需要并不是由消费者马上采取购买行动去满足，而往往保留在消费者记忆之中，作为满足未来需要的必要项目。由于需要会使人产生注意力，因此，便会促使消费者积极收集有关的信息，也就是有关能够满足自己需要的商品或服务的资料，以便做出购买决策。

在这一阶段，营销人员的任务是：首先，了解消费者获取信息的来源及其作用。消费者一般从四种途径获得信息：①个人来源，即从家庭成员、朋友、邻里、同事和其他熟人处得到信息；②商业来源，即从广告、销售人员的介绍、商品展览和陈列、商品包装、说明书等得到信息；③公众来源，即从大众传媒的客观报道，以及各级政府组织和民间团体的评比或评论中得到信息；④经验来源，即自己通过触摸、试验和使用商品得到信息。这些信息来源对消费者的影响程度有所不同。一般而言，消费者有关产品的信息，大部分来自商业来源，亦即营销人员所能控制的来源，其次是公众来源和个人来源，经验来源的信息相对要少。然而，在消费者购买决策中，商业来源的信息更多地扮演传达和告知的角色，个人来源与经验来源却发挥权衡和鉴定的作用。所以消费者对经验来源和个人来源的信息最为相信,其次是公众来源,最后才是商业来源。

其次,设计好信息传播策略。营销人员必须重视整合信息传播渠道的重要性。除了利用商业来源传播信息外,还要设法利用和刺激公众来源、个人来源和经验来源,特别要开展口碑管理,制订出竞争力更强、吸引力更大的营销计划,使自己的品牌产品成为消费者最终决策的选择对象。

3)方案评价

消费者收集到各种信息资料后,就要对商品进行分析、对比、评价,最后做出选择。不同的消费者有着不同的评价标准和方法,因而对商品选择也不同。一般来说,消费者进行评价活动时涉及以下几个问题:①产品属性,即产品能够满足消费需求的特性。产品实际上是由一系列属性构成,如打印机的属性体现在打印速度、清晰度、对纸张要求等方面。消费者会根据自己的兴趣、偏好等因素,分析各类商品属性的重要性,建立心目中的属性等级。②品牌信念,即消费者对某品牌优劣程度的总的看法。由于消费者个人经验、选择性注意、选择性记忆等的影响,其品牌信念可能与产品的真实属性并不一致。③效用要求,即消费者对某品牌每一属性的效用功能应当达到何种标准的要求。它表明品牌的属性达到什么标准时消费者才能满意。④评价模型,即消费者对不同品牌进行评价和选择的程序和方法。针对消费者对备选方案的评价过程,营销人员应当不断提高其产品的性能和质量等特性,以充分经受消费者的"考验",才能获得消费者的青睐。并且可以通过修正产品的某些属性以及改变消费者心目中的品牌信念,使之接近消费者"理想"的产品,便于消费者的比较和选择。

4)决定购买

消费者经过判断和评估后,如果对某种产品形成一定的偏爱,便会做出购买决定。但购买决定并不等于购买。从购买意向到购买,还要考虑两方面的因素:一是其他人的态度。例如,购买汽车的消费者选择了某一款汽车之后,他的妻子却认为应当购买更省油的汽车时,他的选择有可能因此改变。其他人的态度会影响一个人的选择,其影响程度取决于其他人对购买者决定购买的品牌持可否态度的强烈程度,以及购买者是否愿意遵从其他人的愿望。二是未预期到的意外情况或偶然因素。消费者购买决策还受到家庭收入、产品价格、产品预期利益和市场行情新动向、推销态度、推销技巧等方面的影响。如果未预期到的情况突然出现,也有可能影响甚至改变购买者的购买决策。例如,购买汽车的消费者在对备选方案进行评价后尚未实施购买之前,突然有一种性能更优越的新款汽车上市,或者消费者突然得到关于这款汽车性能方面存在明显缺陷的信息后,都有可能改变他的最终购买决策。消费者推迟、更改或回避作出决策的情况是经常出现的。因为消费者可能受到可察觉风险的重大影响,因而无法确定购买结果,便产生了担心。可察觉风险的大小随着购买需支付的货币数量、产品不确定性属性的比例以及消费者的自信程度而变化。在这种情况下,消费者常常暂缓决策,进一步收集信息,或购买其他品牌的产品来回避风险。

决定购买是消费者购买行为过程中的关键阶段,在这个阶段,营销人员一方面要向消费者提供更多、更详细的商品信息,以便使消费者消除各种疑虑;另一方面要通过提供各种销售服务,方便消费者选购,设法降低消费者的购买风险,以引发消费者产生购买行为。

5)购后行为

消费者购买了商品并不意味着购买行为过程的结束。消费者购买商品后,往往会通过使用、与他人交流等,对自己的购买选择进行检验,评价自己的购买行为。消费者对所购买的商品是否满意,以及会采取怎样的行为对于企业目前和以后的营销活动都会产生很大的影响。如果消费者通过购买商品使自己的需要得到满足,并感到满意,他会信赖该产品,以后有可能发生重复购买,或继续购买该品牌的其他产品,或向其亲朋好友称赞并推荐该品牌,从而使该品牌形成良好的口碑,这种称赞往往比广告宣传更为有效。如果企业的产品不能带给消费者预期的满足,使他感到失望或不满意。消费者就会改变他对商品的态度,不仅今后自己不会再次购买,甚至连该品牌的其他产品也不再购买,而且还会向自己的亲戚、朋友、同事宣传,从而影响了其他人的购买行为;如果顾客的不满意程度很高的话,可能还会要求企业退货,向消费者协会和新闻媒体投诉,甚至诉诸法律,这都会对企业的声誉造成很大的负面影响。因此,企业必须重视消费者购买后的感觉和行动,并且通过各种有效措施提高其对商品的满意程度,如向顾客征求改进产品的意见、加强售后服务、提供产品使用咨询等。

【小案例】

不满意顾客的行为表现

尼尔逊公司曾花数年时间调查莱大食品公司的顾客,以便得知顾客不满意时提出抱怨的次数,以及采取何种行动。结果发现,在感到不满意的顾客中只有2%会提出抱怨,有3%~4%的顾客会改变所购买的品牌来惩罚制造商,另外,4%的顾客会停止购买任何一家制造商的同类产品。根据尼尔逊公司的统计数字,该食品公司共有4万名顾客提出抱怨,那么极有可能有200万左右的顾客感到不满意,并且可能有76万名顾客会更换品牌或干脆不再购买此种产品。因此,可以推算该公司每年损失的营业额收入至少数万美元。

据另一项研究表明,顾客向其他人抱怨不满的概率要比向其他人讲述愉快经历的概率高出3倍。如果抱怨能够迅速解决的话,95%的顾客还会继续购买同种产品,而且,抱怨得到满意解决的顾客平均会向5个人讲述他们受到的良好待遇。因此,有远见的公司都不会尽力躲开不满的顾客。

可见,消费者的购买决策是一个复杂的过程,企业必须重视消费者决策过程中各个阶段的不同要求和特征,有针对性地开展市场营销活动,才能收到良好的效果。

2.3 如何分析组织购买行为

2.3.1 生产者市场的购买决策参与者

生产资料供应企业不仅要了解生产者市场的购买特点,还要了解谁参与购买决策过程,他们在购买决策中充当什么角色,起什么作用,也就是说要了解其顾客的采购组织。在任何一个企业中,除了专职的采购人员之外,还有一些其他人员也参与购买决策过程。所有参与购买决策过程的人员构成采购组织的决策单位,在市场营销学中称之为采购中心。企业采购中心通常包括五种成员。

(1)使用者。指未来使用产品或服务的组织成员。在许多情况下,是使用者首先提出采购建议,并协助确定产品品种、规格的。

(2)影响者。指那些在企业外部和内部直接或间接影响购买决策的人员。如企业技术人员或某方面的专家,他们参加拟订采购计划,协助明确采购商品的规格,并从技术角度提供估量取舍的有关资料。

(3)采购者。指被授权从事具体采购任务的人。采购者一般需要熟悉采购业务程序、洽谈及合同条款等内容,他们的主要作用是选择供应商和谈判。在复杂重大的采购中,采购单位的高层人员往往亲自参加磋商交易。

(4)决策者。指采购单位有权选定供应商和决定交易的人。一般情况下,采购者就是决策者,但在大宗交易或复杂的采购中,特别是在新采购中,采购单位的高级负责人往往亲自决定取舍。企业的关键决策者可能是总经理、采购经理、生产主管等有权签订高额订单的人。

(5)信息控制者。指阻止供应方推销人员与组织采购中心成员接触,或控制外界信息与采购部门的信息交换的人,如采购代理人、接待人员、电话接线员、秘书等。

当然,并不是任何企业采购任何产品都必须有以上五种人员参加购买决策过程,但较正规的、较重要的采购会涉及以上各种人员。分析企业采购中心成员状况,有助于供应企业营销人员了解用户企业的采购权限、分工及评价标准,以便有针对性地开展工作。

2.3.2 影响生产者购买决策的因素

在正常情况下,生产者购买决策也受到多种因素的影响,这里既有与消费者市场相似的因素,也有因组织存在而形成的独特因素,综合起来体现在环境、组织、人际和个人因素四个方面,如表 2-2 所示。供应商应了解和运用这些因素,引导买方购买行为,促成交易。

表 2-2　影响生产者购买决策的因素

环境因素	组织因素	人际因素	个人因素
市场供需水平 经济前景 技术发展水平 政治法律状况 市场竞争状况	目　标 政　策 程　序 组织结构 制　度	权　力 地　位 态　度 说明力	年　龄 收　入 教　育 职　务 性　格 风险态度

1)环境因素

即对企业生产经营活动产生各种影响的外部因素,它涉及一个国家的经济前景、市场需求、技术发展变化、市场竞争、政治法律情况等,这是生产者无法控制的。例如,在经济前景不佳,市场整体需求疲软的大环境下,产业购买者就会压缩投资规模,减少原材料采购量和库存量。技术的进步则会导致企业购买需求改变,使其修订重购和新购行为不断增加。技术变化的速度也影响着组织内采购中心成员的组成和作用。当技术变革的步伐加快时,采购部经理在购买过程中的作用会逐渐下降,而技术工程人员的作用会更重要和明显。供应商在环境面前,必须注意和掌握环境因素的发展变化,准确判断环境对企业的影响,及时采取有效的手段,保证企业营销活动的顺利进行。

2)组织因素

即生产者企业内部的各种因素,主要包括企业的目标、政策、业务程序、组织结构和制度等。这些因素从组织内部的利益、营运和发展战略等方面影响生产者购买决策。供应商和生产资料营销人员应了解和把握这些组织因素、变化趋势及对企业购买可能产生的影响,并采取适当措施,加速生产者购买决策过程。

3)人际因素

人际因素体现在内部和外部两个方面。企业内部的人际因素主要指参与购买决策的各种角色(产品使用者、影响者、决策者、采购者和信息控制者)的职务、地位、态度、说服力和他们之间的相互关系。企业外部人际因素指上述企业内部的五种角色与企业外部各类人员之间的关系。无论内部人际因素还是外部人际因素,他们都会在不同程度上对购买决策产生不同有时甚至是微妙的影响。因此,供应商的营销人员应当了解和掌握客户采购中心参与者在购买决策过程中扮演的角色及相互之间的关系,利用这些因素促成交易。

4)个人因素

个人因素指企业内参与生产用品购买决策的个人的动机、感知、偏好和购买风格等。这些因素又受制于参与者本人的年龄、收入、教育、性格、职业认同感及对风险的态度等。尽管生产者市场购买行为属于理性行为,购买的专业化程度较高,但在购买条件类同的情况下,采购人员的个人感情因素还是对具体的购买行为或购买决策有着重要影响。供应商对参加磋商的人员要有正确的判断,方能应付自如。

2.3.3 生产者市场购买决策过程

生产资料的购买者和消费资料的购买者一样,也有决策过程,供应企业的最高管理层和市场营销人员还要了解其顾客购买过程的各个阶段的情况,并采取适当措施,以适应顾客在各个阶段的需要。生产购买者购买过程一般要经过八个阶段。

1)提出需要

购买过程开始于企业内部有人提出对某种产品或服务的需要。需要的产生可能是内部刺激所致,如顾客对产品规格有了新的要求,生产新产品需要新设备和原料,设备发生故障需要更新等等。需要也可能由外部刺激引发,如采购人员参观展览会、浏览广告或接受供应商推销人员的访问后发现了更好的产品。因此,营销人员应尽早地接触产品用户的购买过程,经常开展广告宣传,派人访问用户,增强外部刺激,发掘潜在需求。

2)确定需要

生产者认识到某种需求之后,要进一步确定所需产品的品种和数量。复杂的采购任务由采购人员同企业内部的有关人员共同确定;简单的采购任务则由采购人员直接决定。营销人员在此阶段要设法参与这一过程,并提供必要的帮助。

3)说明需要

确认需求之后,就要对所需产品的规格、型号等技术指标做详细的说明,这要由专业人员运用价值分析法进行，即将产品及其配件的功能与各自的成本或费用相对比，得出它们的经济效益，确保产品的必要性，并形成书面材料，作为采购人员取舍的标准。同时将要购买的产品或服务项目写成对供应商的详细要求。营销人员也要运用价值分析技术，向顾客说明其产品的良好功能。

4）寻求供应商

按照规格要求，采购人员开始查询合适的供应商。采购技术复杂、价格很高的产品，需要花较多的时间查询供应商。采购人员通常利用工商企业名录或其他资料来查询供应商，有时也可以通过向专业公司查询，或者向其他企业了解询问等，来寻找查询可能的供应商。然后对这些供应商的生产、供货、人员配备及信誉等方面进行调查，从中选出理想的供应商作为备选。因此，供应商应通过各种途径宣传介绍自己，扩大知名度，树立良好的信誉。

5）征求供应信息

采购人员在寻找和判断潜在供应商的基础上，向合格的备选供应商发函，征求他们的信息和建议，请他们提供产品说明书、价目表等有关供货信息，特别是较复杂和较贵重的项目，必须有详细的资料才能做出决策，采购经理还要从合格的供应商中挑选最合适的供应商，要求他们提出正式的建议书。供应商在这一阶段应注意及时提供产品介绍和供货信息。此外，营销人员必须熟悉供应建议书的书写要点和提交程序，除对产品详加介绍外，还须强调本企业的生产能力和资源条件，使采购方产生购买信心，争取引起购买者的兴趣和进一步的考虑。

6）选择供应商

采购部门在收到各个供应商的有关资料后，要通过仔细比较做出选择。综合考虑供应商的交货能力、产品质量、品种、规格、产品价格、信誉、付款结算方式，维修服务能力及交易的态度、地理位置等属性，初步选择比较合适的供应商，然后通过进一步洽谈，争取有利条件。在大多数情况下，生产企业不会依靠单一的供应商，一方面以防陷入被动，另一方面则可以促使供应商之间展开竞争。但目前由于供应链理论和技术的推广使这种情况发生了变化，一些公司根据自身的情况都在大量缩减供应商的数量，并期望他们选中的供应商在产品开发阶段就能和自己密切配合，共同工作。作为供应商，必须了解这一变化，更充分地做好准备。

7）签订合同，正式订购

这是购买决策过程中的实际购买阶段，一般是生产企业将订单给选定的供应商，在订单上列举技术说明、需要数量、期望交货时间以及退货条款和保证条款等。目前，西方企业普遍采用"一揽子合同"，即采购企业与供应商建立长期供货关系，供应商通过一定方式的承诺，根据采购企业的需要随时按照原定交换条件供货，这样可使采购企业的库存摆在供货企业(卖方)那里,因而“一揽子合同”又叫作“无库存采购计划”。

8)评价履约情况

产品购进使用后,采购部门将与使用部门保持联系,了解该产品使用情况,满意与否,并考查比较各供应商的履约情况,以决定今后对各供应商的态度。

当然,并不是每个客户都要经过这八个阶段,而要根据不同类型的采购业务和决策来决定取舍。一般来说,上述过程主要适用于新购——生产者用户初次购买某种产品或服务,是最复杂的购买类型。对其他类型的购买者可省去其中某些步骤。例如,直接重购——生产者用户的采购部门按照过去的订货目录和基本要求继续向原先的供应商购买产品,只需购买过程的最后两个阶段;而修订重购——用户部分调整采购方案,只需确定说明需要、签订合同和正式订购、评价履约情况等阶段,其他阶段则根据实际情况决定取舍。总之,生产者市场的购买过程比消费者市场复杂得多,卖方企业营销人员应对买方企业内采购工作流程有详细的了解,以便有的放矢。

2.3.4 中间商市场的购买决策参与者

中间商的采购参与者会由于其规模的不同而有所差异,其采购组织也有正式和非正式之分。中小批发商和零售商,一般不配备专职采购人员。选择与采购通常是店主(经理)承担,或熟悉业务的员工负责,同时兼做其他工作。有些情况下,中间商(小型零售商)把采购任务交由外部专业人员(采购代理)承担,以期获得更合适的商品,或更低的价格实惠。较大的批发商、零售商,采购成为专门职能,采购人员设有专职岗位。以连锁超市为例,参与购买过程的人员主要有:

(1)商品经理。他们是总部的专职采购人员,分别负责各类商品的采购任务,收集不同品牌的信息,最终选择适当的品种和品牌采购。当然,有些情况下商品经理不具有采购的最终决策权,而要由采购委员会决定。

(2)采购委员会。由公司总部的各部门经理和商品经理组成,负责审查商品经理提出的新产品采购建议,并最终作出决策。一般情况下,商品经理对决策起到关键性作用,采购委员则起着平衡各种意见的作用,对新产品评估和购买决策的影响重大,并负责向供应商说明拒绝购买的理由。

(3)分店经理。掌握着分店一级的采购权。由分店经理掌控采购能提高商品对不同地区市场环境的适应性和快速反应性,也便于提高分部经理的积极性,并有利于对其业绩进行考核。

2.3.5 中间商市场购买决策的主要内容

中间商购买行为与生产者市场相比,有一些相似之处,例如,购买类型、影响购买行为的因素、购买决策过程等，但是，中间商市场购买决策也有其自身的特点。由其社会职能决定，中间商购买商品的目的是先买后卖，贱买贵卖，从中获取交易利润。购买决策也是其战略性决策之一，购买商品的品种、规格、价格、数量、时间等直接关系到其盈利水平。具体而言，中间商的购买决策主要有以下几项：

1)确定购买商品的编配组合

中间商的商品编配组合，既是其营销特色的集中体现，又是吸引顾客的最主要内容，而且在相当大程度上影响甚至决定中间商的"供应商组合"、"顾客组合"和"市场营销组合"，因此，对企业营销商品进行合理的编配和艺术、巧妙的组合，是中间商最基本、最重要的购买决策。

一般而言，中间商可采取的商品编配组合有四种。

(1)独家组合，即中间商只经销某家厂商的产品。实行独家组合的中间商主要是精品店、专卖店，商品也多属于专利商品、具有技术诀窍的商品及特殊商品等。

(2)深度组合，即中间商同时经销多家厂商生产的多种不同规格型号、花色款式的同类产品。例如，某服装店销售来自不同服装生产企业的不同品牌的西装。

(3)广度组合，即中间商同时经销多家厂商生产的多种类产品，经营范围广泛，但并未超越中间商的营销范围。例如，某家电商场经营电冰箱、电视机、空调、洗衣机、消毒柜、手机等。

(4)综合组合，即中间商同时经销多家厂商生产的互不相关的多种类、多规格产品。例如，百货商店经营食品、服装、家电、文具等，经营的商品花色品种繁多，规格齐全，高、中、低档次均有。

2)供应商的选择决策

相对于消费者而言，中间商的购买活动具有较强的计划性和理智性，对供应商的选择比较慎重。商品质量、品种规格，厂商的品牌、声誉、供货能力、供货时间与条件及合作的诚意等是中间商挑选供应商时需考虑的主要因素。实力较弱的中间商往往会选择比较畅销、知名度较大的品牌，想借助供应商的良好信誉来扩大销售；而实力较强的中间商除了会经营比较畅销、知名度较大的品牌之外，往往还会选择合适的生产企业生产中间商自有品牌产品，一般这类生产企业实力较弱，产品质量好，为了打开产品的市场，以低价将产品卖给中间商，想借助中间商的信誉、知名度来扩大产品的影响。生产厂家在设计、开发与生产商品时要考虑满足最终消费者的需求，在销售商品时却要考虑如何满足中间商的需求。

3)选择交易条件

与生产者相比，中间商更重视交易条件，购买条件的优劣直接关系到中间商的经销效益，市场瞬息万变的风险压力也迫使中间商尽可能地从供应商那里获得尽量多的优惠购买条件，如价格折扣、促销津贴、店堂内广告折让、运费折让、信用保证、付款方式、缺陷破损商品的调换、零配件供应、降价保证、投诉的协助处理和售后服务等。供应商的价格高低和价格折扣的多少是中间商购买条件中极其重要的条件，是中间商购买决策的核心内容。

在市场经济条件下，中间商处于商品分销渠道的中间环节，连接生产厂商和最终消费者，使商品价值最终得以实现。众多的生产厂商，由于资源有限，需通过中间商将商品销售出去。中间商为了最大限度地获取利润，也总是尽力寻求最佳购买条件，因此，中间商市场的竞争也十分激烈。生产厂商作为供应商需全面了解中间商购买行为的特点、购买决策的主要内容，才能做到有的放矢，采取有效的营销策略吸引中间商购买，在竞争中取胜。

2.3.6 政府市场主要的购买方式

1）公开招标选购

公开招标选购指政府部门以向社会公开招标的方式择优购买商品和服务，是政府采购的主要方式。一般的程序是先由政府的采购机构在媒体上刊登广告或发出信函，说明要采购的商品的名称、品种、规格、数量等具体要求，邀请供应商在规定的期限内投标。然后由自愿投标的供应商在规定的期限内按投标人规定填写标书，写明可供商品的名称、品种、规格、数量、交货日期、价格、付款方式等，密封后送达政府采购机构。最后由政府采购机构在规定的日期开标，选择报价最低又符合要求的供应商成交。政府机构采取公开招标方式竞购，处于主动地位，充分利用投标人之间的竞争，无需与卖方反复磋商，就可以获得最大购买效益。这是各国政府普遍采用的一种购买方式。在竞标过程中，供应商一定要十分重视政府（或其代理人）开出的精确采购说明书。对标准件产品，一般不存在什么大问题，但对非标准件产品，参与竞标的供应商就必须确定自己的资源和能力是否能够满足政府（或其代理人）的要求。

2）议价合约选购

议价合约选购指政府采购机构和一个或几个供应商接触，经过谈判协商，最后只和其中一个符合条件的供应商签订合同，进行交易。一般而言，当政府的采购业务涉及复杂的计划、风险较大、竞争性较小时，比较适合于采用这种购买方式。

3）例行选购

政府部门对维持日常政务运转所需的办公用品、易耗物品和福利性用品等商品，多为经常性、常规性地连续购买，这类采购金额较少，一般是即期付款即期交货，品种、规格、价格、付款方式等都相对稳定，大多采取例行选购的方式，其购买行为与生产者市场的直接重购或中间商市场的最佳供应商选择类似。

值得注意的是,政府的采购和支出比较受社会公众和舆论注目。所以除了正常的购买程序和过程外,它还需要做一些额外的报批和公告等。许多有实力和有远见的企业针对政府市场,建立起了专门的营销部门。它们估测政府的需求,特别是在特殊的产品与项目上,力争事先获得竞争性的情报,以便能够仔细地拟订投标方案并加强与政府部门的联系。这样做,不仅可以获得较大宗的订单,而且能够提高企业的声誉。

【背景资料】

《中华人民共和国政府采购法》节选

第二十六条　政府采购采用以下方式:(一)公开招标;(二)邀请招标;(三)竞争性谈判;(四)单一来源采购;(五)询价;(六)国务院政府采购监督管理部门认定的其他采购方式。公开招标应作为政府采购的主要采购方式。

第二十七条　采购人采购货物或者服务应当采用公开招标方式的,其具体数额标准,属于中央预算的政府采购项目,由国务院规定;属于地方预算的政府采购项目,由省、自治区、直辖市人民政府规定;因特殊情况需要采用公开招标以外的采购方式的,应当在采购活动开始前获得设区的市、自治州以上人民政府采购监督管理部门的批准。

第二十八条　采购人不得将应当以公开招标方式采购的货物或者服务化整为零或者以其他任何方式规避公开招标采购。

第二十九条　符合下列情形之一的货物或者服务,可以依照本法采用邀请招标方式采购:(一)具有特殊性,只能从有限范围的供应商处采购的;(二)采用公开招标方式的费用占政府采购项目总价值的比例过大的。

第三十条　符合下列情形之一的货物或者服务,可以依照本法采用竞争性谈判方式采购:(一)招标后没有供应商投标或者没有合格标的或者重新招标未能成立的;(二)技术复杂或者性质特殊,不能确定详细规格或者具体要求的;(三)采用招标所需时间不能满足用户紧急需要的;(四)不能事先计算出价格总额的。

第三十一条　符合下列情形之一的货物或者服务,可以依照本法采用单一来源方式采购:(一)只能从唯一供应商处采购的;(二)发生了不可预见的紧急情况不能从其他供应商处采购的;(三)必须保证原有采购项目一致性或者服务配套的要求,需要继续从原供应商处添购,且添购资金总额不超过原合同采购金额百分之十的。

第三十二条　采购的货物规格、标准统一、现货货源充足且价格变化幅度小的政府采购项目，可以依照本法采用询价方式采购。

【案例分析】

金华皮鞋公司的经营新招

在台湾，制鞋业较发达，因而竞争也激烈。台北市的金华皮鞋公司在经营上敢于出别人不敢轻易尝试的新招，并常取得意想不到的成绩。一天，地处延平北路的金华皮鞋公司门口，挂出了"不二价"的特大招牌。所谓"不二价"即不还价。这在当时的延平北路可谓风险冒得太大。因为人们到延平北路买东西，即使打心眼里喜欢某物，也还要还点价，否则就觉得吃了亏。人们已形成概念：买东西照标价付钱是最傻不过的。久而久之，厂商们索性把售价提高两倍左右，以便还价时打折扣，也好让买卖双方满意。金华皮鞋公司实施"不二价"不久，很多顾客对某双皮鞋非常中意，可就是由于根深蒂固的"怕吃亏"心理，总觉得照标价付钱就亏了，使许多眼见成交的生意吹了。金华皮鞋公司遇到了历史上最冷清的时期。许多职工抱怨："创什么新，干脆恢复原先的做法，制定虚泛价格，来满足顾客捡便宜的心理。"公司老板叫杨金彬，主意是他出的，听到职工们的抱怨，他考虑："以自己多年经营皮鞋的经验来看，此次打出'不二价'新招，是有点令人发寒；但从价格上看，公司售价是依据皮鞋质料、做工、市场状况而确定的，且比别人的标价低一倍，自己没有亏待顾客。"经再三权衡，他认为"顾客货比数家之后，会再来金华皮鞋公司的"。便决定挺一阵子。果然不出杨老板所料，时隔不久，金华皮鞋公司门庭若市。因为许多顾客到可以讨价的商店购买，打折后，皮鞋价格往往仍比金华皮鞋公司的高。因此，顾客们纷纷回头光顾金华皮鞋公司。不二价的真正用意，总算被顾客理解并接受了。职工们愁眉锁眼的脸上也露出笑颜。许多厂商看到金华皮鞋公司的成功，纷纷效法，渐渐地搞起了不二价和公开标价。现在到延平北路，再也不见以往那种漫天要价和顾客大杀价的现象了。

讨论分析题：

1. 本案例中所描述的消费者市场最突出的特征是什么？
2. 除了习惯因素外，本案例中影响消费者购买行为的因素还有哪些？

第3章　如何了解你所处的市场

【导入案例】

美国关于速溶咖啡的市场调研

20世纪40年代,当速溶咖啡这个新产品刚刚投放市场时,厂家自信它会很快取代传统的豆制咖啡而获得成功,因为它的味道和营养成分与豆制咖啡相同,饮用方便,不必再花长时间去煮,也不用再为刷洗煮咖啡的器具而费很大的力气。厂家为了推销速溶咖啡,就在广告上着力宣传它的这些优点。出乎意料的是,购买者寥寥无几。

市场调研人员对消费者进行了问卷调查,请被试者回答不喜欢速溶咖啡的原因和理由。很多人一致回答是因为不喜欢它的味道,这显然不是真正的原因。

为了深入了解消费者拒绝购买速溶咖啡的潜在动机,心理学家们改用了间接的方法对消费者真实的动机进行了调查和研究。他们编制了两张购物单(见表3-1),这两张购物单上的项目,除一张上写的是速溶咖啡,另一张上写的是新鲜咖啡这一项不同之外,其他各项均相同。把两张购物单分别发给两组妇女,请她们描写按购物单买东西的家庭主妇是什么样的妇女。

表3-1　　两张不一样的购物单

类别	产品名称		
购物单1	1听发酵粉	2块面包、一串胡萝卜	1磅速溶咖啡
	1.5磅碎牛肉	2磅桃子	5磅土豆
购物单2	1听发酵粉	2块面包、一串胡萝卜	1磅新鲜咖啡
	1.5磅碎牛肉	2磅桃子	5磅土豆

结果表明,两组妇女所描写的想象中的两个家庭主妇的形象是截然不同的。看速溶咖啡购物单的那组妇女几乎有一半人说,按这张购物单购物的家庭主妇是个懒惰、邋遢、生活没有计划的女人;有12%的人把她说成是个挥霍浪费的女人;还有10%的人说她不是一位好妻子。另一组妇女则把按新鲜咖啡购货的妇女,描

写成勤俭、讲究生活、有经验和喜欢烹调的主妇。这说明，当时的美国妇女有一种带有偏见的自我意识：作为家庭主妇，担负繁重的家务劳动是一种天职，而逃避这种劳动则是偷懒的、值得谴责的行为。速溶咖啡的广告强调的正是速溶咖啡省时、省力的特点，因而并没有给人以好的印象，反而被理解为它帮助了懒人。

由此可见，速溶咖啡开始时被人们拒绝，并不是由于它本身，而是由于人们的动机，即都希望做一名勤劳、称职的家庭主妇，而不愿做被人和自己所谴责的懒惰、失职的主妇。这就是当时人们一种潜在的购买动机，这也正是速溶咖啡被拒绝的真正原因。谜底揭开之后，厂家对产品的包装作了相应的修改，除去了使人产生消极心理的因素。广告不再宣传又快又方便的特点，而是宣传它具有新鲜咖啡所具有的美味、芳香和质地醇厚等特点；在包装上，使产品密封十分牢固，开启时十分费力，这就在一定程度上打消顾客因用新产品省力而造成的心理压力。结果，速溶咖啡的销路大增，很快成了西方世界最受欢迎的咖啡。

从这个例子可以看出市场调研的重要性，本章主要讨论市场调研的相关问题。

3.1 何为市场调研以及是否需要市场调研

市场调研是一个令很多中小企业营销管理者感到迷茫的问题：人力上，既没有专职的市场调研人员，更没有独立的市场部门。财力上，请不起专业的市场调研公司，而市场调研工作又不能不做，不做就不知道你要讨好的对象是谁，他在想什么，做什么；不做就不知道自己的竞争对手过去、现在和未来是怎么做的以及将怎么做。那些非常成功的企业都会定期在各个层面对客户、员工甚至是竞争者进行市场调研。那么，何为市场调研呢？市场调研是指根据市场营销的需要，运用科学的方法，对企业营销活动的有关信息、资料有目的、有计划地进行收集、整理与分析，提出调研报告，为制定营销策略和企业决策提供科学依据的活动。与由于不了解市场而做出错误决定导致的破产相比，市场调研要便宜得多。

市场调研对任何企业来讲都是有力的营销工具之一。市场调研对于企业的作用主要表现在以下几个方面：

1）市场调研与分析是企业决策的前提与基础

每个企业在发展过程中，经常会面临极具吸引力的选择，哪种选择是正确的，怎样选择才正确，一个优秀的决策绝不是建立在感觉、直觉、纯粹的主观臆断的基础上的，而是依靠科学的方法与正确的态度。市场调研与分析能够有效地了解市场、认识市场、分析市场，科学的市场调研是企业决策的重要依据。

2）市场调研与分析能够帮助企业发展自己的优势

企业通过市场调研，可以了解竞争对手的情况，分析竞争对手的优势与劣势，找出自身的优势和劣势,在竞争中回避对手的优势,发挥自己的长处,抓住市场机会。同时可以针对竞争对手的弱点,突出自己的特色,更能吸引消费者正确地收集信息、使用信息,赢得消费者的市场份额。

3)市场调研与分析能够帮助企业了解市场供求状况

现代企业竞争实质上是一场争夺消费者的商战。营销学家们指出,现代商战的胜利不在于你占据了多少个商场,拥有多少产品,而在于你占据了多少消费者的心。拥有一个市场比拥有一个企业更重要。市场调研可以帮助企业发现消费者的现实需求,同时还可以找到潜在需求,给企业带来无限商机。面对庞大的国际市场,企业可以通过市场调研充分挖掘市场潜力,创造出更多、更有效的新的市场和新的顾客。

4)市场调研与分析有利于企业掌握环境变化,及时调整策略

市场环境是不断发展变化的,市场调研与分析能帮助企业在变化的市场环境中发现规律,发现有价值的信息。通过市场调研既可以发展老顾客的未知需求,也可以找到已知需求的新顾客群,为新产品开发提供新思路;通过市场调研还可以了解消费者的消费特征,为决定产品定位提供最佳方案;通过市场调研能够充分了解企业形象和广告效果;通过市场调研能够帮助企业避开竞争对手,为企业做出正确的选择提供依据。

【小案例】

市场调研使百事可乐如获法宝

在美国软饮料市场上,"可口可乐"曾经成为美国民众不可分割的一部分,它的漏斗形的造型是可口可乐最重要的竞争优势,百事可乐花费数百万美元以研究新的瓶子设计,推出"旋涡型瓶子",却被认为是个仿冒者。

可口可乐的瓶子,我们必须"消除它的那股无形特殊力量",这个问题的症结是什么?史考特知道百事可乐公司就是对他们顾客认识不足,搞不清顾客真正需要什么?他发起一项"大规模消费者调查",以研究各家庭实际上在其家中如何饮用百事可乐和其他软饮料。该公司慎重选择350个家庭做"长期的产品饮用测试",以折扣优惠价每周订购任何所需数量的百事可乐及其他竞争品牌软饮料。

史考特回忆说:让我们大吃一惊的是,不管他们订购多少数量百事可乐,总有办法把它喝光。这让我恍然大悟。我们要做的就是包装设计,使人们更容易携带更多软饮料回家的包装设计。情况已很明白,我们该将竞争的规则全面变更。我们该着手上市新的、较大且更多变化性的包装设计。于是,百事可乐把容量加大、

让包装更有变化。戏剧化的结果出现了，可口可乐没有将其著名的漏斗造型的瓶子转换为更大容器，百事可乐已迫使长久以来遥不可改的可口可乐瓶子，即一个已经让三代以上的美国人熟悉的商标，在美国市场上消失；百事可乐的市场占有率呈戏剧化增长。

史考特发现，在点心食品上的关键事实，也是目前所有市场人员认知的事实是“你能说服人们买多少，他们就能吃多少”。怎样才能说服消费者？最佳的方法就是市场调研。

然而，中小企业一般没有独立完整的市场部门，关于市场调研工作的职责担当问题，在没有独立的市场部门并且近期也不打算建立市场部门的情况下，最好把此项工作交由总经理室，并由专职信息人员负责。这样做有三个好处：

(1)很多中小企业的销售工作是由总经理直抓或兼管，总经理室作为幕僚单位，有必要把握市场动态，供总经理决策参考。

(2)总经理室与总经理最为贴近，便于总经理指导市场调研工作及查阅参考市场信息。

(3)总经理室作为公司的“中枢神经”，由它来策划和执行市场调研工作与管理的基本原则不矛盾。当然，在策划调研活动时，必须以市场和销售为导向，并充分听取销售人员的意见和建议。

3.2 如何进行市场调研

3.2.1 市场调研的内容

市场调研的内容相当广泛，从广义上讲，与企业营销活动有关的所有因素，都是市场调研的对象。但由于市场调研主要是围绕企业营销活动展开的，因而市场调研包括市场需求调研、营销环境调研、市场竞争调研和营销要素调研等主要内容。

1)市场需求调研

市场需求调研在企业营销调研中是最重要的内容，它主要包括生产者需求调研与消费者需求调研。进行市场需求调研的主要目的是更好地满足消费者需求，及时调整企业经营管理决策来适应不断变化的市场。

企业可以根据市场需求水平、技术发展、竞争态势、政治法律状况与企业自身经营目标、战略、政策、采购程序、组织结构和制度体系等对生产者需求进行调研。

企业的一切活动都是围绕着消费者进行的。消费者需求调研在企业营销调研中是最重要的内容。消费者需求调研包括目标市场选择调研、顾客购买动机调研、顾客购买影响因素调研、顾客购买决策过程调研、消费者需求量调研、消费者需求结构调研、消费者需求时间调研、消费者购买力调研、消费者支出结构调研、消费者行为调研与消费者满意度调研等。

【小案例】

日清——智取美国快餐市场

日本一家食品产销企业集团——日清食品公司,从人们的口感差异性出发,不惜人力、物力、财力在食品的口味上下功夫,终于改变了美国人不吃汤面的饮食习惯,使日清食品公司的方便面成为美国人的首选快餐食品。

日清食品公司在准备将营销触角伸向美国食品市场的计划制订之前,为了能够确定海外扩张的最佳切入点,曾不惜高薪聘请美国食品行业的市场调查权威机构,对方便面的市场前景和发展趋势进行全面细致的调查和预测。可是美国食品行业的市场调查机构所得出的结论,却令日清食品公司大失所望——“由于美国人没有吃热汤面的饮食习惯,而是喜好干吃面条,单喝热汤,绝不会把面条和热汤混在一起食用,由此可以断定,汤面合一的方便面很难进入美国食品市场,更不会成为美国人一日三餐必不可少的快餐食品。”日清食品公司并没有盲目相信这一结论,而是抱着“求人不如求己”的自强自立信念,派出自己的专家考察组前往美国进行实地调查。经过千辛万苦的商场问卷和家庭访问,专家考察组最后得出了与美国食品行业的市场调查机构截然相反的调查结论,即美国人的饮食习惯虽呈现出“汤面分食,决不混用”的特点,但是随着世界各地不同种族移民的大量增加,这种饮食习惯正在悄悄地发生着变化。再者,美国人在饮食中越来越注重口感和营养,只要在口味和营养上投其所好,方便面就有可能迅速占领美国食品市场,成为美国人的饮食“新宠”。

日清食品公司基于自己的调查结论,从美国食品市场动态和消费者饮食需求出发,确定了“系列组合拳”的营销策略,全力以赴地向美国食品市场大举挺进,最终取得了成功。

企业经营者仅凭借经验决策,或盲目接受权威调研公司的结论都可能会丧失机遇或招致失败。对一个企业来说,市场调研贵在有效,保证有效的基础就是将调研活动落在实处,即组织严密、人员专业、信息真实、尊重调研规律,而不是走形式。企业经营者应尊重调研规律,正确认识调研对管理决策的支撑作用,既要重视市场调研,又要减少对市场调研结果的依赖,既要重视定性研究,又要重视定量研究。企业应充分利用调研信息,并将之转换为对消费者需求的深刻理解,从而据以对生产、营销等各个环节进行创新。

2）营销环境调研

任何企业的营销活动都是在一定的环境中进行的，环境的变化，既可以给企业带来市场机会，也可以形成某种威胁。因此，对市场营销环境的调研是企业营销活动管理的一项重要工作。对环境因素的调研有助于企业认识、利用和适应环境。

企业的营销环境包括微观环境与宏观环境，它们通过直接或间接的方法给企业的营销活动带来影响与制约。微观环境主要包括企业内部、营销渠道、顾客、竞争者和社会公众等；宏观环境主要包括人口、经济、自然、技术、政治、法律及社会文化等。企业要时刻认识和把握自己所处的生存与发展环境，同时还要能动地影响环境。

3）市场竞争调研

市场经济充满了竞争，任何企业、任何产品在市场上都会遇到竞争。当产品进入销售旺季时，竞争对手就会增加。竞争可以是直接竞争，如生产或经营同类产品的厂家之间的竞争；也可以是间接竞争，即产品不同但用途相同或相似的产品，如矿泉水制造厂商对生产果汁、汽水的厂商来说就构成了间接竞争。不论何种竞争，不论竞争对手的实力如何，要想使自己处于有利地位，首先要对竞争对手进行调研，以确定企业的竞争策略。

企业要出色地完成组织目标必须能比竞争者更好地满足目标市场的需求。因此，企业不但要全面了解目标市场的需求，还要时刻掌握竞争者的动向，分析竞争者的优势与劣势，以便制定恰当的竞争战略和竞争策略。市场竞争调研主要侧重于企业与竞争对手的对比研究，包括两个方面：

第一，对竞争形势的一般性调研，如不同企业或企业群体的市场占有率、经营特征、竞争方式、行业的竞争结构及变化趋势等。

第二，针对某个竞争对手的调研，如企业与竞争对手在产品品种、质量、价格、销售渠道、促销方式、服务项目等方面态势的调研。调研的主要目的就是做到在竞争中知己知彼、百战不殆。

4）营销要素调研

营销要素调研，其主要目的是帮助企业能正确地使用这些市场营销组合工具，更好地满足顾客需求，达到企业经营的目的。营销要素调研主要包括：产品或服务调研、价格调研、分销渠道调研与促销调研等。

产品或服务调研是市场营销组合调研的重要组成部分，也是其他营销调研的基础。产品或服务调研主要包括：顾客追求的产品核心利益的调研，新产品设计、开发与试验的调研，产品生命周期的调研与产品包装的调研等。

价格是市场营销组合要素中最敏感、最活跃的要素，也是市场竞争的重要手段。注重产品的价格调研对于企业制定正确的价格策略具有重要作用。价格调研一般包括:市场供求情况及变化趋势的调研,影响价格变化的各种因素调研,替代品价格的调研,新产品定价策略的调研等。

分销渠道是产品从生产者向消费者转移过程中经过的通道。分销渠道策略是营销活动的重要组成部分之一,合理的分销能够使产品及时、安全、经济地通过必要的环节,以最低的成本、最短的时间实现最大的价值。因此,分销渠道调研是市场调研的重要组成部分,它主要包括:选择各类中间商的调研,对影响分销渠道选择各个因素的调研等。

促销是营销者与购买者之间的信息沟通与传递活动。促销的目的就是激发消费者的欲望,影响消费者的购买行为,扩大产品的销售,增加企业的效益。促销调研的内容一般包括:促销手段的调研与促销策略的可行性调研等。

3.2.2 市场调研的步骤

一般来说,市场营销调研可以分为五个主要步骤:

1)确定调研目的

市场调研,目的是通过各种方法收集必要的资料,并加以分析和整理,得出一定的结论,为企业决策者提供决策依据。调研第一步必须认真确定调研目的。确定市场调研的目的并不是十分容易的,通常可将调研目的分成三类:

(1)探索性调研。探索性调研一般是在调研专题的内容与性质不太明确时,为了了解问题的性质,确定调研的方向与范围而进行的收集初步资料的调查,通过这种调研,可以了解情况,发现问题,从而得到关于调研项目的某些假定或新设想,以供进一步调查研究。

(2)描述性调研。描述性调研是一种常见的项目调研,是指对所面临的不同因素、不同方面现状的调查研究,其资料数据的采集和记录,着重于客观事实的静态描述。大多数的市场营销调研都属于描述性调研。例如,市场潜力和市场占有率,产品的消费群结构,竞争企业状况的描述。在描述性调研中,可以发现其中的关联因素,但是,此时我们并不能说两个变量哪个是因、哪个是果。与探索性调研相比,描述性调研的目的更加明确,研究的问题更加具体。

(3)因果性调研。对市场营销众多因素的相互因果关系进行调查研究,如销售与促销费用、价格有因果关系。在确定了这样的关系后,就可在具体销售指标要求下,正确预算促销费用。

【小案例】

口味测试出卖了可口可乐

20 世纪 80 年代,尽管可口可乐仍是软饮料中的领先者,但其市场份额却正慢慢地被百事可乐占领。多年来,百事可乐公司成功地发动了“百事挑战”,一系列口感测验表明,消费者更喜欢甜一点的百事可乐。可口可乐公司开始了其历史上最大的新产品调研计划,它花了两年时间,耗资400万美元进行调研,以确定新配方。在无商标测试中,60%的消费者认为新可口可乐比原来的好,52%的人认为新可口可乐比百事可乐好。调研结果表明,新可口可乐一定会赢,所以公司很自信地用新可口可乐作为代替老可口可乐的主打产品向市场推出。

结果发生了什么?新产品推出后,每天公司都会收到消费者成袋的投诉信件和1 500多个电话。问题出在哪儿了?问题就在于可口可乐公司将调研目标仅仅限于“口味”测试,而忽略了它的支持者们对可口可乐代表的文化及精神意义的认同。

2)确定收集资料的来源和方法

企业可以利用和主动寻找许多资料来源。资料分为第一手资料和第二手资料。第一手资料即企业为调查某问题而收集的原始资料;第二手资料即已存在且为调查某问题而收集的资料。一般来说,第一手资料获取成本高,但资料适用性强,第二手资料则相反。收集第一手资料的方法常用访问法、观察法和实验法。

3)收集资料

由于科学技术尤其是电子技术突飞猛进的发展,许多传统的信息收集方法已被先进、迅速、准确、及时的电子方法所代替。如借助光学扫描仪,对出售商品上条形码的阅读识别记录,商品的库存等重要信息就可通过专用或原有电讯网络传送到全国统一的信息中心,并对配送中心等输出送货指令,从而提高工作效率和企业的经济效益。

4)分析资料

企业运用市场营销分析系统中的统计方法和模型方法对收集的信息加以编辑、计算、加工、整理,去伪存真,删繁就简,最后用文字、图表、公式将资料中潜在的各种关系、变化趋势表达出来。

5)提出调查结论,撰写调研报告

针对市场调研的问题,调研人员运用分析资料,提出客观的调查结论。通常以调研报告的形式将市场调研结果呈送决策者。对于商业性市场调研公司来说,调研报告也是其递交客户的有关工作的主要结果。

3.3 市场调研方法

市场调研有许多方法,企业市场调查人员可根据具体情况选择不同的方法。市场调研方法大体上可分为文案调研和实地调研两大类。

3.3.1 文案调研

文案调研主要是二手资料的收集、整理和分析。资料搜索渠道主要有:①内部资料。如公司的资产负债表、损益表、销售报告、存货记录等。②统计资料。如政府文件、统计年鉴、行业资料统计等。③期刊资料。如专业杂志、消费者杂志的调查资料。④专业信息公司资料。如上海尼尔森市场研究有限公司、零点研究咨询集团等都拥有各种专项资料出售。

【背景资料】

著名的市场调研公司

1. 策点市场调研公司(CMR)

策点市场调研公司是国内最具竞争力的跨行业市场研究公司。策点市场调研公司着力于基础市场数据的采集,为企业决策提供支持,从而让企业更了解市场。策点市场调研公司最大的优势是用最优惠的价格给予企业最真实的数据。擅长领域为满意度研究、消费者研究、政府服务研究、市场进入研究、新产品开发研究、房地产专项研究、行业研究等。

2. 央视市场研究股份有限公司(CTR)

CTR 是中国领先的市场研究公司,成立于 1995 年,2001 年改制成为股份制企业,主要股东为中国国际电视总公司和 TNS。消费者固定样组、个案研究、媒介与产品消费形态研究、媒介策略研究、媒体广告及新闻监测,可提供连续性的多客户研究,还可以为不同客户提供量身定制的具有针对性解决方案。

3. 央视 - 索福瑞媒介研究有限公司(CSM)

CSM 是 CTR 和 TNS 合作成立的中外合资公司,拥有世界上最大的电视观众收视调查网络,提供独立的收视率调查数据。致力于专业的电视收视和广播收听市场研究,为中国大陆地区和香港传媒行业提供可靠的、不间断的收视率调查服务。

4. 上海尼尔森市场研究有限公司(AC 尼尔森)

AC 尼尔森是全球首屈一指的媒介和资讯集团,AC 尼尔森为私营公司,其业务遍布全球 100 多个国家,总部位于美国纽约。提供全球领先的市场资讯、媒介资讯、在线研究、移动媒体监测、商业展览服务以及商业出版资讯。

5. 北京特恩斯市场研究咨询有限公司(TNS)

由原 TNS Custom and Research International 合并而成的 TNS Research International 中国是中国专项市场研究公司中的佼佼者,致力于为客户提供可行性市场洞察和基于调研的商业咨询,以帮助客户做出更具成效的商业决策。在消费品、科技、金融、汽车等多个领域为客户提供全面而深刻的专业市场调研服务和行业知识，并拥有一整套先进独特、覆盖市场营销和商业运营所有环节的商业解决方案，其中产品开发与创新、品牌与沟通、利益相关者关系管理、零售与购物者研究和定性研究等更是公司的特色强项。

6. 北京益普索市场咨询有限公司（Ipsos）

益普索于2000年进入中国，目前已经成长为中国最大的个案研究公司之一。益普索在中国拥有专业人员700余名，在北京、上海、广州和成都均设有分公司。专注于营销研究、广告研究、满意度和忠诚度研究、公众事务研究等四大领域的市场研究服务。

7. 新华信国际信息咨询（北京）有限公司（New China Trust）

1992年年末，新华信在北京成立，率先在中国开展市场研究咨询服务和商业信息咨询服务，并于2000年推出数据库营销服务。迄今，新华信已发展为中国领先的营销解决方案和信用解决方案提供商。收集、分析和管理关于市场、消费者和商业机构的信息，通过信息、服务和技术的整合，提供市场研究、商业信息、咨询和数据库营销服务，协助企业做出更好的营销决策和信贷决策并发展盈利的客户关系。

8. 零点研究咨询集团（Horizon）

中国专业研究咨询市场的早期开拓者与当前领导者之一，旗下“零点调查”（专项市场研究）、“前进策略”（转型管理咨询）、“指标数据”（共享性社会群体消费文化研究）和“远景投资”（规范的投资项目选择与运作管理服务），提供专业调查咨询服务。零点调查针对不同的客户需求，提供针对性的研究服务，目前的业务主要定位在消费者研究、品牌研究、评估性研究、产品与营销研究四大研究领域。

9. 北京捷孚凯市场调查有限公司（GFK）

总部位于德国纽伦堡的GFK集团，是全球五大市场研究集团之一，拥有80年的发展历史。2005年，GFK集团全球年营业收入超过10亿欧元，在全球拥有超过6 000人的全职员工，在69个国家和地区设有120多个分公司和分支机构。GFK集团目前在全球范围内的市场研究业务，涉及专项研究、医疗保健研究、消费电子零售研究、消费者追踪、媒介研究等五大领域。

10. 北京新生代市场监测机构有限公司

成立于1998年，2003年引进外资，成为中外合资企业。新生代从1998年开始持续跟踪和监测中国市场的变迁，记录中国市场风云变幻，提供市场和消费者洞察，协助客户在商战中制定成功决策。连续研究：连续性的、年度的与单一来源的大众市场研究与分众市场研究。媒介研究：平面媒体研究、电波媒体研究、户外媒体研究、网络媒体研究、新媒体研究。消费研究：行业与市场分析、销售研究、营销研究（品牌/产品/价格/广告/促销）、消费研究、客户满意度研究。

3.3.2 实地调研

实地调研可分为访问法、观察法和实验法三种。

1)访问法

访问法就是调查人员通过各种方式向被调查者发问或征求意见来收集市场信息的一种方法。它可分为深度访谈、焦点小组访谈、问卷调查等方法。其中,问卷调查又可分为电话访问、邮寄调查、留置问卷调查、入户访问、街头拦访等调查形式。

(1)深度访谈。深度访谈是一种无结构的、直接的、一对一的访问形式。访问过程中,由掌握高级访谈技巧的调查员对调查对象进行深入的访问,用以揭示对某一问题的潜在动机、态度和情感,最常应用于探索性调研。应用范围包括:详细了解复杂行为、敏感话题或对企业高层、专家、政府官员进行访问。

深度访谈的最大长处就是弹性大,灵活性强,它有利于充分发挥访谈双方的主动性和创造性。与结构访谈相比,无结构访谈的最大特点是深入、细致。但是,这种访谈方法对访谈员的要求比结构访谈的要求更高;这种访谈方法所得的资料难以进行统计处理和定量分析;而且特别耗费时间,使得访谈的规模受到较大的限制。

(2)焦点小组访谈。又称小组座谈法,就是采用小型座谈会的形式,由一个经过训练的主持人以一种无结构、自然的形式与一个小组的具有代表性的消费者或客户交谈。主持人负责组织讨论,主持人与被调查者之间以及被调查者相互之间都有很强的互动性。小组座谈法的主要目的是通过倾听一组从调研者所要研究的目标市场中选择出来的被调查者,从而获取一些对有关问题的深入了解。这种方法的价值在于常常可以从自由进行的小组讨论中得到一些意想不到的发现。

(3)问卷调查。问卷调查法也称书面调查法,或称填表法。用书面形式间接收集研究材料的一种调查手段。通过向调查者发出简明扼要的征询单(表),请示填写对有关问题的意见和建议来间接获得材料和信息的一种方法。

2)观察法

观察法是指研究者根据一定的研究目的、研究提纲或观察表,用自己的感官和辅助工具去直接观察被研究对象,从而获得资料的一种方法。科学的观察具有目的性和计划性、系统性和可重复性。常见的观察法有:核对清单法、级别量表法、记叙性描述。观察一般利用眼睛、耳朵等感觉器官去感知观察对象。由于人的感觉器官具有一定的局限性,观察者往往要借助各种现代化的仪器和手段,如照相机、录音机、显微录像机等来辅助观察。

观察法在市场调研中主要有以下几方面的应用:①对实际行动和迹象的观察。

例如,调查人员通过对顾客购物行为的观察,预测某种商品销售情况。②对语言行为的观察。例如观察顾客与售货员的谈话。③对表现行为的观察。例如观察顾客谈话时的面部表情等身体语言的表现。④对空间关系和地点的观察。例如利用交通计数器对来往车流量的记录。⑤对时间的观察。例如观察顾客进出商店以及在商店逗留的时间。⑥对文字记录的观察。例如观察人们对广告文字内容的反映。

3)实验法

实验法是通过实际的、小规模的营销活动来调查关于某一产品或某项营销措施执行效果等市场信息的方法。实验的主要内容有产品的质量、品种、商标、外观、价格、促销方式及销售渠道等。它常用于新产品的试销和展销。

3.4 怎样进行抽样

调查时一般会使用抽样调查,抽样调查是一种非全面调查,它是从全部调查研究对象中抽选一部分单位进行调查,并据以对全部调查研究对象作出估计和推断的一种调查方法。显然,抽样调查虽然是非全面调查,但它的目的却在于取得反映总体情况的信息资料,因而,也可起到全面调查的作用。根据抽选样本的方法,抽样调查可以分为概率抽样和非概率抽样两类。

3.4.1 概率抽样

概率抽样是按照概率论和数理统计的原理从调查研究的总体中,根据随机原则来抽选样本,并从数量上对总体的某些特征作出估计推断,对推断出可能出现的误差可以从概率意义上加以控制。常见的概率抽样有以下几种:

1)简单随机抽样法

这是一种最简单的一步抽样法,它是从总体中选择出抽样单位,从总体中抽取的每个可能样本均有同等被抽中的概率。抽样时,处于抽样总体中的抽样单位被编排成1~n编码,然后利用随机数码表或专用的计算机程序确定处于1~n间的随机数码,那些在总体中与随机数码吻合的单位便成为随机抽样的样本。

这种抽样方法简单,误差分析较容易,但是需要样本容量较多,适用于个体之间差异较小的情况。

2)系统抽样法

这种方法又称顺序抽样法,是从随机点开始在总体中按照一定的间隔(即"每隔第几"的方式)抽取样本。此法的优点是抽样样本分布比较好,有好的理论,总体估计值容易计算。

3)分层抽样法

它是根据某些特定的特征,将总体分为同质、不相互重叠的若干层,再从各层中独立抽取样本,是一种不等概率抽样。分层抽样利用辅助信息分层,各层内应该同质,各层间差异尽可能大。分层抽样能够提高样本的代表性、总体估计值的精度和抽样方案的效率,抽样的操作、管理比较方便。但是抽样框较复杂,费用较高,误差分析也较为复杂。此法适用于母体复杂、个体之间差异较大、数量较多的情况。

4)整群抽样法

整群抽样是先将总体单元分群,可以按照自然分群或按照需要分群,在交通调查中可以按照地理特征进行分群,随机选择群体作为抽样样本,调查样本群中的所有单元。整群抽样样本比较集中,可以降低调查费用。例如,在进行居民出行调查中,可以采用这种方法,以住宅区的不同将住户分群,然后随机选择群体为抽取的样本。此法优点是组织简单,缺点是样本代表性差。

5)多阶段抽样法

多阶段抽样是采取两个或多个连续阶段抽取样本的一种不等概率抽样。对阶段抽样的单元是分级的,每个阶段的抽样单元在结构上也不同。多阶段抽样的优点是样本分布集中,能够节省时间和经费。缺点是调查的组织复杂,总体估计值的计算复杂。

6)等距抽样法

等距抽样也称为系统抽样或机械抽样,它是首先将总体中各单位按一定顺序排列,根据样本容量要求确定抽选间隔,然后随机确定起点,每隔一定的间隔抽取一个单位的一种抽样方式。

根据总体单位排列方法,等距抽样的单位排列可分为三类:按有关标志排队、按无关标志排队以及介于按有关标志排队和按无关标志排队之间的按自然状态排列。

按照具体实施等距抽样的做法,等距抽样可分为:直线等距抽样、对称等距抽样和循环等距抽样三种。

等距抽样的最主要优点是简便易行,且当对总体结构有一定了解时,充分利用已有信息对总体单位进行排队后再抽样,则可提高抽样效率。

7)双重抽样法

双重抽样,又称二重抽样、复式抽样,是指在抽样时分两次抽取样本的一种抽样方式,其具体步骤为:首先抽取一个初步样本,并搜取一些简单项目以获得有关总体的信息;然后,在此基础上再进行深入抽样。在实际运用中,双重抽样可以推广为多重抽样。

3.4.2 非概率抽样

非概率抽样就是调查者根据自己的方便或主观判断抽取样本的方法。它不是严格按随机抽样原则来抽取样本，所以失去了大数定律的存在基础，也就无法确定抽样误差，无法正确地说明样本的统计值在多大程度上适合于总体。虽然根据样本调查的结果也可在一定程度上说明总体的性质、特征，但不能从数量上推断总体。非概率抽样主要有方便抽样、定额抽样、立意抽样、滚雪球抽样和空间抽样等类型。

1）方便抽样

样本限于总体中易于抽到的一部分。最常见的方便抽样是偶遇抽样，即研究者将在某一时间和环境中所遇到的每一总体单位均作为样本成员。“街头拦人法”就是一种偶遇抽样。某些调查对被调查者来说是不愉快的、麻烦的，这时为方便起见就采用以自愿被调查者为调查样本的方法。方便抽样是非随机抽样中最简单的方法，省时省钱，但样本代表性因受偶然因素的影响太大而得不到保证。

2）定额抽样

定额抽样也称配额抽样，是将总体依某种标准分层（群），然后按照各层样本数与该层总体数成比例的原则主观抽取样本。定额抽样与分层概率抽样很接近，最大的不同是，分层概率抽样的各层样本是随机抽取的，而定额抽样的各层样本是非随机的。总体也可按照多种标准的组合分层（群），例如，在研究自杀问题时，考虑到婚姻与性别都可能对自杀有影响，可将研究对象分为未婚男性、已婚男性、未婚女性和已婚女性四个组，然后从各群非随机地抽样。定额抽样是通常使用的非概率抽样方法，样本除所选标志外无法保证代表性。

3）立意抽样

立意抽样又称判断抽样，研究人员从总体中选择那些被判断为最能代表总体的单位作样本的抽样方法。当研究者对自己的研究领域十分熟悉，对研究总体比较了解时采用这种抽样方法，可获代表性较高的样本。这种抽样方法多应用于总体小而内部差异大的情况，以及在总体边界无法确定或因研究者的时间与人力、物力有限时采用。

4）滚雪球抽样

以若干个具有所需特征的人为最初的调查对象，然后依靠他们提供认识的合格的调查对象，再由这些人提供第三批调查对象……依次类推，样本如同滚雪球般由小变大。滚雪球抽样多用于总体单位的信息不足或观察性研究的情况。这种抽样中有些分子最后仍无法找到，有些分子被提供者漏而不提，两者都可能造成误差。

5）空间抽样

对非静止的、暂时性的空间相邻的群体的抽样方法。例如，游行与集会没有确定的总体，参加者从一地到另一地，一些人离去又有一些人进来，但这些事件是在一定范围内进行的。对这样的总体在同一时间内抽样十分重要,以便样本组成不会经历时间上的太大变化。具体做法是:若干调查员间隔均匀的距离,从某一方向开始,访问离他最近的人,然后每隔一定步数抽取一人为调查对象。

3.5 怎样进行问卷设计

问卷是调查中很重要的一种工具,而对问卷的结构、设计原则、问题表述等问题都要做慎重的考虑,不能随意确定。

3.5.1 调查问卷的一般结构

调查问卷一般由卷首语、问题与回答方式、编码、其他资料四个部分组成。

1)卷首语

它是问卷调查的自我介绍部分。卷首语的内容应该包括:调查的目的、意义和主要内容,选择被调查者的途径和方法,对被调查者的希望和要求,填写问卷的说明,回复问卷的方式和时间,调查的匿名和保密原则以及调查者的名称等。为了能引起被调查者的重视和兴趣,争取他们的合作和支持,卷首语的语气要谦虚、诚恳、平易近人,文字要简明、通俗、有可读性。卷首语一般放在问卷第一页的上面,也可单独作为一封信放在问卷的前面。

2)问题与回答方式

它是问卷的主要组成部分,一般包括调查询问的问题、回答问题的方式以及对回答方式的指导和说明等。

3)编码

所谓编码,就是对每一份问卷和问卷中的每一个问题、每一个答案编定一个唯一的代码,以便运用电子计算机对调查问卷进行数据处理。

4)其他资料

包括问卷名称、被访问者的地址或单位(可以是编号)、访问员姓名、访问开始时间和结束时间、访问完成情况、审核员姓名和审核意见等。这些资料是对问卷进行审核和分析的重要依据。

此外,有的自填式问卷还有一个结束语。结束语可以是简短的几句话,对被调查者的合作表示真诚感谢,也可稍长一点,顺便征询一下对问卷设计和问卷调查的看法。

3.5.2 调查问卷的设计原则

1)设计问题的原则

(1)客观性原则,即设计的问题必须符合客观实际情况。

(2)必要性原则,即必须围绕调查课题和研究假设设计最必要的问题。

(3)可能性原则,即必须符合被调查者回答问题的能力。凡是超越被调查者理解能力、记忆能力、计算能力、回答能力的问题,都不应该提出。

(4)自愿性原则,即必须考虑被调查者是否自愿真实回答问题。凡被调查者不可能自愿真实回答的问题,都不应该正面提出。

2)表述问题的原则

(1)具体性原则,即问题的内容要具体,不要提抽象、笼统的问题。

(2)单一性原则,即问题的内容要单一,不要把两个或两个以上的问题合在一起提。

(3)通俗性原则,即表述问题的语言要通俗,不要使用被调查者感到陌生的语言,特别是不要使用过于专业化的术语。

(4)准确性原则,即表述问题的语言要准确,不要使用模棱两可、含混不清或容易产生歧义的语言或概念。

(5)简明性原则,即表述问题的语言应该尽可能简单明确,不要冗长和啰唆。

(6)客观性原则,即表述问题的态度要客观,不要有诱导性或倾向性语言。

(7)非否定性原则,即要避免使用否定句形式表述问题。

3)设计答案的原则

(1)相关性原则,即设计的答案必须与询问问题具有相关关系。

(2)同层性原则,即设计的答案必须具有相同层次的关系。

(3)完整性原则,即设计的答案应该是穷尽一切可能的,起码是穷尽一切主要的答案。

(4)互斥性原则,即设计的答案必须是互相排斥的。

(5)可能性原则,即设计的答案必须是被调查者能够回答也愿意回答的。

3.6 怎样撰写调研报告

调研报告是整个市场调研工作,包括计划、实施、收集、整理等一系列过程的总结,是调查研究人员劳动与智慧的结晶,也是客户需要的最重要的书面结果之一。它是一种沟通、交流形式,其目的是将调查结果、战略性的建议以及其他结果传递给管理人员或其他担任专门职务的人员。因此,认真撰写调研报告,准确分析调查结果,明确给出调查结论,是报告撰写者的责任。阅读市场调研报告的人,一般都是繁忙的企业经营管理者或有关机构负责人,因此,撰写市场调研报告时,要力求条理清楚、言简意赅、易读好懂。

市场调研报告的格式一般由标题、目录、概述、正文、结论与建议、附件等几部分组成。

1)标题

标题要点明报告的主题。包括委托客户的单位名称、市场调查的单位名称和报告日期。调研报告的题目应尽可能贴切,而又概括地表明调查项目的性质。如《关于哈尔滨市家电市场调查报告》。有的调研报告还采用正、副标题形式,一般正标题表达调查的主题,副标题则具体表明调查的单位和问题。

2)目录

如果调研报告的内容、页数较多,为了方便读者阅读,应当使用目录或索引形式列出报告所分的主要章节和附录,并注明标题、有关章节号码及页码,一般来说,目录的篇幅不宜超过一页。

3)概述

概述主要阐述课题的基本情况,它是按照市场调查课题的顺序将问题展开,并阐述对调查的原始资料进行选择、评价、作出结论、提出建议的原则等。主要包括三方面内容:

第一,简要说明调查目的,即简要地说明调查的由来和委托调查的原因。

第二,简要介绍调查对象和调查内容,包括调查时间、地点、对象、范围、要点及所要解答的问题。

第三,简要介绍调查研究的方法。介绍调查研究的方法,有助于使人确信调查结果的可靠性,因此对所用方法要进行简短叙述,并说明选用方法的原因。例如,是用抽样调查法还是用典型调查法,是用实地调查法还是用文案调查法,这些一般是在调查过程中使用的方法。另外,在分析中使用的方法,如指数平滑分析、回归分析、聚类分析等方法都应作简要说明。如果部分内容很多,应有详细的工作技术报告加以说明补充,附在市场调研报告的最后部分的附件中。

4)正文

正文是市场调研报告的主体部分。这部分必须准确阐明全部有关论据,包括问题的提出到引出的结论,论证的全部过程,分析研究问题的方法,还应当有可供市场活动的决策者进行独立思考的全部调查结果和必要的市场信息,以及对这些情况和内容的分析评论。

5)结论与建议

结论与建议是撰写调研报告的主要目的。这部分包括对引言和正文部分所提出的主要内容的总结,提出如何利用已证明为有效的措施和解决某一具体问题可供选择的方案与建议。结论和建议与正文部分的论述要紧密对应,不可以提出无证据的结论,也不要没有结论性意见的论证。

6)附件

附件是指调研报告正文包含不了或没有提及,但与正文有关必须附加说明的部分。它是对正文报告的补充或更详尽的说明,包括数据汇总表及原始资料背景材料和必要的工作技术报告,例如为调查选定样本的有关细节资料及调查期间所使用的文件副本等。

【案例分析】

加拿大 Jell - O 的制胜秘密

Jell - O 是美国通用食品公司的一个品牌,主要产品是樱桃、木莓、橘子、柠檬以及酸橙口味的饼干。它形状多样,色彩清新,吃法也多种多样,对男女老少都有一种魅力。该品牌的产品不仅在美国深受欢迎,第二次世界大战后还打入了加拿大市场。

为了进一步扩大加拿大市场,该公司决定采取一种新的、双倍量的包装,让 3 种销量最好的红颜色品种(草莓、木莓和樱桃)采用新包装,可销售量只是预期的 85%。为什么会出现这样的结果? 原来,这个品牌一直都是靠自身的质量以及广告和促销活动打开市场的,而没有进行过顾客调查。现在公司遇到了麻烦,第一次需要顾客的参与来调查这个包装方案是否合适。于是,该公司设计了一套调查方案来了解市场需求。

1. 调查方法

当时,在加拿大,装有电话的住户居住得极为分散,而且利用电话采访方式还处在刚刚起步的阶段,极不成熟。因此,电话采访和信件问卷调查的想法被否决了。为提高顾客参与的兴趣和释放内心讯号,调查组决定采用动画片的方式,希望通过让人们谈论动画片的观后感,获得几个研究项目所需的较多数量的信息。

2. 样本

决定在加拿大选取 800 名女士作为主要样本。因为女性是 Jell - O 的购买决策的决定者。另外,还选取 400 个小孩子作为样本,因为他们是这种食品最主要消费者。为孩子们设计的调查问卷自然要比为大人们设计的问卷要短得多,一个原因是他们的注意力能够集中的时间较短,另一个原因是对从他们那里得到的信息数量要求不高。

3. 调查问卷的设计和完善

通过 6 个专门小组——3 个在安大略省,3 个在魁北克省——来设计和完善调查问卷,有两个基本要求:

(1)确保调查问卷能够包括所有信息,这些信息主要是关于顾客对这种产品的认识和印象。

(2)确保问卷的措辞在不同的地区不会被误解,即调查对象对它的含义的理解一致。因为魁北克省的顾客往往具有法国背景，而在加拿大的安大略省人们往往说的是英语。语言和文化背景的差异可能对同一术语产生误会。

下一步就是调查问卷的测试。在安大略省进行了25次面对面采访，在加拿大的蒙特利尔采访次数也为25次。因为问卷调查要求采用私人采访的形式，又要防止人员自作聪明误导被采访者，所以决定雇佣一批智力平常的员工作为采访人员。

4. 调研预算

把这项调查付诸实践，需要10 000美元。这在当时的加拿大是一笔庞大的费用，还没有一个加拿大的公司会为这样一个调查花费甚至1美元。而在通用食品公司，花费这样一笔数目在市场研究上，需要公司总裁的批准。由于这次调查很重要，总裁没有犹豫就批准了调查计划。

5. 测试结果

了解所需信息之后，要解救双倍量包装的窘境，所要做的事情就是在其中加入更多的口味。这项调查还表明女士们在家里准备Jell－O食品时往往把不同口味混在一起(如酸橙和草莓口味)。这样就导致了一种新口味产品——菜蔬混合型饼干的诞生，它取得了极大的成功。

讨论分析题：

1. 根据本案例材料，你认为一个公司要成功进行市场调研，必须从哪几个方面加强管理?

2. 从本案例材料中，你认为调查组哪些决策对于市场调研取得成功具有关键性的作用？理由是什么？

第4章　如何选择目标市场

【导入案例】

宝洁公司的市场细分

宝洁公司有11种品牌的洗衣粉,这些宝洁品牌在同一超市的货架上相互竞争。但是为什么宝洁公司要在一类产品中推出好几种品牌,而不是集中精力推出一种领导品牌呢?答案在于不同的人希望从购买的产品中获得不同的利益组合。以洗衣粉为例,人们使用洗衣粉是为使衣物干净,但是他们还想从洗衣粉中得到些别的东西,如经济实用、漂白、柔软织物、新鲜的气味、强力或中性、泡沫多等。我们想从洗衣粉中或多或少地得到上述的每一种利益,只是对每种利益不同的侧重而已。对有些人而言,清洁和漂白最重要;对其他人而言,柔软织物最重要;还有一些人则想要中性、有新鲜香味的洗衣粉。因此,洗衣粉购买者中存在不同的群体或细分市场,并且每个细分市场寻求各自特殊的利益组合。宝洁公司通过市场细分,划分出11个不同的细分市场,运用自身的技术优势,研制出若干种适应不同细分市场的产品配方,形成了对洗衣粉市场的全面控制,市场份额一度达到50%以上,大大超过了仅凭一种品牌所能得到的市场份额。各种品牌针对的不同细分市场如下:

"汰渍"是全能家庭洗衣粉。它强效、能洗净纤维内层。

"护色快乐"具有卓越的清洁和保护功能。适用于热水、温水和凉水。不含刺激性香味,不具有染色作用。

"博德"是带有织物柔顺剂的洗衣粉。具有清洁、柔顺和控制静电三大功能。液体"博德"还能使柔软后的衣物有怡人的清香。

"索罗"是带有织物柔顺剂的液态洗衣剂。

"埃拉"是"天生去污手",能去除顽固污渍。

"德洗"可洗去顽固污渍且"只要很低的价格",是宝洁公司的价值所在。

"奥克雪"含有漂白剂,使衬衫更加亮白。

"醉肤特"含有天然的清洁剂,适于洗涤内衣、婴儿尿片和衣物。

"象牙雪"是高纯度的中性肥皂,洗涤后不会留下任何不良化学成分,也适用于洗涤尿片和婴儿衣物。

“碧浪”是针对西班牙裔消费者的高效清洁剂。

“甘原”是含酶洗衣粉，洗后衣服不但干净，还有怡人的清香。

4.1 如何进行市场细分

4.1.1 市场细分的含义与作用

市场细分是指营销者通过市场调研，依据消费者的需要和欲望、购买行为和购买习惯等方面的差异，把某一产品的市场整体划分为若干消费者群的市场分类过程。每一个消费者群就是一个细分市场，每一个细分市场都是由具有类似需求倾向的消费者构成的群体。

细分市场不是根据产品品种、产品系列来进行划分的，而是从消费者（指最终消费者和工业生产者）的角度进行划分的，是根据市场细分的理论基础，即消费者的需求、动机、购买行为的多元性和差异性来划分的。中小微企业开发市场离不开市场细分，中小微企业资源能力有限，技术水平相对较低，如果把力量平均分布在各个市场，会面临重大的竞争危机，而市场细分则可以帮助企业发挥相对优势，出奇制胜。

1）有利于选择目标市场和制定市场营销策略

市场细分后的子市场比较具体，比较容易了解消费者的需求，企业可以根据自己的经营思想、方针及生产技术和营销力量，确定自己的服务对象，即目标市场。针对较小的目标市场，便于制定特殊的营销策略。同时，在细分的市场上，信息容易了解和反馈，一旦消费者的需求发生变化，企业可迅速改变营销策略，制定相应的对策，以适应市场需求的变化，提高企业的应变能力和竞争力。

【小案例】

联想的产品细分策略

正是基于产品的明确区分，联想打破了传统的“一揽子”促销方案，围绕“锋行”、“天骄”、“家悦”三个品牌面向的不同用户群需求，推出不同的细分促销方案。选择“天骄”的用户，可优惠购买让数据随身移动的魔盘、可打印数码照片的3110打印机、SOHO好伴侣的M700多功能机以及让人尽享数码音乐的MP3；选择“锋行”的用户，可以优惠购买“数据特区”双启动魔盘、性格鲜明的打印机以及“新歌任我选”MP3播放器；钟情于“家悦”的用户，则可以优惠购买“电子小书包”魔盘、完成学习打印的打印机、名师导学的网校卡以及成就电脑高手的XP电脑教程。

2)有利于发掘市场机会,开拓新市场

通过市场细分,企业可以对每一个细分市场的购买潜力、满足程度、竞争情况等进行分析对比,探索出有利于本企业的市场机会,使企业及时作出投产、销售决策或根据本企业的生产技术条件编制新产品开拓计划,进行必要的产品技术储备,掌握产品更新换代的主动权,开拓新市场,以更好地适应市场的需要。

【小案例】

美国天美时钟表公司的市场细分

第二次世界大战后,美国天美时钟表公司通过市场细分,将美国手表市场分为三类不同的消费者群:第一类消费者想用最低的价格购买一般能计时的手表,占美国手表市场的23%;第二类消费者想以较高的价格购买计时更准确、更耐用好看的手表,占美国手表市场的46%;第三类消费者想买名牌手表,他们购买手表往往作为礼物,追求象征性或者感情性的价值,占美国手表市场的31%。当时几家著名手表公司都是以第三类消费者作为目标市场的,而占美国手表市场69%的第一、二类消费者群需求远远未得到满足。美国天美时钟表公司发现这一良机后,立即选择第一、二类消费者群作为自己的目标市场,制造了一种叫作“天美时”的物美价廉的手表,并且利用各种渠道,迅速进入这个市场,成了当时世界上最大的钟表公司。

3)有利于集中人力、物力投入目标市场

任何一个企业的资源、人力、物力、资金都是有限的,通过细分市场,选择了适合自己的目标市场,企业可以集中人、财、物及资源,去争取局部市场上的优势,然后再占领自己的目标市场。

4)有利于企业提高经济效益

前面三个方面的作用都能使企业提高经济效益。除此之外,企业进行市场细分后,可以面对自己的目标市场,生产出适销对路的产品,既能满足市场需要,又可增加企业的收入;产品适销对路可以加速商品流转,加大生产批量,降低企业的生产销售成本,提高生产工人的劳动熟练程度,提高产品质量,全面提高企业的经济效益。

4.1.2 市场细分的基础与条件

1)市场细分的基础

(1)顾客需求的差异性。顾客需求的差异性是指不同的顾客之间的需求是不一样的。在市场上,消费者总是希望根据自己的独特需求去购买产品,根据消费者需求的差异性可以把市场分为同质性需求和异质性需求两大类。

同质性需求是指由于消费者的需求的差异性很小,甚至可以忽略不计,因此没有必要进行市场细分。而异质性需求是指由于消费者所处的地理位置、社会环境不同,自身的心理和购买动机不同,造成他们对产品的价格、质量、款式上需求的差异性。这种需求的差异性就是我们细分市场的基础。

(2)顾客需求的相似性。在同一地理条件、社会环境和文化背景下的人们形成相对类似的人生观、价值观的亚文化群,他们需求特点和消费习惯大致相同。正是因为消费需求在某些方面的相对同质,市场上绝对差异的消费者才能按一定标准聚合成不同的群体。所以消费者需求的绝对差异造成了市场细分的必要性,消费需求的相对同质性则是使市场细分有了实现的可能性。

(3)企业资源的有限性。现代企业由于受到自身实力的限制,不可能向市场提供能够满足一切需求的产品和服务。为了有效地进行竞争,企业必须进行市场细分,选择最有利可图的目标细分市场,集中企业的资源,制定有效的竞争策略,以取得和增加竞争优势。

2)市场细分的条件

企业进行市场细分的目的是通过对顾客需求差异予以定位,来取得较大的经济效益。众所周知,产品的差异化必然导致生产成本和推销费用的相应增长,所以,企业必须在市场细分所得收益与市场细分所增成本之间做一权衡。由此,我们得出有效的细分市场必须具备以下特征:

(1)可衡量性。指各个细分市场的购买力和规模能被衡量的程度。如果细分变量很难衡量的话,就无法界定市场。

(2)可赢利性。指企业新选定的细分市场容量足以使企业获利。

(3)可进入性。指所选定的细分市场必须与企业自身状况相匹配,企业有优势占领这一市场。可进入性具体表现在信息进入、产品进入和竞争进入。考虑市场的可进入性,实际上是研究其营销活动的可行性。

(4)差异性。指细分市场在观念上能被区别并对不同的营销组合因素和方案有不同的反应。

(5)相对稳定性。指细分后的市场相对时间稳定。细分后的市场能否在一定时间内保持相对稳定,直接关系到企业生产营销的稳定性。特别是大中型企业以及投资周期长、转产慢的企业,更容易造成经营困难,严重影响企业的经营效益。

4.1.3 市场细分的依据

市场细分是建立在市场需求差异性的基础上的,因此形成需求差异性的因素都可以用作市场细分的依据(或称为细分变量)。随着个性化时代的到来,市场需求千差万别,影响需求的因素又错综复杂,企业在进行市场细分时,没有统一的标准和模式,各企业应根据顾客需求的特点、行业经营的实际等,综合考虑,灵活选择细分依据,以获得对企业经营具有价值的细分市场。

1)消费者市场细分的依据

通常,企业是组合运用有关变量而不是单一采用某一变量来细分市场的。概括起来,细分消费者市场的依据主要有地理因素、人口因素、心理因素、行为因素这四大类。

(1)地理因素细分。由于处于不同地理位置和不同地理环境的消费者,会形成不同的消费需求、消费习惯和偏好,因此地理因素是常用的市场细分依据。比如,饮食习惯上全国各地有明显的差异,因此餐饮市场上,粤菜馆、湘菜馆、川菜馆、东北菜馆等各具地方特色的餐馆争奇斗艳,在深圳这座移民城市表现得尤为突出。具体的细分依据有国别、地区、城市规模、人口密度、气候等。但是地理因素是一种静态因素,处于同一地理位置的消费者仍然会存在较大的需求差异,因此,企业在进行市场细分时,还必须进一步考虑其他因素。

(2)人口因素细分。人口因素细分对于企业识别潜在顾客尤为重要,是市场细分最常用的细分依据。主要的细分依据有年龄、性别、收入、职业、教育程度、家庭结构、种族、宗教信仰等人口统计因素,这些因素比较容易获得和衡量,而且消费者的需求又与此有密切的关系。如收入是影响消费者对住房、家具、汽车、服装等产品需求的重要因素。

(3)心理因素细分。在上述地理因素、人口因素方面具有相同或相近特征的顾客,可能仍会表现出极大的需求差别,其原因主要在于消费者心理因素的影响。具体的细分依据主要有消费者的生活方式、性格和社会阶层。生活方式指消费者对待生活、工作、娱乐的态度和行为。据此可将消费者划分为享乐主义者、实用主义者、紧跟潮流者、因循守旧者等不同类型。性格方面,消费者通常会选购一些能表现自己性格的款式、色彩的产品。根据性格的差异,可以将消费者分为独立、保守、外向、内向、支配、服从等类型。此外,消费者还会根据自己的背景,将自己主观地融入某一社会阶层,同时在消费和购买产品时也会反映出该阶层的特征。比如,在选择休闲活动时,高收入阶层可能会选择打高尔夫球,低收入阶层则可能选择在家中看电视。

(4)行为因素细分。行为因素主要指消费者在购买过程中对产品的认知、态度、使用等行为特点,主要的细分依据有寻求利益、使用率、消费时机、使用者状况等。

①按寻求利益细分。寻求利益指消费者对所购买的产品能带给自己的好处有不同的要求,如购车时,消费者可能会有以下要求:款式好、安全、省油、耐用等。因此,经营者应了解消费者在购买某种产品时所重视的主要利益是什么,消费者还有

哪些利益没有得到满足,进而使自己的产品突出这些利益要求,就可以更好地吸引消费者的兴趣。

②按使用率细分。使用率反映的是消费者使用量的多寡。根据消费者使用量的不同,可将消费者分为少量使用者、中量使用者、大量使用者。比如啤酒厂大多选择大量使用者作为自己的目标顾客,他们需要研究这些顾客的特征,制定出相应的营销策略。

③按消费时机细分。消费时机是指顾客需求和消费产品的时间特性,如对旅游的需求一般在公共假期和寒暑假处于高峰。"白加黑"感冒片,因为能够"白天吃白片不瞌睡,晚上吃黑片睡得香",而比其他感冒药品更受上班一族的欢迎。

④按使用者状况细分。许多产品都可以按照消费者对产品的使用情况进行如下分类:未曾使用者、曾经使用者、潜在使用者、初次使用者、经常使用者。一般地,实力雄厚的大企业,特别注重吸引潜在顾客,将其转变为企业的顾客;而中小型企业则以维持现有顾客为主,提高他们对企业和产品的偏好和忠诚。

2)生产者市场细分的依据

企业用户购买的目的是将所购产品用于再生产,生产出新的产品或服务,从中获取利润,所以与普通消费者的购买目和需求不同。企业用户市场细分的依据主要有:

(1)用户的行业类别。用户的行业类别可分为农业、工业、军工、食品、纺织、机械、电子、冶金、汽车、建筑等。不同行业的用户其需求和要求不同。计算机公司通常将其市场细分为公司集团、小企业、机关学校、家庭。

(2)用户规模。企业用户按规模可以分为大型、中型、小型企业,或大客户、小客户等。用户规模不同,其购买力、购买数量、购买的行为和方式等都有很大差别。

(3)用户的地理位置。企业用户的需求与其所处的国别、地区、气候、地形、交通条件、自然环境、资源、生产力布局等有直接的关系。按用户地理位置细分市场,有助于企业选择用户相对集中的地区的客户,以提高销售量,节省推销费用和运输成本。

(4)购买行为因素。如按用户追求的利益,可以分为注重质量的、注重价格的、注重服务的等不同的用户;按用户的使用状况可分为潜在客户、新客户、老客户等。

4.1.4 市场细分的步骤与方法

1)市场细分的步骤

市场细分是一个动态的过程,整个过程可以分成六个阶段:

(1)定义市场范围。进行市场细分的目的可以多种多样:是增加现有顾客对产品的忠诚度,是吸引新的顾客,还是把客户从竞争对手那里吸引过来;是为短期规划服务,还是为长期战略服务等等。因此,进行市场细分首先要明确研究目的,充分了解市场信息,定义市场范围。这些市场信息包括:客户对产品或服务的介入程度有多深;客户对这种产品、服务或该行业了解有多深等。

(2)确定细分变量。市场细分是以顾客特征为基础的,其出发点是消费者对商品与服务的不同需求与欲望。细分变量即细分标准,消费者市场细分的标准很多,但最主要的是地理因素、人口因素、心理因素及消费者购买行为因素。细分变量的确定决定了我们进行市场细分的方向,因此对于市场细分至关重要。但实际情况是,整体市场很少有泾渭分明的界限,有的细分子市场同时拥有其他细分子市场的一些特征,即在一些地方重叠。

(3)收集和分析数据。我们需要通过市场信息调研收集得到大量的数据。一般而言,细分市场研究需要调查结论能推断消费者总体,因此,多采用随机性较好的走访调查和留置调查,如果目标市场为特定产品的购买者,也可采用定点拦截访问。由于细分市场调查问卷一般较长,访问时间多在 30 ~ 50 分钟,且涉及较多受访者个人信息,因此进行电话访问的难度较大。

(4)市场细分。由于各企业经营实力、产品特点和市场状况等方面的差异,它们在市场细分时对细分变量的运用必然不同。在新兴市场中,用少量变量来对市场进行粗略细分就可满足企业需要;而在成熟市场中,单一变量很难有效地细分市场,则通常采用综合变量来细分市场。

(5)评估细分市场。如果细分市场评估的有效性不尽如人意,可能需要重新返回第四步,寻找新的细分变量,重新进行市场细分。对细分市场的有效性进行评估后,根据企业实际情况选择目标市场。

(6)设计营销策略。当完成以上步骤后,已经明确了企业目前所处的细分市场以及将要进入的细分市场,接下来就是要制定什么样的营销策略来攻克该细分市场。营销策略的制定除了考虑到运用各种各样的营销组合之外,还应考虑到企业对每个方案的执行能力和执行程度,实际上有很多方案设计被束之高阁,主要是因为没有站在企业现实情况的角度上去制定具有可操作性的营销方案。

2)市场细分的方法

市场细分的方法多种多样,但每种市场细分都是有客观依据的,即消费者需求和购买行为的差异性。通行的市场细分方法有以下四种:

(1)单一因素法。单一因素法就是只选择一个细分依据进行市场细分的方法。如服装企业按性别不同可分为男女装;按年龄不同可分为童装、少年装、青年装、中年装、中老年装、老年装;按气候的不同可分为春装、夏装、秋装、冬装。当然按单一标准细分市场,并不排斥环境因素的影响作用,考虑到环境的作用更符合细分市场的科学性要求。对某些通用性较大、挑选性不太强的产品,可按一个对消费者影响最强的因素加以细分。

【小案例】

资生堂的市场细分

资生堂公司是日本最大的化妆品公司,在20世纪80年代以前,采取的是一种不对顾客进行细分的大众营销策略,即希望自己的每种化妆品对所有的顾客都适用。1987年,资生堂决定转向细分市场营销,提出了“体贴不同岁月的脸”,他们为十几岁的少女提供的是Reciente系列,20岁左右的是Ettusais系列,三四十岁的中年妇女则有Elixir系列,50岁以上的妇女则可以用防止肌肤老化的Rivital系列。

(2)主导因素排列法。是指一个细分市场的选择存在多因素时,可以从消费者的特征中寻找和确定主导因素,然后与其他因素有机结合,确定细分的目标市场。例如,职业与收入一般是影响女青年服装选择的主导因素,文化、婚姻、气候则居于从属地位。因此,应以职业、收入作为细分女青年服装市场的主要依据。

【小案例】

中国移动的市场细分

中国移动出于市场细分、区隔其他业务品牌客户群的目的,大众卡一开始就被定位于草根阶层。按移动自身的品牌定位,全球通的客户是尊贵的、追求高服务价值的目标人群;动感地带是时尚的年轻一族;神州行是话费不多的普通市民。因为三大品牌已经占领了高中低的客户群,新推出的大众卡很难再划分出一块跟以上三大品牌有明显差别的客户群,所以为了不抢夺自身其他品牌的客户,最终大众卡的目标市场被细分为收入最低、社会地位最低的草根阶层。中国移动公司就是通过细分消费者的各方面特征,确定主导因素,确定了细分的目标市场,从而占领了大部分的市场份额。

(3)综合因素法。综合因素法是选择两个或两个以上细分依据进行市场细分的方法,它的核心是并列多因素分析,所涉及的各项因素无先后顺序和重要与否的区别。

(4)系列因素法。是指根据企业经营的特点并按照影响消费者需求的诸因素,由粗到细,由深入浅,由简至繁,由少到多地进行市场细分。这种细分方法可使目标市场更加明确、具体,有利于企业更好地制定相应的市场营销策略。如表4-1所示,只要改变一个变量,就会形成另一个新的市场。一个企业究竟选用哪些变量作为细分市场的依据,应当根据其具体情况而定。用作市场细分的变量也要根据市场需求适时作出调整,以求不断发展新的市场机会。

表 4－1　　市场细分系列因素法

年龄	性别	文化	职业	收入	城市	兴趣	购买心理
婴幼儿	女	小学	工人	低	大	运动	求新
青少年	男	中学	农民	中	农村	艺术	求名
中年		大学	公务员	高	小	文学	求实
老年			知识分子		其他	模仿	
			学生				

4.2 目标市场选择

4.2.1 目标市场的选择模式

公司在对不同细分市场评估后，就必须对进入哪些市场和为多少个细分市场服务作出决策。一共可采用五种模式。

1）密集单一市场

最简单的方式是公司选择一个细分市场集中营销。大众汽车公司集中经营小汽车市场，公司通过密集营销，更加了解本细分市场的需要，并树立了特别的声誉，因此便可在该细分市场建立巩固的市场地位。另外，公司通过生产、销售和促销的专业化分工，也获得了许多经济效益。如果细分市场补缺得当，公司的投资便可获得高报酬。同时，密集市场营销比一般情况风险更大。个别细分市场可能出现不景气的情况，例如某个竞争者决定进入同一个细分市场。由于这些原因，许多公司宁愿在若干个细分市场分散营销。

2）有选择的专门化

采用此法选择若干个细分市场，其中每个细分市场在客观上都有吸引力，并且符合公司的目标和资源。但在各细分市场之间很少有或者根本没有任何联系，然而每个细分市场都有可能赢利。这种多细分市场目标优于单细分市场目标，因为这样可以分散公司的风险，即使某个细分市场失去吸引力，公司仍可继续从其他细分市场获取利润。

3）产品专门化

用此法集中生产一种产品，公司向各类顾客销售这种产品。例如，显微镜生产商向大学实验室、政府实验室和工商企业实验室销售显微镜。公司准备向不同的顾客群体销售不同种类的显微镜，而不去生产实验室可能需要的其他仪器。公司通过这种战略，在某个产品方面树立起很高的声誉。如果产品(这里是指显微镜)，被一种全新的显微技术代替，就会发生危机。

4)市场专门化

是指专门为满足某个顾客群体的各种需要而服务。例如，公司可为大学实验室提供一系列产品，包括显微镜、示波器、酒精灯、化学烧瓶等。公司专门为这个顾客群体服务，而获得良好的声誉，并成为这个顾客群体所需各种新产品的销售代理商。但如果大学实验室突然经费预算削减，它们就会减少从这个市场专门化公司购买仪器的数量，这就会产生危机。

5)完全市场覆盖

是指公司想用各种产品满足各种顾客群体的需求。只有大公司才能采用完全市场覆盖战略，例如国际商用机器公司(计算机市场)、通用汽车公司(汽车市场)和可口可乐公司(饮料市场)。

4.2.2 目标市场选择策略

选择目标市场，明确企业应为哪一类用户服务，满足他们的哪一种需求，是企业在营销活动中的一项重要策略。为什么要选择目标市场呢？因为不是所有的子市场对本企业都有吸引力，任何企业都没有足够的人力资源和资金满足整个市场或追求过分大的目标，只有扬长避短，找到有利于发挥本企业现有的人、财、物优势的目标市场，才不至于在庞大的市场上瞎撞乱碰。选择目标市场一般运用下列三种策略：

1)无差别性市场策略

无差别性市场策略，就是企业把整个市场作为自己的目标市场，只考虑市场需求的共性，而不考虑其差异，运用一种产品、一种价格、一种推销方法，吸引可能多的消费者。美国可口可乐公司从 1886 年问世以来，一直采用无差别市场策略，生产一种口味、一种配方、一种包装的产品满足世界 156 个国家和地区的需要，称作“世界性的清凉饮料”，资产达 74 亿美元。采用无差别性市场策略，产品在内在质量和外在形体上必须有独特风格，才能得到多数消费者的认可，从而保持相对的稳定性。

这种策略的优点是产品单一，容易保证质量，能大批量生产，降低生产和销售成本。但如果同类企业也采用这种策略，必然要形成激烈竞争。闻名世界的肯德基炸鸡，在全世界有 800 多个分公司，都是同样的烹饪方法、同样的制作程序、同样的质量指标、同样的服务水平，采取无差别性市场策略，生产很红火。1992 年，肯德基在上海开业不久，上海荣华鸡快餐店开业，且把分店开到肯德基对面，形成“斗鸡”场面。因荣华鸡快餐店把原来洋人用面包做主食改为蛋炒饭为主食，西式沙拉土豆改成酸辣菜、西葫芦条，更取悦中国消费者。所以，面对竞争强手时，无差别性市场策略也有其局限性。

2）差别性市场策略

差别性市场策略就是把整个市场细分为若干子市场，针对不同的子市场，设计不同的产品，制定不同的营销策略，满足不同的消费需求。如美国有的服装企业，按生活方式把妇女分成三种类型：时髦型、男子气型、朴素型。时髦型妇女喜欢把自己打扮得华贵艳丽，引人注目；男子气型妇女喜欢打扮得超凡脱俗，卓尔不群；朴素型妇女购买服装讲求经济实惠，价格适中。公司根据不同类型妇女的不同偏好，有针对性地设计出不同风格的服装，使产品对各类消费者更具有吸引力。又如某自行车企业，根据地理位置、年龄、性别细分为几个子市场：农村市场，因常运输货物，要求牢固耐用，载重量大；城市男青年市场，要求快速、样式好；城市女青年市场，要求轻便、漂亮、闸灵。针对每个子市场的特点，制定不同的市场营销组合策略。

这种策略的优点是能满足不同消费者的不同要求，有利于扩大销售、占领市场、提高企业声誉。其缺点是由于产品差异化、促销方式差异化，增加了管理难度，提高了生产和销售费用。目前，只有力量雄厚的大公司采用这种策略，如青岛双星集团公司，生产多品种、多款式、多型号的鞋，满足国内外市场的多种需求。

【小案例】

假日酒店的差异化策略

假日酒店集团，在半个世纪的成长过程中，创造了酒店业的神话，成就了世界上第一家达 10 亿美元规模的酒店集团。该集团在为旅客提供“假日标准”的服务和设施的基础上，针对不同目标市场，推出不同的服务项目或强调不同的服务重点。皇冠度假酒店位于世界各大主要城市，为旅客提供更为舒适的服务和设施；假日快捷酒店不设餐厅、酒吧和大型会议设施，但提供“假日标准”的舒适和价值；庭院假日酒店在提供“假日标准”的同时更体现酒店所在地的特色和风情；阳光度假村重视为旅行者提供较长的休闲、娱乐设施，强调舒适的享受和全面的酒店服务；假日精选酒店专为喜爱传统人文环境的商务客人而设计，以提供全面、快捷的商务服务为特点；假日套房酒店专为长久居住的旅客和追求宽阔工作及休闲空间的客人准备。

3）集中性市场策略

集中性市场策略就是在细分后的市场上，选择两个或少数几个细分市场作为目标市场，实行专业化生产和销售。在个别少数市场上发挥优势，提高市场占有率。采用这种策略的企业对目标市场有较深的了解,是大部分中小型企业应当采用的策略。日本尼西奇起初是一个生产雨衣、尿布、游泳帽、卫生带等多种橡胶制品的小厂,由于订货不足,面临破产。总经理多川博在一个偶然的机会,从一份人口普查表中发现,日本每年约出生 250 万个婴儿,如果每个婴儿用两条尿布,一年需要 500 万条。于是,他们决定放弃尿布以外的产品,实行尿布专业化生产。一炮打响后,又不断研制新材料、开发新品种,不仅垄断了日本尿布市场,还远销世界 70 多个国家和地区,成为闻名于世的“尿布大王”。

采用集中性市场策略,能集中优势力量,有利于产品适销对路,降低成本,提高企业和产品的知名度。但有较大的经营风险,因为它的目标市场范围小,品种单一。如果目标市场的消费者需求和爱好发生变化,企业就可能因应变不及时而陷入困境。同时,当强有力的竞争者打入目标市场时,企业就要受到严重影响。因此,许多中小企业为了分散风险,仍应选择一定数量的细分市场作为自己的目标市场。

三种目标市场策略各有利弊。选择目标市场时,必须考虑企业面临的各种因素和条件,选择适合本企业的目标市场策略是一个复杂多变的工作。企业内部条件和外部环境在不断发展变化,经营者要不断通过市场调查和预测,掌握和分析市场变化趋势与竞争对手的条件,扬长避短,发挥优势,把握时机,采取灵活的适应市场态势的策略,去争取较大的利益。

【小案例】

江崎制胜之道

日本泡泡糖市场年销售额约为 740 亿日元,其中大部分为“劳特”所垄断。但江崎糖业公司对此并不畏惧,成立了市场开发班子,专门研究霸主“劳特”产品的不足和短处,寻找市场缝隙,终于发现“劳特”的四点不足:(1)以成年人为对象的泡泡糖市场正在扩大,而“劳特”却仍旧把重点放在儿童泡泡糖市场上;(2)“劳特”的产品主要是果味型泡泡糖,而现在消费者的需求正在多样化;(3)“劳特”多年来一直生产单调的条状泡泡糖,缺乏新型式样;(4)“劳特”产品价格是 110 日元,顾客购买时需多掏 10 日元的硬币,往往感到不便。

通过分析,江崎糖业公司决定以成人泡泡糖市场为目标市场,并制定了相应的市场营销策略,不久便推出功能型泡泡糖四大产品:司机用泡泡糖,使用了高浓度薄荷和天然牛黄,以强烈的刺激来消除司机的困倦;交际用泡泡糖,可清洁口腔,去除口臭;体育用泡泡糖,内含多种维生素,有益于消除疲劳;轻松型泡泡糖,通过添加叶绿素,可以改变人的不良情绪。江崎糖业公司精心设计了产品的包装和造型,价格定为 50 日元和 100 日元两种,避免了找零钱的麻烦。功能型泡泡糖问世后,像飓风一样席卷全日本,不仅挤进了由“劳特”独霸的泡泡糖市场,而且占领了一定的市场份额,从零猛升至 25%,当年销售额达 175 亿日元。

4.2.3 影响目标市场选择的因素

在营销实践中,企业在选择目标市场策略时,应考虑以下因素:

1)企业资源实力

企业资源实力主要指人力、物力、财力和技术状况。企业实力雄厚,供应能力强,可采用无差别性或差别性市场策略;如果资源少,无力兼顾整个市场,宁可采用集中性市场策略,进行风险性营销。某些产品产量较少、市场占有率低的企业,动不动就宣称什么它的“产品行销数十个国家和地区”,这未必是良策。

2)市场类似性或市场同质性

不同的市场具有不同的特点,各类市场消费者的文化、职业、兴趣、爱好、购买动机等都有较大差异。消费者的需要、兴趣、爱好等特征大致相同或甚为接近,即市场类似程度大、同质性高,可采用无差别性市场策略;市场需求差别大,消费者的挑选性强,则宜采用差别性市场策略或集中性市场策略。

3)产品同质性

产品同质性是指消费者所感觉产品特征相似的程度。产品的特征不同,应分别采用不同的市场策略,选择不同的目标市场。有些产品,如米、面、煤、盐等日常生活消费品,虽然事实上存在品质差别,但多数消费者都很熟悉,认为它们之间并没有特别显著的特征,不需要作特殊的宣传介绍。对这类同质性高的产品,可实施无差别性市场策略。但另外一些产品,如家用电器、照相机、机械设备以及高档耐用消费品,其品质、性能差别较大,消费者选购时十分注意其功能和价格,并常以它们所具有的特性为依据,对这类同质性低的产品,宜采用差别性或集中性市场策略。

4)产品生命周期

产品生命周期一般有投入期、成长期、成熟期和衰退期四个阶段。企业应随产品生命周期的发展而变更目标市场策略,尤其要注意投入期及衰退期两个极端时期。当新产品处于投入期时,重点在于发展顾客对产品的基本需求,一般很难同时推出几个产品,宜采取无差别性市场策略,以探测市场需求与潜在顾客。当然,企业也可发展只针对某一特定市场的产品,采取集中性市场策略,尽全力于该细分市场。当产品进入衰退期,企业若要维持或进一步增加销售量,宜采用差别性市场策略,开拓新市场。或采取集中性市场策略,强调品牌的差异性,建立产品的特殊地位,延长产品生命周期,避免或减少企业的损失。

5)竞争者市场策略

目标市场策略的选择往往视竞争者的策略而定。商场如战场,在激烈的竞争中,知己知彼方能百战不殆。当竞争者在进行市场细分并采用差别性市场策略时,该企业如采取无差别性市场策略,就不一定能更好地适应不同市场的特点,必然与竞争者抗衡;而当强有力的竞争者实施无差别性市场策略时,因可能有较次要的市场被冷落,这时该企业若能采用差别性市场策略,乘虚而入,定能奏效。由于竞争双方的情况经常是复杂多变的,在竞争中应分析力量对比和各方面的条件,掌握有利时机,采取适当策略,争取最佳效果。

6)竞争者的数目

市场竞争的激烈程度常迫使企业不得不采用适应竞争格局的策略。当竞争对手很多时,消费者对产品的品牌印象便很重要。为了使不同的消费者群都能对本企业产品建立坚强的品牌印象,增强该产品的竞争力,宜采用差别性或集中性市场策略。在竞争者甚少,甚至处于独占地位时,消费者的需求只能从本企业产品得到满足,就不必采用成本较高的差别性市场策略。

【小案例】

太原橡胶厂的目标市场选择

太原橡胶厂是一个有1 800多名职工,以生产汽车、拖拉机轮胎为主的中型企业。前几年,因产品难于销售而处于困境。后来,他们进行市场细分后,根据企业优势,选择了省内十大运输公司作为自己的目标市场,生产适合晋煤外运的高吨位汽车载重轮胎,打开了销路。随着企业实力的增强,他们又选择了耕运两用拖拉机制造厂为目标市场。1992年与香港中策投资有限公司合资经营,成立了双喜轮胎股份有限公司。1993年,在全国轮胎普遍滞销的情况下,该公司敲开了一汽的大门,为之提供高吨位配套轮胎。正确选择目标市场是太原橡胶厂跨入全国500家优秀企业的有效策略之一。

4.3 如何进行市场定位

4.3.1 市场定位的步骤

市场定位的主要任务,就是通过集中企业的主要优势,将自己与其他竞争者区别开来。一个完整的市场定位过程,是企业明确其潜在的竞争优势、选择相对的竞争优势和市场定位策略以及准确传播企业市场定位的过程。

1)明确企业潜在的竞争优势

明确企业潜在的竞争优势,主要包括调查研究影响定位的因素,了解竞争者的定位状况，竞争者向目标市场提供了哪些产品及服务，在消费者心目中的形象如何，对其成本及经营情况作出评估，并了解目标消费者对产品的评价标准。企业应努力搞清楚消费者最关心的问题，以此作为决策的依据，并要确认目标市场的潜在竞争优势是什么，是同样条件能比竞争者定价低，还是能提供更多的特色满足消费者的特定需要。企业通过与竞争者在产品、促销、成本、服务等方面对比分析，了解企业的长处和不足，从而确认企业的竞争优势。

2）选择企业相对的竞争优势和市场定位策略

相对的竞争优势是使企业能够胜过竞争者的能力。有的是现有的，有的是具备发展潜力的，还有的是可以通过努力创造的。简而言之，相对的竞争优势使企业能够比竞争者做得更好。企业可以根据自己的资源配置，通过营销方案差异化突出自己的经营特色，使消费者感觉自己从中得到了价值最大的产品及服务。

3）准确传播企业的市场定位

这一步的主要任务是企业要通过一系列的宣传促销活动，使其独特的市场竞争优势能够准确传播给消费者，并在消费者心目中留下深刻印象。为此，首先，企业要让目标消费者了解、知道、熟悉、认同、喜欢和偏爱企业的市场定位，要在消费者心目中建立与该定位相一致的形象。其次，企业通过不断努力，保持对目标市场的吸引力，稳定消费者的态度和加深消费者的感情，来巩固市场形象。最后，企业应注意目标消费者对其市场定位理解出现的偏差或由于企业市场定位宣传的失误而造成的模糊、混乱和误会，及时纠正与企业市场定位不一致的市场形象。

【小案例】

太太口服液的三次市场定位

作为国内保健品市场的后来者，深圳太太药业集团取得了不俗的市场表现。成功的关键在于市场的选择和定位的准确。太太口服液刚上市时，市场定位于治黄褐斑。所谓“三个女人一个黄”，产品是有一定市场潜力的，但是，相对于女性保健需要，太太口服液的这一市场定位显然过窄，不利于企业的长远发展。20 世纪 90 年代中期，太太口服液的市场定位转变为“除斑、养颜、活血、滋阴”。这一市场定位全面，但与众多的其他女性保健品没有多大区别，失去了产品特色。这样的产品过低定位，向消费者传递的产品信息过于混乱、肤浅。1996 年以后，太太口服液市场定位逐渐稳定于“令肌肤重现真正的天然美”。通过重点强调产品中含有 F. L. A，能够调理内分泌，来突显产品特色，并邀请著名女影星陈冲做广告，“发自内在的魅力……挡也挡不住！”成为了广告经典之作。

4.3.2 市场定位策略

企业可以从多种角度进行市场定位,以形成自己的竞争优势。企业一般可选择的定位策略有以下几种:

1)直接对抗定位策略

直接对抗定位也称为针锋相对定位,指企业采取与细分市场上最强大的竞争对手同样的定位。也就是企业把产品或服务定位在与竞争者相似或相同的位置上,同竞争者争夺同一细分市场。一般来说,当企业能够提供比竞争对手更令顾客满意的产品或服务、比竞争对手更具有竞争实力时,可以实行这种定位战略。如百事可乐与可口可乐的竞争,肯德基与麦当劳的竞争,就是直接对抗定位的例子。由于竞争对手实力很强,且在消费者心目中处于强势地位,因此实施直接对抗定位策略有一定的市场风险,这不仅需要企业拥有足够的资源和能力,而且需要在知己知彼的基础上,实施差异化竞争,否则将很难化解市场风险,更别说取得市场竞争胜利了。

2)市场补缺式定位策略

这是指企业把自己的市场位置定位在竞争者没有注意和占领的市场位置上的策略。当企业对竞争者的市场位置、消费者的实际需求和自己经营的商品属性进行评价分析后,如果发现企业所面临的目标市场存在一定的市场缝隙和空间,而且自身所经营的商品又难以正面抗衡,这时企业应该把自己的位置定在目标市场的空当位置,与竞争者成鼎足之势。采用这种市场定位策略,必须具备以下条件:

(1)本企业有满足这个市场所需要的货源;

(2)该市场有足够数量的潜在购买者;

(3)企业具有进入该市场的特殊条件和技能;

(4)企业经营必须盈利。

3)另辟蹊径式定位策略

另辟蹊径式定位策略也叫独坐一席定位策略。这种定位方式是指企业意识到很难与同行业竞争对手相抗衡从而获得绝对优势定位,也没有填补市场空白的机会或能力时,可根据自己的条件,通过营销创新,在目标市场上树立起一种明显区别于各竞争对手的新产品或新服务,突出宣传自己与众不同的特色,在某些有价值的产品属性上取得领先地位。

4)重新定位策略

这种定位策略是指企业通过努力发现最初选择的定位策略不科学、不合理、营销效果不明显,继续实施下去很难成功获得强势市场定位时,及时采取的更换品牌、更换包装、改变广告诉求策略等一系列重新定位方法的总称。企业重新定位的目的在于能够使企业获得新的、更大的市场活力。

当然,企业的市场定位并不是一劳永逸的,而是随着目标市场竞争者状况和企业内部条件变化而变化的。当目标市场发生下列变化时,就需要考虑重调整定位的方向:

(1)当竞争者的销售额上升,使企业的市场占有率下降,企业出现困境时。

(2)企业经营的商品意外地扩大了销售范围,在新的市场上可以获得更大的市场占有率和较高的商品销售额时。

(3)新的消费趋势和消费者群的形成,使本企业销售的商品失去吸引力时。

(4)本企业的经营战略和策略做出重大调整时等等。

总之,当企业和市场情况发生变化时,都需要对目标市场定位的方向进行调整,使企业的市场定位策略符合发挥企业优势的原则,从而取得良好的营销利润。

【小案例】

美国宝洁婴儿尿布的市场再定位

婴儿尿布,美国宝洁吃了大亏,这种“用后即可丢弃”的尿布投放市场后20年,在尿布市场上占有率还不足1%,宝洁请资深广告专家为其诊断,过去定位在“给予做母亲的一种方便”,更新定位为“对婴儿更好”,并起了动听的名字——“帮宝适”,很快打开销路。

【案例分析】

米勒啤酒

中国的香烟消费者大多知道“万宝路”,但很少知道生产、经销“万宝路”香烟的公司叫菲利浦·莫里斯公司。正是这家公司在1970年买下了密尔瓦基的米勒啤酒公司,并运用市场细分策略,使米勒啤酒公司在5年后上升为啤酒行业市场占有率第二名。

原来的米勒啤酒公司是一个业绩平平的企业,在全美啤酒行业中排名第七,市场占有率仅为4%。到1993年,在菲利浦·莫里斯公司的经营下,米勒啤酒公司的市场占有率达到21%,仅次于排名第一位的布什公司(其市场占有率为34%),但已将排名第三、四位的公司远远抛在了后头,以至于当时人们普遍认为米勒啤酒公司创造了一个奇迹。

米勒啤酒公司之所以能够创造这一奇迹,关键在于菲利浦·莫里斯公司吞并米勒啤酒公司后,实施了该公司曾使“万宝路”成功的经营技巧,即市场细分策略。它由研究消费者的需要和欲望开始,将市场进行细分后,找到了机会最好的目标市场,并针对这一目标市场做了大量广告进行促销。

米勒啤酒公司的实践,也使啤酒同行业者纠正了一个概念上的错误,即过去一直认为啤酒市场是同质市场,只要推出一种产品及一种包装,消费者就得到了满足。菲利浦·莫里斯公司吞并米勒啤酒公司后的第一步行动,是将原有的唯一产品"高生"牌啤酒重新定位,吸引了许多不常饮啤酒的妇女及高收入者。他们在进行了大量的市场调查后发现,占饮酒人数30%的狂饮者消耗的啤酒量占到了80%。于是,米勒啤酒公司在广告中展示了石油钻井成功后两个人狂饮的镜头,还有年轻人在沙滩上冲刺后开怀畅饮的镜头,塑造一个"精力充沛的形象",广告中强调"有空就喝米勒",从而成功地占据了啤酒豪饮者市场达10年之久。

在占据啤酒豪饮者市场之后,米勒啤酒公司还寻找了新的目标市场。他们在调查中发现,怕身体发胖的妇女和年纪大的人觉得,12盎司罐装啤酒的分量太多,一次喝不完。对此,他们又开发了一种7盎司装的号称"小马力"的罐装啤酒,推入市场后极为成功。

1975年以后,米勒啤酒公司成功地推出了一种低热量啤酒。虽然1970年以来,不少厂商试图生产低热量啤酒,但他们往往把销售对象放在节食者身上,广告宣传它是一种节食者的饮料,效果当然很差。因为节食者大多数原本就不太喝啤酒,结果导致低热量啤酒被误认为是一种带娘娘腔的东西。而米勒啤酒公司的啤酒则反其道而行之,销售给那些真正的喝啤酒者,并强调这种啤酒喝多了不觉得胀肚子,广告上聘请著名运动员现身说法,说喝多了也不觉得肚子发胀。产品包装设计上也使用男性雄伟的线条,使它看起来不是娘娘腔的东西,而是像真正的啤酒。低热量啤酒从此销路打开。

讨论分析题:

1. 米勒啤酒公司根据什么标准对啤酒市场进行细分?
2. 米勒啤酒公司是如何进行市场定位的?

第5章　如何打造适销对路的产品

【导入案例】

麦当劳的整体产品概念

世界快餐的“航空母舰”——麦当劳成功的秘诀在于它所提供的产品具有整体概念，概括起来可用以下七个“F”说明：

新鲜(Fresh)：美国人很重视食品的新鲜——豆子要碧绿，生菜要鲜嫩，鱼肉要洁白，油炸食物要酥脆。因此，优良的冷冻和通风设备必不可少，清洁的就餐环境至关重要。

饱(Fulling)：快餐要给人以物美价廉之感。为此，麦当劳在炸鸡上多撒些面包，把面包卷做得更厚，每份炸马铃薯片和生菜沙拉都更容易让人吃饱。同时，还注意各色食品中的营养搭配。

快(Fast)：由于人们吃快餐的目的就是节省时间，因此，食品必须是速食品。为节省时间，柜台上设有多台付款机，以减少人们排队付款的时间。麦当劳还在高速公路两旁建立了快餐店，司机们足不出车就可以拿到几分钟前所预订的食品。

油炸(Fried)：美国人喜欢吃酥脆的油炸食品，但又不愿在家中做，因为会有讨厌的油炸气味和大量渣滓。麦当劳提供的油炸食品恰好又快又易携带。

家庭式(Family)：忙碌的人们不常在家做饭，却想在外面找个家庭式的地方就餐，即餐厅符合家庭要求：食品对孩子不能太腻且价格相对便宜，餐厅清洁卫生、通风明亮，一般不供应酒类。

奇妙感(Fantasy)：在家庭氛围之余，还应让人感到就餐是一种享受，因此，麦当劳对有的店铺进行了怀古装饰，特别是运用了古老西部的装饰，以及西班牙殖民地时期的装饰。

福特主义(Fordism)：通过采用自动化设备代替手工操作、精密分工、统一食品标准来节省时间、降低成本，同时，可以保证人们在不同地方吃到的麦当劳食品都是一个口味。

在现代市场经济活动中，企业之间的激烈竞争是以产品为中心的，产品是一切生产经营活动的核心物质载体，是企业的生命。在市场营销组合中，产品策略是核心,它对营销组合的其他策略,如价格策略、促销策略、渠道策略等起着统御作用,很大程度上决定或影响着这些策略的制定与实施。因此,产品策略的成功与否,在一定程度上决定了企业的兴衰成败。

5.1 如何树立产品整体概念

5.1.1 整体产品

企业的一切生产经营活动都是围绕着产品进行的,即通过及时、有效地提供消费者所需要的产品而实现企业的发展目标。企业生产什么产品?为谁生产产品?生产多少产品?这似乎是经济学命题的问题,其实是企业产品策略必须回答的问题。企业如何开发满足消费者需求的产品,并将产品迅速、有效地传送到消费者手中,构成了企业营销活动的主体。产品是什么?这是一个不是问题的问题,因为企业时时刻刻都在开发、生产、销售产品,消费者时时刻刻都在使用、消费和享受产品。但随着科学技术的快速发展,社会的不断进步,消费者需求特征的日趋个性化,市场竞争程度的加深加广,导致了产品的内涵和外延也在不断扩大。

20 世纪 90 年代以来,菲利普·科特勒等学者倾向于使用五个层次来表述产品整体概念,认为五个层次的表述方式能够更深刻、更准确地表述产品整体概念的含义。产品整体概念要求营销人员在规划市场供应物时,要考虑到能提供顾客价值的五个层次。产品整体概念的五个基本层次是:

1)核心产品

核心产品是指向顾客提供的产品的基本效用或利益。从根本上说,每一种产品实质上都是为解决问题而提供的服务。因此,营销人员向顾客销售任何产品,都必须具有反映顾客核心需求的基本效用或利益。

2)形式产品

形式产品是指核心产品借以实现的形式。由五个特征构成,即品质、式样、特征、商标及包装。即使是纯粹的服务,也具有相类似的形式上的特点。

3)期望产品

期望产品是指购买者在购买产品时期望得到的与产品密切相关的一整套属性和条件。

4)延伸产品

延伸产品是指顾客购买形式产品和期望产品时附带获得的各种利益的总和,包括产品说明书、保证、安装、维修、送货、技术培训等。国内外很多企业的成功,在一定程度上应归功于它们更好地认识到服务在产品整体概念中所占的重要地位。

5)潜在产品

潜在产品是指现有产品包括所有附加产品在内的,可能发展成为未来最终产品的潜在状态的产品。潜在产品指出了现有产品可能的演变趋势和前景。

【小案例】

童装产品市场的开发

某地区商业区的品牌童装专卖店处于营业员比顾客多的惨淡经营状态,一些本该换季的服装仍然摆在柜台上。现在都说孩子的生意最好做,为何这些专卖店“长不大”呢?某厂李厂长亲自下商场柜台对前来的家长顾客进行了调查。家长们一致认为,品牌童装的价格是“见风长”,一般衣服穿过一年半年的就嫌小了,花上几百元买件只能穿一季的衣服当然不划算了。李厂长还考虑到儿童是不具有完全自主意识和消费能力的消费者,品牌意识本来就没有中学生和成年人那么强,很少向父母要求买品牌衣服,只要漂亮就行。

李厂长根据高收入居民和工薪阶层反馈意见的情况,狠下功夫搞式样设计,尽量选用别出心裁的质料。李厂长还对此专卖点的选址进行了调查,改选在高收入居民住宅区和闹市区。同时为顾客提供各种特殊服务,包括特殊体型的童装裁剪、特殊场合儿童礼服设计等等。改良后的服装一上市,立刻出现前所未有的红火场面。李厂长再次亲下柜台,进行询问时,家长一致反映,料子好,款式新颖,孩子喜欢,而且价格相对合理。这就说明,品牌童装的成功不仅仅在于一个“贵”字!

5.1.2 产品分类

在现代市场营销中,要根据不同的产品制定不同的营销策略,而要科学地制定有效的营销策略就必须把产品进行科学的分类。

1)服务

服务通常是无形的,是为满足顾客的需求,供方(提供产品的组织和个人)和顾客(接受产品的组织和个人)之间在接触时的活动以及供方内部活动所产生的结果,并且是在供方和顾客接触上至少需要完成一项活动的结果。如医疗、运输、咨询、金融贸易、旅游、教育等。服务的提供可涉及:为顾客提供的有形产品(如维修的汽车)上所完成的活动;为顾客提供的无形产品(如为准备税款申报书所需的收益表)上所完成的活动;无形产品的交付(如知识传授方面的信息提供);为顾客创造氛围(如在宾馆和饭店)。服务特性包括安全性、保密性、环境舒适性、信用、文明礼貌以及等待时间等。

2)软件

由信息组成,是通过支持媒体表达的信息所构成的一种智力创作,通常是无形产品,并可以方法、记录或程序的形式存在。如计算机程序、字典、信息记录等。

3)硬件

硬件通常是有形产品,是不连续的具有特定形状的产品。如电视机、元器件、建筑物、机械零部件等。其量具有计数的特性,往往用计数特性描述。

4)流程性材料

流程性材料通常是有形产品,是将原材料转化成某一特定状态的有形产品,其状态可能是流体、气体、粒状、带状。如润滑油、布匹。其量具有连续的特性,往往用计量特性描述。

一种产品可由两个或多个不同类别的产品构成,产品类别的区分取决于其主导成分。例如:外供产品"汽车"是由硬件(如轮胎)、流程性材料(如燃料、冷却液)、软件(如发动机控制软件、驾驶员手册)和服务(如销售人员所做的操作说明)所组成。硬件和流程性材料经常被称为货物。称为硬件还是服务主要取决于产品的主导成分。例如,客运航空公司主要为乘客提供空运服务,但在飞行中也提供点心、饮料等硬件。

5.2 产品生命周期的挑战

5.2.1 产品生命周期的含义

产品生命周期(Product Life Cycle,简称 PLC),是产品的市场寿命,即一种新产品从开始进入市场到被市场淘汰的整个过程。产品生命是指其在市场上的营销生命,也就是要经历一个开发、引进、成长、成熟、衰退的阶段。典型的产品生命周期一般可以分成四个阶段,即引入期、成长期、成熟期和衰退期。

1)第一阶段:引入期

指产品从设计投产直到投入市场进入测试阶段。新产品投入市场,便进入了引入期。此时产品品种少,顾客对产品还不了解,除少数追求新奇的顾客外,几乎无人实际购买该产品。生产者为了扩大销路,不得不投入大量的促销费用,对产品进行宣传推广。该阶段由于生产技术方面的限制,产品生产批量小,制造成本高,广告费用大,产品销售价格偏高,销售量极为有限,企业通常不能获利,反而可能会亏损。

2)第二阶段:成长期

当产品在引入期销售取得成功之后,便进入了成长期。成长期是指产品通过试销效果良好,购买者逐渐接受该产品,产品在市场上站住脚并且打开了销路。这是需求增长阶段,需求量和销售额迅速上升,生产成本大幅度下降,利润迅速增长。与此同时,竞争者看到有利可图,将纷纷进入市场,参与竞争,使同类产品供给量增加,价格随之下降,企业利润增长速度逐步减慢,最后达到生命周期利润的最高点。

3)第三阶段:成熟期

指产品走入大批量生产并稳定地进入市场销售,经过成长期之后,随着购买产品的人数增多,市场需求趋于饱和。此时,产品普及并日趋标准化,成本低而产量大,销售增长速度缓慢直至转而下降。由于竞争的加剧,同类产品生产企业之间不得不加大在产品质量、花色、规格、包装服务等方面的投入,在一定程度上增加了成本。

4)第四阶段:衰退期

是指产品进入了淘汰阶段。随着科技的发展以及消费习惯的改变等,产品的销售量和利润持续下降,产品在市场上已经老化,不能适应市场需求,市场上已经有性能更好、价格更低的其他新产品,足以满足消费者的需求。此时,成本较高的企业就会由于无利可图而陆续停止生产,该类产品的生命周期也就陆续结束,以致最后完全撤出市场。

5.2.2 产品生命周期的营销策略

典型的产品生命周期的四个阶段呈现出不同的市场特征,企业的营销策略也就以各阶段的特征为基点来制定和实施。

1)引入期市场营销策略

引入期的特征是产品销量少,促销费用高,制造成本高,销售利润很低甚至为负值。根据这一阶段的特点,企业应努力做到:投入市场的产品要有针对性;进入市场的时机要合适;设法把销售力量直接投向最有可能的购买者,使市场尽快接受该产品,以缩短引入期,更快地进入成长期。

在产品的引入期,一般可以由产品、分销、价格、促销四个基本要素组合成各种不同的市场营销策略。仅将价格高低与促销费用高低结合起来考虑,就有下面四种策略:

(1)快速撇脂策略。以高价格、高促销费用推出新产品。实行高价策略可在每单位销售额中获取最大利润,尽快收回投资;高促销费用能够快速建立知名度,占领市场。实施这一策略须具备以下条件:产品有较大的需求潜力;目标顾客求新心理强,急于购买新产品;企业面临潜在竞争者的威胁,需要及早树立品牌形象。一般而言,在产品引入阶段,只要新产品比替代的产品有明显的优势,市场对其价格就不会那么计较。

(2)缓慢撇脂策略。以高价格、低促销费用推出新产品。目的是以尽可能低的费用开支求得更多的利润。实施这一策略的条件是:市场规模较小;产品已有一定的知名度;目标顾客愿意支付高价;潜在竞争的威胁不大。

(3)快速渗透策略。以低价格、高促销费用推出新产品。目的在于先发制人,以最快的速度打入市场,取得尽可能大的市场占有率,然后再随着销量和产量的扩大,使单位成本降低,取得规模效益。实施这一策略的条件是:该产品市场容量相当大;潜在消费者对产品不了解,且对价格十分敏感;潜在竞争较为激烈;产品的单位制造成本可随生产规模和销售量的扩大迅速降低。

(4)缓慢渗透策略。以低价格、低促销费用推出新产品。低价格可扩大销售,低促销费用可降低营销成本,增加利润。这种策略的适用条件是:市场容量很大;市场上该产品的知名度较高;市场对价格十分敏感;存在某些潜在的竞争者,但威胁不大。

2)成长期市场营销策略

新产品经过引入期以后,消费者对该产品已经熟悉,消费习惯也已形成,销售量迅速增长,这种新产品就进入了成长期。进入成长期以后,老顾客重复购买,并且带来了新的顾客,销售量激增,企业利润迅速增长,在这一阶段利润达到高峰。随着销售量的增加,企业生产规模也逐步扩大,产品成本逐步降低,新的竞争者会投入竞争。随着竞争的加剧,新的产品特性开始出现,产品市场开始细分,分销渠道增加。企业为维持市场的继续成长,需要保持或稍微增加促销费用,但由于销量增加,平均促销费用有所下降。针对成长期的特点,企业为维持其市场增长率,延长获取最大利润的时间,可以采取下面几种策略:

(1)改善产品品质。如增加新的功能,改变产品款式,发展新的型号,开发新的用途等。对产品进行改进,可以提高产品的竞争能力,满足顾客更广泛的需求,吸引更多的顾客。

(2)寻找新的细分市场。通过市场细分,找到新的尚未满足的细分市场,根据其需要组织生产,迅速进入这一新的市场。

(3)改变广告宣传的重点。把广告宣传的重心从介绍产品转到建立产品形象上来,树立产品名牌,维系老顾客,吸引新顾客。

(4)适时降价。在适当的时机,可以采取降价策略,以激发那些对价格比较敏感的消费者产生购买动机和采取购买行动。

3)成熟期市场营销策略

进入成熟期以后,产品的销售量增长缓慢,逐步达到最高峰,然后缓慢下降;产品的销售利润也从成长期的最高点开始下降;市场竞争非常激烈,各种品牌、各种款式的同类产品不断出现。

对成熟期的产品,宜采取主动出击的策略,使成熟期延长,或使产品生命周期出现再循环。为此,可以采取以下三种策略:

(1)市场调整。这种策略不是要调整产品本身,而是发现产品的新用途、寻求新的用户或改变推销方式等,以使产品销售量得以扩大。

(2)产品调整。这种策略是通过产品自身的调整来满足顾客的不同需要,吸引有不同需求的顾客。产品整体概念的任何一层次的调整都可视为产品再推出。

(3)市场营销组合调整。这种策略是通过对产品、定价、渠道、促销四个市场营销组合因素加以综合调整,刺激销售量的回升。常用的方法包括降价、提高促销水平、扩展分销渠道和提高服务质量等。

4)衰退期市场营销策略

衰退期的主要特点是:产品销售量急剧下降;企业从这种产品中获得的利润很低甚至为零;大量的竞争者退出市场;消费者的消费习惯已发生改变等。面对处于衰退期的产品,企业需要进行认真的研究分析,决定采取什么策略,在什么时间退出市场。通常有以下几种策略可供选择:

(1)继续策略。继续沿用过去的策略,仍按照原来的细分市场,使用相同的分销渠道、定价及促销方式,直到这种产品完全退出市场为止。

(2)集中策略。把企业能力和资源集中在最有利的细分市场和分销渠道上,从中获取利润。这样有利于缩短产品退出市场的时间,同时又能为企业创造更多的利润。

(3)收缩策略。抛弃无希望的顾客群体,大幅度降低促销水平,尽量减少促销费用,以增加利润。这样可能导致产品在市场上的衰退加速,但也能从忠实于这种产品的顾客中得到利润。

(4)放弃策略。对于衰退比较迅速的产品,应该当机立断,放弃经营。可以采取完全放弃的形式,如把产品完全转移出去或立即停止生产;也可以采取逐步放弃的方式,使其所占用的资源逐步转向其他的产品。

5.3 如何进行产品组合

产品在市场上都有一个从成长至衰退的发展过程。一个企业为了满足市场的需要,分散风险,增加利润,就不应该只生产经营单一的产品,而应同时生产经营多种品种,使其分别处于生命周期的不同阶段,以获取尽可能大的经济效益。

5.3.1 什么是产品组合

产品组合是指一个企业生产或经营的全部产品线、产品项目的组合方式,它包括四个要素:产品组合的宽度、产品组合的长度、产品组合的深度和产品组合的关联性。

1)产品组合的宽度

产品组合的宽度指企业的产品线总数。产品线也称产品大类、产品系列,是指一组密切相关的产品项目。这里的密切相关可以是使用相同的生产技术,产品有类似的功能,同类的顾客群,或同属于一个价格幅度。对于一个家电生产企业来说,可以有电视机生产线、电冰箱生产线。产品组合的宽度说明了企业的经营范围大小、跨行业经营甚至多角化经营程度。增加产品组合的宽度,可以充分发挥企业的特长,使企业的资源得到充分利用,提高经营效益。此外,多角化经营还可以降低风险。

2)产品组合的长度

产品组合的长度指一个企业的产品项目总数。产品项目指列入企业产品线中具有不同规格、型号、式样或价格的最基本产品单位。通常,每一产品线中包括多个产品项目,企业各产品线的产品项目总数就是企业产品组合长度。

3)产品组合的深度

产品组合的深度是指产品线中每一产品有多少品种。如 M 牙膏产品线下的产品项目有三种,a 牙膏是其中一种,而 a 牙膏有三种规格和两种配方,则 a 牙膏的深度是6。产品组合的长度和深度反映了企业满足各个不同细分子市场的程度。增加产品项目,增加产品的规格、型号、式样、花色,可以迎合不同细分市场消费者的不同需要和爱好,招徕、吸引更多顾客。

4)产品组合的关联性

产品组合的关联性指一个企业的各产品线在最终用途、生产条件、分销渠道等方面的相关联程度。较高的产品的关联性能带来企业的规模效益和企业的范围效益,提高企业在某一地区、行业的声誉。

5.3.2 产品组合策略

企业在调整产品组合时,可以针对具体情况选用以下产品组合策略:

1)扩大产品组合策略

扩大产品组合策略是开拓产品组合的宽度和加强产品组合的深度。开拓产品组合的宽度是指增添一条或几条产品线,扩展产品经营范围;加强产品组合的深度是指在原有的产品线内增加新的产品项目。具体方式有:①在维持原产品品质和价格的前提下,增加同一产品的规格、型号和款式。②增加不同品质和不同价格的同一种产品。③增加与原产品相类似的产品。④增加与原产品毫不相关的产品。

扩大产品组合策略的优点是:①满足不同偏好的消费者多方面需求,提高产品的市场占有率。②充分利用企业信誉和商标知名度,完善产品系列,扩大经营规模。③充分利用企业资源和剩余生产能力,提高经济效益。④减小市场需求变动的影响，分散市场风险，降低损失程度。

2）缩减产品组合策略

缩减产品组合策略是削减产品线或产品项目，特别是要取消那些获利小的产品，以便集中力量经营获利大的产品线和产品项目。缩减产品组合策略的方式有：①减少产品线数量，实现专业化生产经营。②保留原产品线，削减产品项目，停止生产某类产品，外购同类产品继续销售。

缩减产品组合策略的优点有：①集中资源和技术力量改进保留产品的品质，提高产品商标的知名度。②生产经营专业化，提高生产效率，降低生产成本。③有利于企业向市场的纵深发展，寻求合适的目标市场。④减少资金占用，加速资金周转。

3）高档产品组合策略

高档产品组合策略就是在原有的产品线内增加高档次、高价格的产品项目。实行高档产品组合策略主要有这样一些益处：①高档产品的生产经营容易为企业带来丰厚的利润。②可以提高企业现有产品声誉，提高企业产品的市场地位。③有利于带动企业生产技术水平和管理水平的提高。

采用这一策略的企业也要承担一定风险。因为，企业惯于生产廉价产品的形象在消费者心目中不可能立即转变，使得高档产品不容易很快打开销路，从而影响新产品项目研制费用的迅速收回。

4）低档产品组合策略

低档产品组合策略就是在原有的产品线中增加低档次、低价格的产品项目。实行低档产品组合策略的好处有：①借高档名牌产品的声誉，吸引消费水平较低的顾客慕名购买该产品线中的低档廉价产品。②充分利用企业现有生产能力，补充产品项目空白，形成产品系列。③增加销售总额，扩大市场占有率。

与高档产品组合策略一样，低档产品组合策略的实行能够迅速为企业寻求新的市场机会，同时也会带来一定的风险。如果处理不当，可能会影响企业原有产品的市场声誉和名牌产品的市场形象。此外，这一策略的实施需要有一套相应的营销系统和促销手段与之配合，这些必然会加大企业营销费用的支出。

5.4 品牌与包装策略

有人说："品牌是产品的脸谱，包装是产品的外衣。"这一形象的比喻，表明了品牌与包装对产品形象塑造和产品销售起着极其重要的作用，从而构成了产品策略中非常重要的内容。就产品整体而言，产品的功能、质量等因素固然重要，但如果没有与之相适应的品牌和包装，产品的销售则难以顺利实现。也就是说，建立一个优秀的品牌，直接关系到企业的知名度和信誉。产品的竞争是功能、质量、品牌、包装、服务等综合因素的竞争。

5.4.1 正确认识品牌

品牌是人们对一个企业及其产品、售后服务、文化价值的一种评价和认知，是一种信任。品牌已是一种商品综合品质的体现和代表，当人们想到某一品牌的同时总会和时尚、文化、价值联想到一起。企业在创造品牌时不断地创造时尚、培育文化，随着企业的做强做大，不断从低附加值向高附加值升级，向产品开发优势、产品质量优势、文化创新优势的高层次转变。当品牌文化被市场认可接受后，品牌才产生其市场价值。

品牌最持久的含义和实质是其价值、文化和个性；品牌是一种商业用语，品牌注册后形成商标，企业即获得法律保护拥有其专用权；品牌是企业长期努力经营的结果，是企业的无形载体。为了深刻揭示品牌的含义，还需要从以下六个方面理解：

(1)属性：品牌代表着特定商品的属性，这是品牌最基本的含义。

(2)利益：品牌不仅代表着一系列属性，而且还体现着某种特定的利益。

(3)价值：品牌体现了生产者的某些价值感。

(4)文化：品牌还附着特定的文化。

(5)个性：品牌也反映一定的个性。

(6)用户：品牌暗示了购买或使用产品的消费者类型。

【小案例】

IBM 的服务品牌

美国 IBM 公司何以能成为世界计算机业的巨子？IBM 的品牌何以成为价值百亿的世界名牌？该公司的副经理罗杰斯提出："IBM 是以顾客市场为导向，绝非技术。"该公司的口号是"IBM 就是最佳服务"。他们以服务为企业经营的最高准则，为客户提供优质、完善的服务，公司规定，"对任何抱怨或疑难，必须在 24 小时之内给予解决"。

美国人大都记得纽约城大停电事故，华尔街停电，纽约和美国证券交易所都关闭了，银行、公司一片混乱。IBM 纽约分部紧急动员，每一个人都忘我地投入工作，争取把客户的损失减少到最低程度。在 25 小时的停电期间，户外的气温达华氏 95 度左右，空调、电梯、照明都停止了。而 IBM 的工作人员却不辞劳苦地为顾客服务，他们攀登过的大楼包括有 100 多层的世界贸易中心大楼。

还有一次，位于亚特兰大的兰妮公司使用的 IBM 主机发生了故障，IBM 公司在 12 小时之内请来八位专家，其中四位来自欧洲，一位来自加拿大，一位从拉丁美洲赶来,他们及时地为客户排除了故障。

IBM就是这样不惜代价,为用户提供优质的服务直到用户满意为止。正是这些优质的服务使IBM的产品名扬四海,使IBM的用户遍及五洲,使IBM这一品牌100多年来长盛不衰。

5.4.2 品牌策略的选择

品牌策略是一系列能够产生品牌积累的企业管理与市场营销方法,包括4P[产品(Product)、价格(Price)、渠道(Place)、促销(Promotion)]与品牌识别在内的所有要素。主要有:品牌化决策、品牌使用者决策、品牌名称决策、品牌战略决策、品牌再定位决策、品牌延伸策略、品牌更新策略。

1)品牌化决策

品牌化决策是指企业决定是否给产品起名字、设计标志的活动。历史上,许多产品不用品牌,生产者和中间商把产品直接从桶、箱子和容器内取出来销售,无需供应商的任何辨认凭证。中世纪的行会经过努力,要求手工业者把商标标在他们的产品上,以保护他们自己并使消费者不受劣质产品的损害。在美术领域内,艺术家在他们的作品上附上了标记,这就是最早的品牌标记的诞生。今天,品牌的商业作用为企业特别看重,品牌化迅猛发展,已经很少有产品不使用品牌了。像大豆、水果、蔬菜、大米和肉制品等过去从不使用品牌的商品,现在也被放在有特色的包装袋内,冠以品牌出售,这样做的目的自然是获得品牌化的好处。

使用品牌对企业有如下好处:有利于订单处理和对产品的跟踪;保护产品的某些独特特征不被竞争者模仿;为吸引忠诚顾客提供了机会;有助于市场细分;有助于树立产品和企业形象。

尽管品牌化是商品市场发展的大趋向,但对于单个企业而言,是否要使用品牌还必须考虑产品的实际情况,因为在获得品牌带来的上述好处的同时,建立、维持、保护品牌也要付出巨大成本,如包装费、广告费、标签费和法律保护费等。所以在欧美的一些超市中又出现了一种无品牌化的现象,如细条面、卫生纸等一些包装简单、价格低廉的基本生活用品,这使得企业可以降低在包装和广告上的开支,以取得价格优势。

一般来说,对于那些在加工过程中无法形成一定特色的产品,由于产品同质性很高,消费者在购买时不会过多地注意品牌。此外,品牌与产品的包装、产地、价格和生产厂家等一样,都是消费者选择和评价商品的一种外在线索,对于那些消费者只看重产品的式样和价格而忽视品牌的产品,品牌化的意义也就很小。如果企业一旦决定建立新的品牌,那不仅仅只是为产品设计一个图案或取一个名称,而必须通过各种手段来使消费者达到品牌识别的层次,否则这个品牌的存在也是没有意义的。未加工的原料产品以及那些不会因生产商不同而形成不同特色的商品仍然可以使用无品牌策略，这样可以节省费用，降低价格，扩大销售。

2）品牌使用者决策

品牌使用者决策是指企业决定使用本企业（制造商）的品牌，还是使用经销商的品牌，或两种品牌同时兼用。

一般情况下，品牌是制造商的产品标记，制造商决定产品的设计、质量、特色等。享有盛誉的制造商还将其商标租借给其他中小制造商，收取一定的特许使用费。近年来，经销商的品牌日益增多。西方国家许多享有盛誉的百货公司、超级市场、服装商店等都使用自己的品牌，有些著名商家（如美国的沃尔玛）经销的 90% 商品都用自己的品牌。同时强有力的批发商中也有许多使用自己的品牌，增强对价格、供货时间等方面的控制能力。

当前，经销商品牌已经成为品牌竞争的重要因素。但使用经销商品牌会给经销商带来一些问题。经销商需大量订货，占用大量资金，承担的风险较大；同时，经销商为扩大自身品牌的声誉，需要大力宣传其品牌，经营成本提高。经销商使用自身品牌也会带来诸多利益，比如因进货数量较大则其进货成本较低，因而销售价格较低，竞争力较强，可以得到较高的利润。同时，经销商可以较好地控制价格，可以在某种程度上控制其他中间商。

在现代市场经济条件下，制造商品牌和经销商品牌之间经常展开激烈的竞争，也就是所谓的品牌战。一般来说，制造商品牌和经销商品牌之间的竞争，本质上是制造商与经销商之间实力的较量。在制造商具有良好的市场声誉、拥有较大市场份额的条件下，应多使用制造商品牌，无力经营自己品牌的经销商只能接受制造商品牌。相反，当经销商品牌在某一市场领域中拥有良好的品牌信誉及庞大的、完善的销售体系时，利用经销商品牌也是有利的。因此，进行品牌使用者决策时，要结合具体情况，充分考虑制造商与经销商的实力对比，以求客观地做出决策。

3）品牌名称决策

品牌名称决策是指企业决定所有的产品使用一个或几个品牌，还是不同产品分别使用不同的品牌。在这个问题上，可以大致有以下四种决策模式：

（1）个别品牌名称，即企业决定每个产品使用不同的品牌。采用个别品牌名称，为每种产品寻求不同的市场定位，有利于增加销售额和对抗竞争对手，还可以分散风险，使企业的整个声誉不致因某种产品表现不佳而受到影响。如宝洁公司的洗衣粉使用了“汰渍”、“碧浪”，肥皂使用了“舒肤佳”，牙膏使用了“佳洁士”。

（2）对所有产品使用共同的家族品牌名称，即企业的所有产品都使用同一种品牌。对于那些享有高声誉的著名企业，全部产品采用统一品牌名称策略可以充分利用其名牌效应，使企业所有产品畅销。同时，企业宣传介绍新产品的费用开支也相对较低，有利于新产品进入市场。如美国通用电气公司的所有产品都用“GE”作为品牌名称。

(3)各大类产品使用不同的家族品牌名称。企业使用这种策略，一般是为了区分不同大类的产品，一个产品大类下的产品再使用共同的家族品牌，以便在不同大类产品领域中树立各自的品牌形象。例如，史威夫特公司生产的一个产品大类是火腿，还有一个大类是化肥，就分别取名为“普利姆”和“肥高洛”。

(4)个别品牌名称与企业名称并用，即企业决定其不同类别的产品分别采取不同的品牌名称，且在品牌名称之前都加上企业的名称。企业多把此种策略用于新产品的开发。在新产品的品牌名称上加上企业名称，可以使新产品享受企业的声誉，而采用不同的品牌名称，又可使各种新产品显示出不同的特色。例如海尔集团就推出了“探路者”彩电，“大力神”冷柜，“大王子”、“小王子”和“小小神童”洗衣机。

【小案例】

“金利来”的诞生

“金利来”的创始人曾宪梓先生在初涉领带行业时就已意识到品牌的重要性，为产品取名“金狮”。领带作为男性服饰，必须体现男子汉的气魄，“金狮”听起来就有一种阳刚之美，并且也符合东方传统的审美心理。

然而，曾宪梓的朋友在一次家访中说：“香港社会物欲横流，人人都想发财，谁都想讨个吉利，但‘金狮’在发音上与粤语的‘尽输’极其相似，人们在购买时，心中总有些不舒服，长此以往，可不是好兆头。”这席良言对曾宪梓触动很大，于是，决定为产品易名。香港人多熟悉英语，也普遍使用英语，“金狮”的英文拼写“gold lion”中的“lion”在粤语发音中，酷似“利来”，金利来，金利俱来，正应了港人朝思暮想的发财梦。“金利来”不仅有外国名字的韵味，又有典型的东方色彩，中西兼有，合二为一，真是东西方文化的巧妙结晶。一名定乾坤，“男人的世界”就这样诞生了。

4)品牌战略决策

品牌战略决策有四种，即产品线扩展策略、多品牌策略、新品牌策略、合作品牌策略。

(1)产品线扩展策略。产品线扩展指企业现有的产品线使用同一品牌，当增加该产品线的产品时，仍沿用原有的品牌。这种新产品往往都是现有产品的局部改进，如增加新的功能，改变包装、式样和风格等等。通常厂家会在这些商品的包装上标明不同的规格、不同的功能特色或不同的使用者。

(2)多品牌策略。在相同产品类别中引进多个品牌的策略称为多品牌策略。证券投资者往往同时投资多种股票,一个投资者所持有的所有股票集合就是证券组合,为了减少风险增加赢利机会,投资者必须不断优化股票组合。同样,一个企业建立品牌组合,实施多品牌战略,往往也是基于同样的考虑,并且这种品牌组合的各个品牌形象相互之间是既有差别又有联系的,不是大杂烩,组合的概念蕴含着整体大于个别的意义。多品牌策略有助于企业培植、覆盖市场,降低营销成本,限制竞争对手和有力地回应零售商的挑战。多品牌策略虽然有着很多优越性,但同时也存在诸多局限性。例如,随着新品牌的引入,其净市场贡献率将呈一种边际递减的趋势,品牌推广成本较大。

(3)新品牌策略。为新产品设计新品牌的策略称为新品牌策略。当企业在新产品类别中推出一个产品时,它可能发现原有的品牌名称不适合它,或是对新产品来说有更好更合适的品牌名称,企业需要设计新品牌。例如,春兰集团以生产空调著名,当它决定开发摩托车时,采用“春兰”这个女性化的名称就不太合适,于是采用了新的品牌“春兰豹”。又如,原来生产保健品的养生堂开发饮用水时,使用了更好的品牌名称“农夫山泉”。

(4)合作品牌策略。合作品牌(也称为双重品牌)是两个或更多的品牌在一个产品上联合起来,每个品牌都期望另一个品牌能强化整体的形象或购买意愿。合作品牌的形式有多种。一种是中间产品合作品牌,如富豪汽车公司的广告说,它使用米其林轮胎。另一种形式是同一企业合作品牌,如摩托罗拉公司的一款手机使用的是“摩托罗拉掌中宝”,“掌中宝”也是公司注册的一个商标。还有一种形式是合资合作品牌,如日立的一种灯泡使用“日立”和“GE”联合品牌。

5)品牌再定位决策

品牌再定位决策是指一种品牌在市场上最初的定位也许是适宜的、成功的,但是到后来企业可能不得不对之重新定位。原因是多方面的,如竞争者可能继企业品牌之后推出其品牌,并削减企业的市场份额;顾客偏好发生转移,使对企业品牌的需求减少;或者公司决定进入新的细分市场。

在做出品牌再定位决策时,首先,应考虑将品牌转移到另一个细分市场所需要的成本,包括产品品质改变费、包装费和广告费。一般来说,再定位的跨度越大,所需成本越高。其次,要考虑品牌定位于新位置后可能产生的收益。收益大小是由以下因素决定的:某一目标市场的消费者人数;消费者的平均购买率;在同一细分市场竞争者的数量和实力,以及在该细分市场中为品牌再定位要付出的代价。

“七喜”品牌的重新定位是一个成功的典型范例。七喜牌饮料是许多软饮料中的一种,调查结果表明,主要购买者是老年人,他们对饮料的要求是刺激性小和有柠檬味。七喜公司使了一个高招,进行了一次出色的活动,标榜自己是生产非可乐饮料的,从而获得了非可乐饮料市场的领先地位。

6)品牌延伸策略

品牌延伸是指一个现有的品牌名称使用到一个新类别的产品上。品牌延伸并非只借用表面上的品牌名称,而是对整个品牌资产的策略性使用。随着全球经济一体化进程的加速,市场竞争愈加激烈,厂商之间的同类产品在性能、质量、价格等方面强调差异化变得越来越困难。厂商的有形营销威力大大减弱,品牌资源的独占性使得品牌成为厂商之间竞争力较量的一个重要筹码。于是,使用新品牌或延伸旧品牌成了企业推出新产品时必须面对的品牌决策。品牌延伸是实现品牌无形资产转移、发展的有效途径。品牌也受生命周期的约束,存在引入期、成长期、成熟期和衰退期。品牌作为无形资产,是企业的战略性资源,如何充分发挥企业的品牌资源潜能并延续其生命周期便成为企业的一项重大的战略决策。品牌延伸一方面在新产品上实现了品牌资产的转移,另一方面又以新产品形象延续了品牌寿命,因而成为企业的现实选择。

7)品牌更新策略

品牌更新策略是指随着企业经营环境的变化和消费者需求的变化,品牌的内涵和表现形式也要不断变化发展,以适应社会经济发展的需要。品牌更新是社会经济发展的必然。只要社会经济环境在发展变化,人们需求特征在趋向多样化,社会时尚在变,就不会存在一劳永逸的品牌,只有不断设计出符合时代需求的品牌,品牌才有生命力。品牌更新策略包括以下几种:

(1)形象更新。顾名思义,就是品牌不断创新形象,适应消费者心理的变化,从而在消费者心目中形成新的印象的过程。

(2)定位的修正。从企业的角度,不存在一劳永逸的品牌,从时代发展的角度,要求品牌的内涵和形式不断变化。品牌从某种意义上说就是从商业、经济和社会文化的角度对这种变化的认识和把握。所以,企业在建立品牌之后,会因竞争形势而修正自己的目标市场,有时也会因时代特征、社会文化的变化而引起修正定位。

(3)产品更新换代。现代社会科学技术作为第一生产力,第一竞争要素,也是品牌竞争的实力基础。企业的品牌想要在竞争中处于不败之地,就必须保持技术创新,不断进行产品的更新换代。在我国有诸多外国知名品牌,比如“汰渍”洗衣粉已推出多代新产品,其技术水平呈升高趋势,这也是为什么众多消费者偏爱该品牌的缘故。

(4)管理创新 。“管理创新是企业生存与发展的灵魂”。企业与品牌是紧密结合在一起的,企业的兴盛发展必将推动品牌的成长与成熟。品牌的维系,从根本上说是企业管理的一项重要内容。管理创新是指从企业生存的核心内容来指导品牌的维系与培养，它含有多项内容，诸如与品牌有关的观念创新、技术创新、制度创新、管理过程创新等。

5.4.3 包装的含义与作用

进入市场的许多产品必须包装。包装既可以起到较小的作用(如对不昂贵的五金商品)，又可以起到重要的作用(如对化妆品)。有一些包装是闻名于世的，如“可口可乐”的瓶子、“雷格”女用连裤袜、蛋形容器。许多营销人员把包装化称为第五个P，前面四个P分别为价格、产品、渠道和促销，统称4P。

所谓包装化是指设计并生产容器或包扎物的一系列活动。这种容器或包扎物被称为包装。包装可以包括多达三个层次的材料。第一层次的包装是指最接近产品的容器。例如，装有爽肤水的瓶子是最接近产品的包装。第二层次的包装是指保护第一层次包装的材料，当产品使用时，它即被丢弃。用来包装瓶装的爽肤水的硬纸板盒就属于第二层次的包装，它为产品提供了进一步的保护和促销机会。第三层次的包装是运输包装，运输包装是指产品储存、辨认和运输时所必需的包装，如装有六打爽肤水的波纹盒就是运输包装。此外，标签亦是包装的一个组成部分，它是由表明该产品的印制好的信息所构成，出现在包装物上面或和包装物合为一体。

目前，包装已成为强有力的营销手段，设计良好的包装能为消费者创造方便价值，为生产者创造促销价值。多种多样的因素会促进包装化作为一种营销手段在应用方面的进一步发展。由于越来越多的产品在超级市场上和折扣商店里以自助的形式出售，现在，包装必须执行许多推销任务。包装具有多方面的作用。

(1)保护商品，便于储运。产品包装最基本的功能便是保护商品，便于储运。有效的产品包装可以起到防潮、防热、防冷、防挥发、防污染、保鲜、防碎、防变形等一系列保护产品的作用。因此，在包装产品时，要注意对产品包装材料的选择以及包装的技术控制。

(2)包装能吸引注意力，说明产品的特色，给消费者以信心，形成一个有利的总体印象。消费者愿意为良好包装带来的方便、外观、可靠性和声望多付些钱。公司和品牌形象公司已意识到设计良好包装的巨大作用，它有助于消费者迅速辨认出哪家公司或哪一品牌。例如，每一位胶卷购买者可以立刻识别出为人熟知的黄颜色包装的“柯达”胶卷。

【小案例】

包装上的学问

罗林罗克，美国啤酒业的小不点，无论从产量和资金规模上都不能与百威啤酒、米勒啤酒相提并论。罗林罗克最初上市时,仅有 1 500 万美元的营销预算(可对照的是,百威一年仅用于电视广告的费用就达 1 亿美元,米勒为 5 000 万 ~6 000 万美元)。预算的不足,促使营销人员在包装上大做文章。

罗林罗克设计了一种独特的绿色长颈瓶,并漆上明显的艺术装饰,使包装在众多啤酒中独树一帜。消费者通常会认为瓶子上的图案是手绘的,样子独特有趣,并且愿意把它摆在桌子上。

为了突出罗林罗克长颈瓶以及啤酒是用山泉酿造这一事实,公司重新设计了包装箱。在包装箱上印有放在山泉中的绿色长颈瓶,图像色彩鲜艳、清晰,令消费者在 10 米以外就能认出罗林罗克啤酒。

(3)包装还能提供创新的机会。包装的创新能够给消费者带来巨大的好处,也给生产者带来利润。1899 年,尤尼达饼干公司创出一种具有保鲜装置的包装(纸板、内部纸包扎、外部纸包扎),使饼干的货架寿命长于饼干盒、饼干箱和饼干桶。克拉夫特食品公司开发了听装混合乳酪,从而延长了乳酪的货架寿命,并使公司赢得了可靠的声誉。目前,该公司正在试验杀菌小袋,它是用金属混合塑料制成的容器,是罐头的换代物。一些公司首先把软饮料放在拉盖式的罐头内,或把液态喷雾剂放入按钮式罐头内,以此吸引许多新顾客。现在,制酒商正在试验拉盖式罐头和纸盒袋装等包装形式。

5.4.4 产品包装的策略

良好的包装必须与正确的包装策略结合起来,才会发挥应有的作用。常用的包装策略有如下几种:

1)类似包装

类似包装即企业所有产品的包装,在图案、色彩等方面,均采用统一的形式。这种方法可以降低包装的成本,扩大企业的影响,特别是在推出新产品时,可以利用企业的声誉,使顾客首先从包装上辨认出产品,迅速打开市场。

2)组合包装

组合包装即把若干有关联的产品包装在同一容器中。化妆品的组合包装、节日礼品盒包装等,都属于这种包装方法。组合包装不仅能促进消费者的购买,也有利于企业推销产品,特别是推销新产品时,可将其与老产品组合出售,创造条件使消费者接受、试用。

3)附赠品包装

这种包装的主要方法是在包装物中附赠一些物品,从而引起消费者的购买兴趣,有时,还能激起顾客重复购买的意愿。例如,在珍珠霜盒里放一颗珍珠,顾客买了一定数量之后就能穿成一根项链。

4)再使用包装

这种包装物在产品使用完后,还可做别的用处。这样,购买者可以得到一种额外的满足,从而激发其购买产品的欲望。如设计精巧的果酱瓶,在果酱吃完后可以做茶杯用。包装物在继续使用过程中,实际还起了经常性的广告作用,增加了顾客重复购买的可能。

5)分组包装

分组包装即对同一种产品,可以根据顾客的不同需要,采用不同级别的包装。如用做礼品,则可以精致地包装;若自己使用,则只需简单包扎。此外,对不同等级的产品,也可采用不同包装。高档产品,包装精致些,表示产品的身份;中低档产品,包装简略些,以降低产品成本。

6)改变包装

当由于某种原因使产品销量下降,市场声誉跌落时,企业可以在改进产品质量的同时,改变包装的形式,从而以新的产品形象出现在市场上,改变产品在消费者心目中的不良形象。这种做法有利于迅速恢复企业声誉,重新扩大市场份额。

5.5 如何开发新产品

5.5.1 新产品的界定

新产品指采用新技术原理、新设计构思研制、生产的全新产品,或在结构、材质、工艺等某一方面比原有产品有明显改进,从而显著提高了产品性能或扩大了使用功能的产品。对新产品的定义可以从企业、市场和技术三个角度进行。对企业而言,第一次生产销售的产品都叫新产品;对市场来讲则不然,只有第一次出现的产品才叫新产品;从技术方面看,在产品的原理、结构、功能和形式上发生了改变的产品叫新产品。市场营销意义上的新产品含义很广,除包含因科学技术在某一领域的重大发现所产生的新产品外,还包括:在生产销售方面,只要产品在功能和(或)形态上发生改变,与原来的产品产生差异,甚至只是产品从原有市场进入新的市场,都可视为新产品;在消费者方面,则是指能进入市场给消费者提供新的利益或新的效用而被消费者认可的产品。凡是产品整体概念中任何一部分的创新、改进,能给消费者带来某种新的感受、满足和利益的相对新的或绝对新的产品,都是市场营销意义上的新产品。

5.5.2 新产品的类型

按产品研究开发过程,新产品可分为全新产品、改进型新产品、模仿型新产品、形成系列型新产品、降低成本型新产品和重新定位型新产品。

(1)全新产品,是指应用新原理、新技术、新材料,具有新结构、新功能的产品。该新产品在全世界首先开发,能开创全新的市场。它占新产品的比例为 10% 左右。

(2)改进型新产品,是指在原有产品的基础上进行改进,使产品在结构、功能、品质、花色、款式及包装上具有新的特点和新的突破,改进后的新产品,其结构更加合理,功能更加齐全,品质更加优良,能更多地满足消费者不断变化的需要。它占新产品的 26% 左右。

(3)模仿型新产品,是企业对国内外市场上已有的产品进行模仿而生产的产品,称为本企业的新产品。模仿型新产品约占新产品的 20% 左右。

(4)形成系列型新产品,是指在原有的产品大类中开发出新的品种、花色、规格等,从而与企业原有产品形成系列,扩大产品的目标市场。该类型新产品占新产品的 26% 左右。

(5)降低成本型新产品,是以较低的成本提供同样性能的新产品,主要是指企业利用新科技,改进生产工艺或提高生产效率,削减原产品的成本,但保持原有功能不变的新产品。这种新产品的比重为 11% 左右。

(6)重新定位型新产品,企业的老产品进入新的市场而被称为该市场的新产品。这类新产品约占全部新产品的 7% 左右。

5.5.3 新产品开发策略选择

产品开发策略就是开发新的产品来维持和提高企业的市场占有率。开发新产品可以是开发全新产品,也可以是在老产品的基础上做改进,如增加新的功能,改进产品的结构,简化操作,甚至哪怕是改善外观造型和包装等,都可视为进行产品开发,都有可能收到意想不到的市场效果。

1)进攻式开发策略

进攻式开发策略又称为抢占市场策略或先发制人策略。企业抢先开发新产品,投放市场,使企业的某种产品在激烈的市场竞争中处于领先地位。这样的企业认为,第一个上市的产品才是正宗的产品,具有强烈地占据市场“第一”的意识。具有较强的科技开发能力,雄厚的财力保障,开发出的新产品不易在短期内为竞争者模仿,决策者具有敢冒风险的精神的企业可采用这种开发策略。

2)防御式开发策略

防御式开发策略又称为模仿式开发策略。它不是企业被动性防御,而是企业主动性防御,企业并不投资研制新产品,而是当市场出现成功的新产品后,立即进行仿制并适当改进,消除上市产品的最初缺陷而后来居上。具有高水平的技术情报专家,能迅速掌握其他企业研究动态、动向和成果,具有高效率研制新产品的能力,能不失时机地快速解决别人没解决的消费者关心的问题的企业可采用这种开发策略。

3)系列化开发策略

系列化开发策略又称为系列延伸策略。企业围绕产品上下左右前后进行全方位的延伸,开发出一系列类似的,但又各不相同的产品,形成不同类型、不同规格、不同档次的产品系列。如电冰箱的使用能够延伸出对电冰箱断电保护器、冰箱去臭剂、保鲜膜、冰糕盒的需求等。企业针对消费者在使用某一产品时所产生的新的需求,推出特定的系列配套新产品,可以加深企业产品组合的深度,为企业新产品开发提供广阔的天地。具有设计、开发系列产品资源,具有加深产品组合深度能力的企业可采用这种开发策略。

4)差异化开发策略

差异化开发策略又称为产品创新策略。市场竞争的结果使市场上产品同质化现象非常严重,企业要想使产品在市场上受到消费者的青睐,就必须创新出与众不同的、有自己特色的产品,满足不同消费者的个性需求。这就要求企业必须进行市场调查,分析市场,追踪市场变化情况,调查市场上需要哪些产品,哪些产品企业使用现有的技术能够生产,哪些产品使用现有的技术不能生产。对这些技术,企业要结合自己拥有的资源条件进行自主开发创新,创新就意味着差异化。具有市场调查细分能力,具有创新产品技术、资源实力的企业可采用这种开发策略。

5)超前式开发策略

超前式开发策略又称为潮流式开发策略。企业根据消费者受流行心理的影响,模仿电影、戏剧、体育、文艺等明星的流行生活特征,开发新产品。在消费者日益追求享受、张扬个性的消费经济时代,了解消费流行的周期性特点有利于企业超前开发流行新产品,取得超额利润。具有预测消费潮流与趋向能力,具有及时捕捉消费流行心理并能开发出流行产品能力的企业可采用这种开发策略。

6)滞后式开发策略

滞后式开发策略也称为补缺式开发策略。消费需求具有不同的层次。一些大企业往往放弃赢利少、相对落后的产品,必然形成一定的市场空当。如国内洗涤用品市场几乎被几个寡头企业所瓜分,无论城乡,无论发达地区还是欠发达地区,均充斥着寡头企业的知名产品。似乎其他后来者已很难进入市场。实际情况却是,各地尤其是在中西部农村,一些实力偏弱的小企业的中低档次的洗涤用品仍销得很好,它们在各大品牌产品的冲击下,仍能获得可观的市场份额。具有补缺市场需求能力,而技术、资金实力相对较弱的小企业可采用这种开发策略。

5.5.4 新产品开发的基本流程

企业新产品的开发过程,是一个充满了矛盾、风险和创新的工作过程,也可以说是一项十分复杂的社会工程。从新产品的构思、筛选、设计、试制、鉴定、试销、评价直到全面上市投产,工作内容和环节相当多,涉及面也很广。因此,新产品的开发,一般总是要按照一定的阶段和程序展开。

1)新产品构思

构思不是凭空瞎想,而是有创造性的思维活动。新产品构思实际上包括了两方面的思维活动:一是根据得到的各种信息,发挥人的想象力,提出初步设想的线索;二是考虑到市场需要什么样的产品及其发展趋势,提出具体的产品设想方案。可以说,产品构思是把信息与人的创造力结合起来的结果。新产品构思,可以来源于企业内外的各个方面,顾客则是其中一个十分重要的来源。据美国6家大公司调查,成功的新产品设想,有60%～80%来自用户的建议。一种新产品的设想,可以提出许多的方案,但一个好的构思必须同时兼备两条:①构思要非常奇特,创造性的思维,就需要有点异想天开。富有想象力的构思,才会形成具有生命力的新产品。②构思要尽可能接近于可行,包括技术上和经济上的可行性。根本不能实现的设想,只能是一种空想。

2)新产品方案筛选

从各种新产品设想的方案中,挑选出一部分有价值进行分析、论证的方案,这一过程就叫筛选。筛选的目的不是接受或拒绝这一设想,而是在于说明这一设想是否与企业目标的表述相一致,是否具有足够的实现性和合理性以保证有必要进行可行性分析。筛选要努力避免两种偏差:其一,不能把有开发前途的产品设想放弃了,失去了成功的机会;其二,不能把没有开发价值的产品设想误选了,以致仓促投产,招致失败。筛选时要根据一定的标准对各种产品的设想方案逐项进行审核。审核的程序可以是严密组织和详细规定的,也可以是相当随机的。筛选是新产品设想方案实现的第一关。国外一家重要的咨询公司指出,一般企业只有1/4的设想方案可以通过筛选阶段,大约只有7%的设想方案在经过筛选后形成了新产品,并获得成功。

3)编制新产品计划书

这是在已经选定的新产品设想方案的基础上,具体确定产品开发的各项经济指标、技术性能,以及各种必要的参数。它包括产品开发的投资规模、利润分析及市场目标,产品设计的各项技术规范与原则要求,产品开发的方式和实施方案等等。这是制订新产品开发计划的决策性工作,是关系全局的工作,需要企业的领导者与各有关方面的专业技术人员、管理人员通力合作,共同完成。这一步工作做好了,就为新产品的实际开发铺平了道路。

4)新产品设计

这是从技术、经济上把新产品设想变成现实的一个重要阶段,是实现社会或用户对产品的特定性能要求的创造性劳动。新产品的设计,直接影响到产品的质量、功能、成本、效益,影响到产品的竞争力。以往的统计资料表明,产品的成功与否、质量好坏,60% ~70%取决于产品的设计工作。因而,产品设计在新产品开发的程序中占有十分重要的地位。设计要有明确的目的,要为用户考虑,要从掌握竞争优势来考虑。现在,许多企业为了搞好新产品的设计,都十分重视采用现代化的设计方法,如价值工程、可靠性设计、优化设计、计算机辅助设计、正交设计法等。产品设计的科学性,是与科学的设计方法分不开的。

5)新产品试制

这是按照一定的技术模式实现产品的具体化或样品化的过程。它包括新产品试制的工艺准备、样品试制和小批试制等几方面的工作。新产品试制是为实现产品大批量投产的一种准备或实验性的工作,因而无论是工艺准备、技术设施、生产组织,都要考虑实行大批量生产的可能性,否则,产品试制出来了,也只能成为样品、展品,只会延误新产品的开发。同时,新产品试制也是对设计方案可行性的检验,一定要避免设计是一回事,而试制出来的产品又是另一回事。不然,就会与新产品开发的目标背道而驰,导致最终的失败。

6)新产品评定

新产品试制出来以后,从技术、经济上对产品进行全面的试验、检测和鉴定,这是一次重要的评定工作。对产品技术性能的试验和测试分析是不可缺少的,主要内容包括系统模拟实验,主要零部件功能的试验,环境适应性、可靠性与使用寿命的试验测试,以及操作、振动、噪音的试验测试等。对产品经济效益的评定,主要是通过对产品功能、成本的分析,通过对产品投资和利润目标的分析,通过对产品社会效益的评价,来确定产品全面投产的价值和发展前途。对新产品的评价,实际上贯穿开发过程的始终。这一阶段的评定工作是非常重要的,它不仅有利于进一步完善产品的设计,消除可能存在的隐患,而且可以避免产品大批量投产后可能带来的巨大损失。

7)新产品试销

试销,实际上是在限定的市场范围内,对新产品的一次市场实验。通过试销,可以实地检查新产品正式投放市场以后,消费者是否愿意购买,制定在市场变化的条件下,新产品进入市场应该采取的决策或措施。一次必要和可行的试销,对新产品开发的作用是很明显的:①可以比较可靠地测试或掌握新产品销路的各种数据资料,从而对新产品的经营目标做出适当的修正;②可以根据不同地区进行不同销售因素组合比较,根据市场变化趋势,选择最佳的组合模式或销售策略;③可以根据新产品的市场“试购率”和“再购率”,对新产品正式投产的批量和发展规模做出进一步的决策等等。

8)商业性投产

这包括新产品的正式批量投产和销售工作。在决定产品的商业性投产以前,除了要对实现投产的生产技术条件、资源条件进行充分准备以外,还必须对新产品投放市场的时间、地区、销售渠道、销售对象、销售策略的配合以及销售服务进行全面规划和准备。这些是实现新产品商业性投产的必要条件。不具备这些必要的条件,商业性投产就不可能实现,新产品的开发就难以获得最后的成功。

【案例分析】

迪士尼的品牌延伸策略

首席执行官迈克尔·艾斯纳把多年来“内敛”的迪士尼完全转向“品牌乘数型企业”,即用迪士尼的品牌做乘数,在后面乘上各种经营手段以获得最大的利润,就是将艺术彻头彻尾地商业化,榨取每一毫克的商业价值。

每一部影片推出后的票房收入是第一轮收入;发行录像带是第二轮收入;然后是主题公园——每放一部卡通片就在主题公园中增加一个新的人物,在电影和公园共同营造的氛围中,让游客高高兴兴地掏腰包,迪士尼轻轻松松地赚进第三轮收入;接着是特许经营和品牌产品,通过迪士尼在美国本土和全球各地建立的大量迪士尼商店和数不清的特许经营伙伴来销售品牌产品,实现第四轮“榨取”。这还没完,艾斯纳的迪士尼一直在不断地收购最强势的媒体——电视,从 ABC 电视台到福克斯电视频道,从卡通电影到家庭娱乐,甚至还包括新闻频道。借助电视的力量,迪士尼获得了推波助澜的“上帝之手”。

大刀阔斧的艾斯纳硬是将迪士尼由“电影制片厂”变成了今天的娱乐媒体帝国。迪士尼的品牌成了会下金蛋的鸡。艾斯纳成功地在迪士尼的快乐文化背后附加了完整的商业文化。

讨论分析题:

讨论迪士尼扩展自己品牌的方法给你的启示。

第 6 章　定价夺天下

【导入案例】

TPA 的定价失误

TPA 是美国一家医药公司利用生物工程技术研制开发的一种治疗血栓病的新药,其主要作用就是消除血栓。当初该公司初步预测市场上对 TPA 的需求将达到 5 亿美元之巨。该公司认为,药品尤其是高效药品是价格需求曲线缺乏弹性的产品,因此,他们把 TPA 的价格定在每剂 2 200 美元的天价上,试图以"高质高价"、"生命更重要"等理论来推行他们的新产品。当 TPA 以这一价格推向市场时,由于强势宣传而暂时取得了销售优势。但是,当消费者逐步熟悉了 TPA 的效果、特征后,便渐渐放弃了品牌忠诚,更多地购买药效相近但价格远低于 TPA 的溶栓酶,其每剂价格仅 200 美元。对该公司而言,更大的打击是加拿大安大略医疗协会建议禁止使用 TPA,理由是它价格过高。同时,欧洲医学会质疑 TPA 的疗效是否真有该公司宣称的那么显著。在种种打击下,TPA 的销售成绩日趋下降,企业甚至出现了亏损。

产品定价是企业营销过程中一个重要的环节,价格策略是企业营销组合的重要因素之一,它直接决定着企业市场份额的大小和盈利率的高低。随着营销环境的日益复杂,制定价格策略的难度越来越大,不仅要考虑成本补偿问题,还要考虑消费者接受能力和竞争状况等因素。

6.1 影响定价的主要因素

影响产品定价的因素很多,有企业内部因素,也有企业外部因素;有主观的因素,也有客观的因素。概括起来,大体上有产品成本、定价目标、市场需求、竞争因素和其他因素五个方面。

1)产品成本

马克思主义理论告诉人们,商品的价值是构成价格的基础。商品的价值等于 C + V + M,C + V 是在生产过程中物化劳动转移的价值和劳动者为自己创造的价值。M 是劳动者为社会创造的价值。显然,对企业产品的定价来说,成本是一个关键因素。企业产品定价以成本为最低界限,产品价格只有高于成本,企业才能补偿生产上的耗费,从而获得一定盈利。但这并不排斥在一段时期在个别产品上,价格低于成本。在实际工作中,产品的价格是按成本、利润和税金三部分来制定的。成本又可分解为固定成本和变动成本。产品的价格有时是由总成本决定的,有时又仅由变动成本决定。成本有时又分为社会平均成本和企业个别成本。就社会同类产品市场价格而言,主要是受社会平均成本影响。在竞争很充分的情况下,企业个别成本高于或低于社会平均成本,对产品价格的影响不大。

统计资料显示,目前工业产品的成本在产品出厂价格中平均约占70%,就是说,一般来讲,成本是构成价格的主要因素,这只是就价格数量比例而言。如果就制定价格时要考虑的重要性而言,成本无疑也是最重要的因素之一。因为价格如果过分高于成本,会有失社会公平,价格过分低于成本,不可能长久维持。企业定价时,不应将成本孤立地对待,而应同产量、销量、资金周转等因素综合起来考虑。成本因素还要与影响价格的其他因素结合起来考虑。

2)定价目标

定价目标是指企业通过制定及实施价格策略所希望达到的目的。任何企业制定价格,都必须按照企业的目标市场战略及市场定位战略的要求来进行。定价目标必须在整体营销战略目标的指导下被确定,而不能相互冲突。由于定价应考虑的因素较多,定价目标也多种多样,如有利润导向的定价目标、销量导向的定价目标、竞争导向的定价目标、生存导向的定价目标、维护企业形象的定价目标和保持良好的销售渠道的定价目标等。不同企业可能有不同的定价目标,同一企业在不同时期也可能有不同的定价目标,企业应当权衡各个目标的依据及利弊,谨慎加以选择。

3)市场需求

产品价格除受成本影响外,还受市场需求的影响,即受商品供给与需求的相互关系的影响。当商品的市场需求大于供给时,价格应高一些;当商品的市场需求小于供给时,价格应低一些。反过来,价格变动影响市场需求总量,从而影响销售量,进而影响企业目标的实现。因此,企业制定价格就必须了解价格变动对市场需求的影响程度。反映这种影响程度的一个指标就是商品的价格需求弹性系数。

4)竞争因素

市场竞争也是影响价格制定的重要因素。根据竞争的程度不同,企业定价策略会有所不同。按照市场竞争程度,可以分为完全竞争、不完全竞争与完全垄断三种情况。

(1)完全竞争。完全竞争也称自由竞争,它是一种理想化了的极端情况。在完全竞争条件下,买者和卖者都大量存在,产品都是同质的,不存在质量与功能上的差异,企业自由地选择产品生产,买卖双方能充分地获得市场情报。在这种情况下，无论是买方还是卖方，都不能对产品价格进行影响，只能在市场既定价格下从事生产和交易。

(2)不完全竞争。它介于完全竞争与完全垄断之间，是现实中存在的典型的市场竞争状况。不完全竞争条件下，最少有两个以上买者或卖者，少数买者或卖者对价格和交易数量起着较大的影响作用，买卖各方获得的市场信息是不充分的，它们的活动受到一定的限制，而且它们提供的同类商品有差异，因此，它们之间存在着一定程度的竞争。在不完全竞争情况下，企业的定价策略有比较大的回旋余地，它既要考虑竞争对象的价格策略，也要考虑本企业定价策略对竞争态势的影响。

(3)完全垄断。它是完全竞争的反面，是指一种商品的供应完全由独家控制，形成独占市场。在完全垄断情况下，交易的数量与价格由垄断者单方面决定。完全垄断在现实中也很少见。企业的价格策略要受到竞争状况的影响。完全竞争与完全垄断是竞争的两个极端，中间状况是不完全竞争。在不完全竞争条件下，竞争的强度对企业的价格策略有重要影响。所以，企业首先要了解竞争的强度。竞争的强度主要取决于产品制作技术的难易，是否有专利保护，供求形势以及具体的竞争格局。其次，要了解竞争对手的价格策略，以及竞争对手的实力。再次，还要了解、分析本企业在竞争中的地位。

5)其他因素

企业的定价策略除受成本、需求以及竞争状况的影响外，还受到其他多种因素的影响。这些因素包括政府或行业组织的干预、消费者习惯和心理、企业或产品的形象等。

(1)政府或行业组织的干预。政府为了维护经济秩序，或为了其他目的，可能通过立法或者其他途径对企业的价格策略进行干预。政府的干预包括规定毛利率，规定最高、最低限价，限制价格的浮动幅度或者规定价格变动的审批手续，实行价格补贴等。例如，美国某些州政府通过租金控制法将房租控制在较低的水平上，将牛奶价格控制在较高的水平上；法国政府将宝石的价格控制在低水平，将面包价格控制在高水平；我国某些地方为反暴利对商业毛利率进行限制等。一些贸易协会或行业性垄断组织也会对企业的价格策略进行影响。

(2)消费者心理和习惯。价格的制定和变动在消费者心理上的反映也是价格策略必须考虑的因素。在现实生活中，很多消费者存在“一分钱一分货”的观念。面对不太熟悉的商品，消费者常常从价格上判断商品的好坏，从经验上把价格同商品的使用价值挂钩。消费者心理和习惯上的反应是很复杂的，某些情况下会出现完全相反的反应。例如，在一般情况下，涨价会减少购买，但有时涨价会引起抢购。因此，在研究消费者心理对定价的影响时，要持谨慎态度，要仔细了解消费者心理及其变化规律。

(3)企业或产品的形象。有时企业根据企业理念和企业形象设计的要求,需要对产品价格作出限制。例如,企业为了树立热心公益事业的形象,会将某些有关公益事业的产品价格定得较低;为了形成高贵的企业形象,将某些产品价格定得较高等等。

6.2 定价的程序与方法

6.2.1 企业定价的程序

企业定价要在全面考虑各方面因素的基础上,按照科学程序有条不紊地进行。一般而言,企业定价程序包括以下几个步骤:

(1)明确定价目标。企业在定价之前,必须根据不同情况、不同产品的特点确定本企业的定价目标,以此来决定将要采用的定价方法和技巧。

(2)测定需求。通过调研了解市场容量,如该产品有多少潜在的顾客、该产品的需求价格弹性如何等等,掌握不同价格水平上的需求量。

(3)估计成本。准确地估计成本是成功定价的基础。

(4)分析竞争者的价格和货色。企业要知己知彼,经过比质、比价为自己的产品制定出具有竞争力的价格。

(5)选择定价方法。企业要根据定价目标、产品的性质、需求情况及竞争状况等因素,选择合适的定价方法。

(6)制定产品最终价格。企业在确定了产品的初始价格后,还要考虑有关因素,如所定价格是否符合国家有关政策法规,是否适应消费者心理,是否维护了企业形象,竞争者对这一价格将如何反应等等,采用定价技巧对基本价格进行修订和调整。

(7)随着外部环境因素和企业内部条件、战略和目标的变化以及产品生命周期的演变,适时调整产品价格。

6.2.2 企业定价方法

定价方法,是企业在特定的定价目标指导下,依据对成本、需求及竞争等状况的研究,运用价格决策理论,对产品价格进行计算的具体方法。定价方法主要包括成本导向、竞争导向和顾客导向等三种类型。

1)成本导向定价法

以产品单位成本为基本依据,再加上预期利润来确定价格的成本导向定价法,是中外企业最常用、最基本的定价方法。成本导向定价法又衍生出了总成本加成定价法、目标收益定价法、边际成本定价法、盈亏平衡定价法等几种具体的定价方法。

(1)总成本加成定价法。在这种定价方法下,把所有为生产某种产品而发生的耗费均计入成本的范围,计算单位产品的变动成本,合理分摊相应的固定成本,再按一定的目标利润率来决定价格。

(2)目标收益定价法。目标收益定价法又称投资收益率定价法,是根据企业的投资总额、预期销量和投资回收期等因素来确定价格。

(3)边际成本定价法。边际成本是指每增加或减少单位产品所引起的总成本变化量。由于边际成本与变动成本比较接近,而变动成本的计算更容易一些,所以在定价实务中多用变动成本替代边际成本,而将边际成本定价法称为变动成本定价法。

(4)盈亏平衡定价法。在销量既定的条件下,企业产品的价格必须达到一定的水平才能做到盈亏平衡、收支相抵。既定的销量就称为盈亏平衡点,这种制定价格的方法就称为盈亏平衡定价法。科学地预测销量和已知固定成本、变动成本是盈亏平衡定价的前提。

从本质上说,成本导向定价法是一种卖方定价导向。它忽视了市场需求、竞争和价格水平的变化,有时候与定价目标相脱节。此外,运用这一方法制定的价格均是建立在对销量主观预测的基础上,从而降低了价格制定的科学性。因此,在采用成本导向定价法时,还需要充分考虑需求和竞争状况,来确定最终的市场价格水平。

2)竞争导向定价法

在竞争十分激烈的市场上,企业通过研究竞争对手的生产条件、服务状况、价格水平等因素,依据自身的竞争实力,参考成本和供求状况来确定商品价格。这种定价方法就是通常所说的竞争导向定价法。竞争导向定价法主要包括:

(1)随行就市定价法。在垄断竞争和完全竞争的市场结构条件下,任何一家企业都无法凭借自己的实力而在市场上取得绝对的优势,为了避免竞争特别是价格竞争带来的损失,大多数企业都采用随行就市定价法,即将本企业某产品价格保持在市场平均价格水平上,利用这样的价格来获得平均报酬。此外,采用随行就市定价法,企业就不必去全面了解消费者对不同价差的反应,也不会引起价格波动。

(2)产品差别定价法。产品差别定价法是指企业通过不同营销努力,使同种同质的产品在消费者心目中树立起不同的产品形象,进而根据自身特点,选取低于或高于竞争者的价格作为本企业产品价格。因此,产品差别定价法是一种进攻性的定价方法。

(3)密封投标定价法。在国内外,许多大宗商品、原材料、成套设备和建筑工程项目的买卖和承包以及出售小型企业等,往往采用发包人招标、承包人投标的方式来选择承包者,确定最终承包价格。一般来说,招标方只有一个,处于相对垄断地位,而投标方有多个,处于相互竞争地位。标的物的价格由参与投标的各个企业在相互独立的条件下来确定。在买方招标的所有投标者中,报价最低的投标者通常中标,它的报价就是承包价格。这样一种竞争性的定价方法就称密封投标定价法。

竞争导向定价法,是以竞争者的价格为导向的。它的特点是:价格与商品成本和需求不发生直接关系。商品成本或市场需求变化了,但竞争者的价格未变,就应维持原价;反之,虽然成本或需求都没有变动,但竞争者的价格变动了,则相应地调整其商品价格。当然,为实现企业的定价目标和总体经营战略目标,谋求企业的生存或发展,企业可以在其他营销手段的配合下,将价格定得高于或低于竞争者的价格,并不一定要求和竞争对手的产品价格完全保持一致。

3)顾客导向定价法

现代市场营销观念要求企业的一切生产经营必须以消费者需求为中心,并在产品、价格、分销和促销等方面予以充分体现。根据市场需求状况和消费者对产品的感觉差异来确定价格的方法叫作顾客导向定价法,又称市场导向定价法、需求导向定价法。需求导向定价法主要包括理解价值定价法、需求差异定价法和逆向定价法。

(1)理解价值定价法。所谓理解价值,是指消费者对某种商品价值的主观评判。理解价值定价法是指企业以消费者对商品价值的理解度为定价依据,运用各种营销策略和手段,影响消费者对商品价值的认知,形成对企业有利的价值观念,再根据商品在消费者心目中的价值来制定价格。

(2)需求差异定价法。所谓需求差异定价法,是指产品价格的确定以需求为依据,首先强调适应消费者需求的不同特性,而将成本补偿放在次要的地位。这种定价方法,对同一商品在同一市场上制定两个或两个以上的价格,或使不同商品价格之间的差额大于其成本之间的差额。其好处是可以使企业定价最大限度地符合市场需求,促进商品销售,有利于企业获取最佳的经济效益。

(3)逆向定价法。这种定价方法主要不是考虑产品成本,而是重点考虑需求状况,依据消费者能够接受的最终销售价格,逆向推算出中间商的批发价格和生产企业的出厂价格。逆向定价法的特点是:价格能反映市场需求情况,有利于加强与中间商的良好关系,保证中间商的正常利润,使产品迅速向市场渗透,并可根据市场供求情况及时调整价格,定价比较灵活。

顾客导向定价法是以市场需求为导向的定价方法,价格随市场需求的变化而变化,不与成本因素发生直接关系,符合现代市场营销观念要求,企业的一切生产经营以消费者需求为中心。

6.3 巧用定价策略

制定价格不仅是一门科学,而且需要有一套策略和技巧。定价方法着重于确定产品的基础价格,定价技巧则着重于根据市场的具体情况,从定价目标出发,运用价格手段,使其适应市场的不同情况,实现企业的营销目标。

6.3.1 新产品定价策略

新产品定价是企业定价的一个重要方面。新产品定价合理与否,不仅关系到新产品能否顺利地进入市场、占领市场、取得较好的经济效益,而且关系到产品本身的命运和企业的前途。新产品定价可采用撇脂定价、渗透定价和满意定价。

1)撇脂定价

撇脂定价又称取脂定价,是指在新产品上市之初,把价格定得很高,以便在短期内获取厚利,迅速收回投资,减少经营风险。"取脂"比喻从鲜奶中撇取乳酪,含有取其精华之意。

撇脂定价产品一般先从高收入阶层和早期使用型消费者导入市场,这类消费者对新产品价格不太敏感,求新、求奇的愿望很强烈。他们往往认为,新产品有新价值、新利益,贵一点是应该的。有时,高价反而会有助于增加产品的吸引力。所以,新产品上市之初,必须争取时间,趁竞争者尚未进入市场,抢先用高价夺取高额利润。随着企业大批量生产,成本显著下降,竞争者进入市场,产品新颖性降低。

2)渗透定价

与撇脂定价相反,渗透定价是一种建立在低价基础上的新产品定价策略,即在新产品进入市场初期,把价格定得很低,借以打开产品销路,扩大市场占有率,谋求较长时期的市场领先地位。老产品也可采用这种定价策略来延长期生命周期。渗透定价是一种颇具竞争力的薄利多销策略。采用渗透定价的企业,在新产品入市初期,利润可能不高,甚至亏本,但却可以通过排除竞争,开拓市场,在长时期内获得较高的利润,因为大批量销售会使边际成本下降,边际收入上升。如果企业排除了竞争对手,控制了一定的市场,又可以提高价格,增加利润。所以,渗透定价又被称为价格先低后高策略。渗透价格通常既低于竞争者同类产品的价格,又低于消费者的预期价格。

3)满意定价

许多企业对新产品既不定高价,也不定低价,而确定在一个中价,中价即为"满意价格"。高价和低价各有利弊,各有一定的风险,中价介于两种价格水平之间,取两者之利,弃两者之弊,应该说是一种较为公平、正常的价格。在大多数情况下,企业往往会选择一种对消费者、生产者和中间商都相对有利的满意价格,不太高,也不十分低。

6.3.2 产品组合定价策略

产品组合定价策略是指处理本企业各种产品之间价格关系的策略。它包括系列产品定价策略、互补产品定价策略和成套产品定价策略,是对不同组合产品之间的关系和市场表现进行灵活定价的策略。一般是对相关商品按一定的综合毛利率联合定价,对于互替商品,适当提高畅销品价格,降低滞销品价格,以扩大后者的销售,使两者销售相互得益,增加企业总盈利。对于互补商品,有意识降低购买率低、需求价格弹性高的商品价格,同时提高购买率高而需求价格弹性低的商品价格,会取得各种商品销售量同时增加的良好效果。常用的产品组合定价形式有以下几种:

(1)产品线定价。产品线定价是根据购买者对同样产品线不同档次产品的需求,精选设计几种不同档次的产品和价格点。

(2)任选产品定价。任选产品定价即在提供主要产品的同时,还附带提供任选品或附件与之搭配。

(3)附属产品定价。以较低价销售主产品来吸引顾客,以较高价销售备选和附属产品来增加利润。如美国柯达公司推出一种与柯达胶卷配套使用的专用照相机,价廉物美,销路甚佳,结果带动柯达胶卷销量大大增加,尽管其胶卷价格较其他牌号的胶卷昂贵。

(4)副产品定价。在许多行业中,在生产主产品的过程中,常常有副产品。如果这些副产品对某些客户群具有价值,必须根据其价值定价。副产品的收入多,将使公司更易于为其主要产品制定较低价格,以便在市场上增加竞争力。因此制造商需寻找一个需要这些副产品的市场,并接受任何足以抵补储存和运输副产品成本的价格。

(5)捆绑定价。将数种产品组合在一起以低于分别销售时支付总额的价格销售。例如家庭影院的定价是大屏幕电视、DVD影碟机、音响的捆绑定价。

如果出售的是产品组合,则可以考虑采取如下定价策略:①搭配定价——将多种产品组合成一套定价;②系列产品定价——不同档次、款式、规格、花色的产品分别定价;③主导产品带动——把主导产品价格限定住,变化其消耗材料的价格;④以附加品差别定价——根据客户选择附加品不同,而区别主导产品价格。

6.3.3 心理定价策略

每一件产品都能满足消费者某一方面的需求,其价值与消费者的心理感受有着很大的关系。这就为心理定价策略的运用提供了基础,使得企业在定价时可以利用消费者心理因素,有意识地将产品价格定得高些或低些,以满足消费者生理的和心理的、物质的和精神的等多方面需求,通过消费者对企业产品的偏爱或忠诚,扩大市场销售,获得最大效益。心理定价策略有以下几种形式:

1)尾数定价策略

尾数定价,也称零头定价或缺额定价,即给产品定一个零头数结尾的非整数价格。大多数消费者在购买产品时,尤其是购买一般的日用消费品时,乐于接受尾数价格。消费者会认为这种价格经过精确计算,购买不会吃亏,从而产生信任感。同时,价格虽离整数仅相差几分或几角钱,但给人一种低一位数的感觉,符合消费者求廉的心理愿望。这种策略通常适用于基本生活用品。

【阅读资料】

巧妙的尾数定价

心理学家的研究表明,价格尾数的微小差别能够明显影响消费者的购买行为。一般认为,5 元以下的商品价格末位数为 9 最受欢迎;5 元以上的商品价格末位数为 95 效果最佳;百元以上的商品价格末位数为 98、99 最为畅销。尾数定价法会给消费者一种经过精确计算的、最低价格的心理感觉,有时也可以给消费者一种是原价打了折扣,商品便宜的感觉。同时顾客在等候找零期间,也可能会发现和选购其他商品。如某品牌的 48 寸彩电标价 998 元,给人以便宜的感觉。认为只要几百元就能买一台彩电,其实它比 1 000 元只少了 2 元。尾数定价策略还给人一种定价精确、值得信赖的感觉。尾数定价法在欧美及我国常以奇数为尾数,这主要是因为消费者对奇数有好感,容易产生一种价格低廉,价格向下的概念。但由于 8 与“发”谐音,在定价中 8 的采用率也较高。

2)整数定价策略

整数定价与尾数定价正好相反,企业有意将产品价格定为整数,以显示产品具有一定质量。整数定价多用于价格较贵的耐用品或礼品,以及消费者不太了解的产品。对于价格较贵的高档产品,顾客对质量较为重视,往往把价格高低作为衡量产品质量的标准之一,容易产生“一分价钱一分货”的感觉,从而有利于销售。

3)声望定价策略

声望定价即针对消费者“便宜无好货、价高质必优”的心理,对在消费者心目中享有一定声望、具有较高信誉的产品制定高价。不少高级名牌产品和稀缺产品,如豪华轿车、高档手表、名牌时装、名人字画、珠宝古董等,在消费者心目中享有极高的声望价值。购买这些产品的人,往往不在意产品价格,而最关心的是产品能否显示其身份和地位,价格越高,心理满足的程度也就越大。

【小案例】

诺基亚8800高价入市创造销售奇迹

许久没有新作的诺基亚经典8系列，继8910之后，精心打造了具有贵族气质的诺基亚8800。定位于高端人群的诺基亚8800，上市初期就定出天价，零售价格就是其型号代码:8 800元。而其功能却较弱，既没有百万像素的拍照功能，也没有智能手机高端的商务功能。本以为定价过高，购买者寥寥。没想到产品上市一炮而红，成为“富人们”竞相购买的宝贝。由于对市场预估失误，库存严重不足，上市没几天，诺基亚8800在北京、广州、深圳、成都出现大面积断货现象。价格一度被炒到10 000元。但购买者热度不降反升，价格越来越高，最后一度达到12 800元。在其价格早已远远超过成本的情况下，诺基亚剑走偏锋，创造了手机市场的一个不大不小的奇迹，令还在亏损线上挣扎的国产手机们欷歔不已。

4）习惯定价策略

有些产品在长期的市场交换过程中已经形成了为消费者所适应的价格，成为习惯价格。企业对这类产品定价时要充分考虑消费者的习惯倾向，采用“习惯成自然”的定价策略。对消费者已经习惯了的价格，不宜轻易变动。降低价格会使消费者怀疑产品质量是否有问题；提高价格会使消费者产生不满情绪，导致购买的转移。在不得不需要提价时，应采取改换包装或品牌等措施，减少抵触心理，并引导消费者逐步形成新的习惯价格。

5）招徕定价策略

这是适应消费者求廉的心理，将产品价格定得低于一般市价，个别的甚至低于成本，以吸引顾客、扩大销售的一种定价策略。采用这种策略，虽然几种低价产品不赚钱，甚至亏本，但从总的经济效益看，由于低价产品带动了其他产品的销售，企业还是有利可图的。

【小案例】

日本创意药房的定价策略

日本创意药房在将一瓶200元的补药以80元超低价出售时，每天都有大批人潮涌进店中抢购补药。按说，如此下去肯定赔本，但财务账目显示出盈余逐月骤增，其原因就在于没有人来店里只买一种药。人们看到补药便宜就会联想到其他药也一定便宜，促成了盲目的购买行动。

6）最小单位定价策略

最小单位定价策略是指企业把同种商品，按不同的数量、包装以最小包装单位量制定基数价格。销售时参考最小包装单位的基数价格与所购数量收取款项。一般情况下,包装越小,实际的单位数量商品的价格越高;包装越大,实际的单位数量商品的价格越低。最小单位定价策略的优点比较明显:一是能满足消费者在不同场合下的不同需要,如便于携带的小包装食品、小包装饮料等;二是利用了消费者的心理错觉,因为小包装的价格容易使消费者误以为廉价,而实际生活中消费者很难也不愿意换算出实际重量单位或数量单位商品的价格。

【小案例】

茶叶定价策略

对于质量较高的茶叶就可以采用最小单位定价策略。如果某种茶叶定价为每500 克 150 元,消费者就会觉得价格太高而放弃购买。如果缩小定价单位采用每50 克为 15 元的定价方法,消费者就会觉得可以买来试一试。如果再将这种茶叶以125 克来进行包装与定价,则消费者就会嫌麻烦,而不愿意去换算出每 500 克应该是多少钱,从而也就无从比较这种茶叶的定价,究竟是偏高还是偏低。

6.3.4 折扣定价策略

折扣定价是指对基本价格作出一定的让步,直接或间接降低价格,以争取顾客,扩大销量。其中,直接折扣的形式有数量折扣、现金折扣、功能折扣、季节折扣,间接折扣的形式有回扣和津贴。

1)数量折扣

数量折扣,指按购买数量的多少,分别给予不同的折扣,购买数量愈多,折扣愈大。其目的是鼓励大量购买,或集中向本企业购买。数量折扣包括累计数量折扣和一次性数量折扣两种形式。累计数量折扣规定顾客在一定时间内,购买商品若达到一定数量或金额,则按其总量给予一定折扣,其目的是鼓励顾客经常在本企业购买,成为可信赖的长期客户,它尤其适合于不宜一次大量购买、易变质的产品,如食品、蔬菜、水果等。一次性数量折扣规定一次购买某种产品达到一定数量或购买多种产品达到一定金额,则给予折扣优惠,其目的是鼓励顾客大批量购买,促进产品多销、快销。

数量折扣的促销作用非常明显,企业因单位产品利润减少而产生的损失完全可以从销量的增加中得到补偿。此外,销售速度的加快,使企业资金周转次数增加,流通费用下降,产品成本降低,从而导致企业总盈利水平上升。

运用数量折扣策略的难点是如何确定合适的折扣标准和折扣比例。假如享受折扣的数量标准定得太高,比例太低,则只有很少的顾客才能获得优待,绝大多数顾客将感到失望;如果折扣数量标准定得过低,比例不合理,又起不到鼓励顾客购买和促进企业销售的作用。因此，企业应结合产品特点、销售目标、成本水平、企业资金利润率、需求规模、购买频率、竞争者手段以及传统的商业惯例等因素来制定科学的折扣标准和折扣比例。

2）现金折扣

现金折扣是对在规定的时间内提前付款或用现金付款者所给予的一种价格折扣，其目的是鼓励顾客尽早付款，加速资金周转，降低销售费用，减少财务风险。采用现金折扣一般要考虑三个因素：折扣比例、给予折扣的时间限制、付清全部货款的期限。在西方国家，典型的付款期限折扣表示为“3/20，Net60”。其含义是在成交后20天内付款，买者可以得到3%的折扣；超过20天，在60天内付款不给予折扣；超过60天付款要加付利息。

由于现金折扣的前提是商品的销售方式为赊销或分期付款，因此，有些企业采用附加风险费用、治理费用的方式，以避免可能发生的经营风险。同时，为了扩大销售，分期付款条件下买者支付的货款总额不宜高于现款交易价太多，否则就起不到折扣促销的效果。

提供现金折扣等于降低价格，所以，企业在运用这种手段时要考虑商品是否有足够的需求弹性，保证通过需求量的增加使企业获得足够利润。此外，由于我国的许多企业和消费者对现金折扣还不熟悉，运用这种手段的企业必须结合宣传手段，使买者更清楚自己将得到的好处。

3）功能折扣

中间商在产品分销过程中所处的环节不同，其所承担的功能、责任和风险也不同，企业据此给予不同的折扣称为功能折扣。对生产性用户的价格折扣也属于一种功能折扣。功能折扣的比例，主要考虑中间商在分销渠道中的地位、对生产企业产品销售的重要性、购买批量、完成的促销功能、承担的风险、服务水平、履行的商业责任，以及产品在分销中所经历的层次和在市场上的最终售价等等。功能折扣的结果是形成购销差价和批零差价。

鼓励中间商大批量订货，扩大销售，争取顾客，并与生产企业建立长期、稳定、良好的合作关系是实行功能折扣的一个主要目标。功能折扣的另一个目的是对中间商经营的有关产品的成本和费用进行补偿，并让中间商有一定的盈利。

4）季节折扣

有些商品的生产是连续的，而其消费却具有明显的季节性。为了调节供需矛盾，这些商品的生产企业便采用季节折扣的方式，对在淡季购买商品的顾客给予一定的优惠，使企业的生产和销售在一年四季能保持相对稳定。例如，啤酒生产厂家对在冬季进货的商业单位给予大幅度让利，羽绒服生产企业则为夏季购买其产品的客户提供折扣。

季节折扣比例的确定,应考虑成本、储存费用、基价和资金利息等因素。季节折扣有利于减轻库存,加速商品流通,迅速收回资金,促进企业均衡生产,充分发挥生产和销售潜力,避免因季节需求变化所带来的市场风险。

5)回扣和津贴

回扣是间接折扣的一种形式,它是指购买者在按价格目录将货款全部付给销售者以后,销售者再按一定比例将货款的一部分返还给购买者。津贴是企业为非凡目的,对非凡顾客以特定形式所给予的价格补贴或其他补贴。比如,当中间商为企业产品提供了包括刊登地方性广告、设置样品陈列窗等在内的各种促销活动时,生产企业给予中间商一定数额的资助或补贴。又如,对于进入成熟期的商品,开展以旧换新业务,将旧货折算成一定的价格,在新产品的价格中扣除,顾客只支付余额,以刺激消费需求,促进产品的更新换代,扩大新一代产品的销售。这也是一种津贴的形式。

【小案例】

巧用折扣策略

日本东京银座美佳西服店为了销售商品采用了一种折扣销售方法,颇获成功。具体方法是这样的:先发一公告介绍某商品品质性能等一般情况,再宣布打折扣的销售天数及具体日期,最后说明打折方法。第一天打九折,第二天打八折,第三、第四天打七折,第五、第六天打六折,以此类推到第十五、第十六天打一折。这个销售方法的实践结果是第一、第二天顾客不多,来者多半是来探听虚实和看热闹的。第三、第四天人渐渐多起来,第五、第六天打六折时顾客洪水般地拥向柜台争购。以后连日爆满,没到一折售货日期,商品早已售缺。这是一则成功的折扣定价策略。妙在准确地抓住顾客购买心理,有效地运用折扣售货方法销售。人们当然希望买质量好又便宜的货,最好能买到二折、一折价格出售的货。但是有谁能保证到你想买时还有货呢?于是出现了头几天顾客犹豫,中间几天抢购,最后几天买不着者惋惜的情景。

6.3.5 差别定价策略

差别定价策略是指对同一产品针对不同的顾客、不同的市场制定不同的价格的策略。其种类主要有:以顾客为基础的差别定价策略、以产品形式为基础的差别定价策略、以产品部位为基础的差别定价策略和以销售时间为基础的差别定价策略。

1)顾客差别定价

顾客差别定价即企业按照不同的价格把同一种产品或劳务卖给不同的顾客。

例如,某汽车经销商按照高价格把某种型号汽车卖给顾客A,同时按照较低价格把同一种型号汽车卖给顾客B。这种价格歧视表明顾客的需求强度和所了解的商品知识有所不同。

2)产品形式差别定价

产品形式差别定价即企业对不同型号或形式的产品,分别制定不同的价格,但是不同型号或形式产品的价格之间的差额和成本费用之间的差额并不成比例。

3)产品部位差别定价

产品部位差别定价即企业对于处在不同位置的产品或服务,分别制定不同的价格,即使这些产品或服务的成本费用没有任何差异。例如,剧院虽然不同座位的成本费用都一样,但是不同座位的票价有所不同,这是因为人们对剧院的不同座位的偏好有所不同。

4)销售时间差别定价

销售时间差别定价即企业对于不同季节、不同时期甚至不同钟点的产品或服务也分别制定不同的价格。

【小案例】

蒙玛公司的无积压商品

蒙玛公司在意大利以无积压商品而闻名,其秘诀之一就是对时装分多段定价。它规定新时装上市以3天为一轮,凡一套时装以定价卖出,每隔一轮按原价削减10%,以此类推。那么到10轮一个月之后,蒙玛公司的时装价就削到了只剩成本价了。这时的时装,蒙玛公司就以成本价售出。因为时装上市还仅一个月,价格已跌到1折,谁还不来买。所以一卖即空。蒙玛公司最后核算,赚钱比其他时装公司多,又没有积货的损失。

6.3.6 地区定价策略

一般来说,一个企业的产品不仅卖给当地顾客而且同时卖给外地顾客。而卖给外地顾客,把产品从产地运到顾客所在地需要花一些装运费。所谓地区性定价策略就是企业要决定对于卖给不同地区,包括当地和外地不同地区顾客的某种产品是分别制定不同的价格,还是制定相同的价格。也就是说,企业要决定是否制定地区差价。地区性定价的形式有:

1)FOB原产地定价

FOB原产地定价就是顾客双方按照厂价购买某种产品。企业卖方只负责将这种产品运到产地某种运输工具(如卡车、火车、船舶、飞机等)上交货。交货后,从产地到目的地的一切风险和费用概由顾客承担。如果按产地某种运输工具上交货定价,那么每一个顾客都各自负担从产地到目的地的运费,这是很合理的。但是这样定价对企业也有不利之处,即远地的顾客就可能不愿购买这个企业的产品,而购买其附近企业的产品。

2)统一交货定价

这种形式和前者正好相反。所谓统一交货定价就是企业对于卖给不同地区顾客的某种产品都按照相同的厂价加相同的运费,按平均运费计算定价。也就是说,对全国不同地区的顾客,不论远近都实行一个价。因此,这种定价又叫邮资定价。目前我国邮资也采取统一交货定价,而不论收发信人距离远近。

【小案例】

统一定价的布袜子

20 世纪初日本人盛行穿布袜子。石桥便专门生产经销布袜子。当时由于大小、布料和颜色的不同,袜子的品种多达 100 多种,价格也是一式一价,买卖很不方便。有一次,石桥乘电车时发现,无论远近车费一律都是 0.05 日元。由此他产生灵感,如果袜子都以同样的价格出售,必定能大开销路。然而,当他试行这种方法时,同行全都嘲笑他。认为如果价格一样,大家便会买大号袜子,小号的则会滞销,那么石桥必赔本无疑。但石桥胸有成竹,力排众议,仍然坚持统一定价。由于统一定价方便了买卖双方,深受顾客欢迎,布袜子的销量达到空前的数额。

3)分区定价

这种形式介于前两者之间。所谓分区定价就是企业把全国或某些地区分为若干价格区,对于卖给不同价格区顾客的某种产品,分别制定不同的地区价格。距离企业远的价格区,价格定得较高;距离企业近的价格区,价格定得较低。在各个价格区范围内实行一个价。企业采用分区定价也有问题:一是在同一价格区内,有些顾客距离企业较近,有些顾客距离企业较远,前者就不合算;二是处在两个相邻价格区界两边的顾客,他们相距不远,但是要按高低不同的价格购买同一种产品。

4)基点定价

基点定价即企业选定某些城市作为重点,然后按一定的厂价加上从基点城市到顾客所在地的运费来定价,不管产品实际上是哪个城市起运的。有些公司为了提高灵活性,选定许多个基点城市,按照顾客最近的基点计算运费。

5)运费免收定价

有些企业因为急于和某些地区做生意而负担全部或部分实际运费。这些卖主认为,如果生意扩大,其平均成本就会降低,因此足以抵偿这些费用开支。采取运费免收定价可以使企业加深市场渗透,并且能在竞争日益激烈的市场上站得住脚。

6.4 竞争性调价

企业在产品价格确定后，由于客观环境和市场情况的变化，往往会对价格进行修改和调整。

6.4.1 主动调整价格

1）降价

企业在以下情况需考虑降价：①企业生产能力过剩、产量过多，库存积压严重，市场供过于求，企业以降价来刺激市场需求。②面对竞争者的“削价战”，企业不降价将会失去顾客或减少市场份额。③生产成本下降，科技进步，劳动生产率不断提高，生产成本逐步下降，其市场价格也应下降。

2）提价

提价一般会遭到消费者和经销商的反对，但在许多情况下不得不提高价格，主要原因有：①通货膨胀。物价普遍上涨，企业生产成本必然增加，为保证利润，不得不提价。②产品供不应求。一方面买方之间展开激烈竞争，争夺货源，为企业创造有利条件；另一方面也可以抑制需求过快增长，保持供求平衡。

6.4.2 价格变动引起的反应

1）购买者的反应

顾客对降价可能有以下看法：①产品样式老了，将被新产品代替；②产品有缺点，销售不畅；③企业财务困难，难以继续经营；④价格还要进一步下跌；⑤产品质量下降了。顾客对提价的可能反应有：①产品很畅销，不赶快买就买不到了；②产品很有价值；③卖主想赚取更多利润。

购买者对价值不同的产品价格的反应也有所不同，对于价值高、经常购买的产品的价格变动较为敏感；而对于价值低、不经常购买的产品，即使单位价格高，购买者也不大在意。此外，购买者通常更关心取得、使用和维修产品的总费用，因此卖方可以把产品的价格定得比竞争者高，取得较多利润。

2）竞争者的反应

竞争者对调价的反应有以下几种类型：

(1)相向式反应。你提价他也提价；你降价他也降价。这样一致的行为，对企业影响不太大，不会导致严重后果。企业坚持合理营销策略，不会失掉市场和减少市场份额。

(2)逆向式反应。你提价，他降价或维持原价不变；你降价，他提价或维持原价不变。这种相互冲突的行为，影响很严重，竞争者的目的也十分清楚，就是乘机争夺市场。对此，企业要进行调查分析，首先摸清竞争者的具体目的，其次要估计竞争者的实力,最后要了解市场的竞争格局。

(3)交叉式反应。众多竞争者对企业调价反应不一,有相向的,有逆向的,有不变的,情况错综复杂。企业在不得不进行价格调整时应注意提高产品质量,加强广告宣传,保持分销渠道畅通等。

3)企业的反应

在同质产品市场上,如果竞争者降价,企业必随之降价,否则企业会失去顾客。某一企业提价,其他企业随之提价(如果提价对整个行业有利),但如有一个企业不提价,最先提价的企业和其他企业将不得不取消提价。

在异质产品市场上,购买者不仅考虑产品价格高低,而且考虑质量、服务、可靠性等因素,因此购买者对较小价格差额无反应或不敏感,则企业对竞争者价格调整的反应有较多自由。

企业在作出反应时,先必须分析:竞争者调价的目的是什么?调价是暂时的,还是长期的?能否持久?企业面临竞争者应权衡得失:是否应作出反应?如何反应?另外,还必须分析价格的需求弹性,产品成本和销售量之间的关系等复杂问题。企业要作出迅速反应,最好事先制定反应程序,到时按程序处理,提高反应的灵活性和有效性。

【案例分析】

英特尔公司的定价政策

一个分析师曾这样形容英特尔公司的定价政策:“这个集成电路巨人每12个月就要推出一种新的、具有更高盈利的微处理器,并把旧的微处理器的价格定在更低的价位上以满足需求。”当英特尔公司推出一种新的计算机集成电路时,它的定价是$1 000,这个价格使它刚好能占有市场的一定份额。这些新的集成电路能够增加高能级个人电脑和服务器的性能。如果顾客等不及,他们就会在价格较高时去购买。随着销售额的下降及竞争对手推出相似的集成电路对其构成威胁,英特尔公司就会降低其产品的价格来吸引下一层次对价格敏感的顾客。最终价格跌落到最低水平,每个集成电路仅售$200多一点,使该集成电路成为一个热线大众市场的处理器。通过这种方式,英特尔公司从各个不同的市场中获取了最大的收入。

讨论分析题:

1. 英特尔公司采取的是什么定价策略?
2. 请说出英特尔公司采取这种定价策略取得成功的原因。

第7章　终端为王、渠道制胜

【导入案例】

渠道创新:成就葡萄酒冷饮

克里特在上大学时制作了一种略经碳化的葡萄酒和苹果混合的冷饮。1981年,他和比尤利凑了5 000美元,合伙创建了一家公司。公开出售这种冷饮,到1984年,他们的销售额已超过1亿美元。那么,他们是如何成功的呢?这种加州冷饮成功的关键因素在于它那令人吃惊的分销策略:将这种冷饮像啤酒一样灌装,并通过啤酒商卖出去。

以前的冷饮,被认为是具有葡萄酒性质的软饮料,并通过葡萄酒销售商来销售。而克里特认为,他们的饮料是具有啤酒性质的软饮料,并将这种饮料定位成具有"止渴"作用。这样,他们的目标市场不是那些喝葡萄酒的高贵人士,而是那些豪饮啤酒和汽水的"酒鬼"。他们把这种饮料灌装在一个12盎司重的绿色瓶子里,瓶颈系上金铜饰物,看上去就像进口的啤酒,并将这种冷饮通过啤酒销售商卖出去,其结果是令人吃惊的成功。

克里特和比尤利意识到,啤酒销售商比葡萄酒销售商更能有效地接触到他们所希望的目标顾客。啤酒销售商经常拜访一个地区的每一个销售点,包括小杂货店。一个啤酒销售商几乎与所有的人都有业务往来,而一个葡萄酒销售商却只有其1/3的能量。克里特和比尤利认为如果这种软饮料稍加冷却,会更好销售。在这一点上,啤酒销售商能做到而葡萄酒销售商却做不到。因此,他们的渠道选择模式最终使他们的产品获得了成功。

一个企业要实现赢利目标,不仅要生产出符合目标消费者需要的产品,制定出目标消费者乐意接受的价格,而且还有使其产品让目标消费者在最方便购买的地点能够买到,即要制定出科学的渠道策略。建立一个有效的营销渠道网络,是企业在激烈的市场竞争中持续、稳定发展的关键因素之一。研究营销渠道策略的目的在于采取有效的渠道竞争策略,把商品适时、适地、方便、经济地提供给目标消费者,实现企业的经营目标。

7.1 认识分销渠道

7.1.1 什么是分销渠道

分销渠道是指某种货物和劳务从生产者向消费者移动时,取得这种货物和劳务所有权或帮助转移其所有权的所有企业和个人。它主要包括中间商以及处于渠道起点和终点的生产者与消费者。

在现代商品经济条件下,大部分生产企业并不直接把产品销售给最终用户或消费者,而要借助于一系列中间商的转卖活动。商品在流通领域内的转移,包括由商品交易活动完成的商品所有权转移过程和由储存、运输等完成的商品实体转移过程两个方面。商品实体转移的动向和经过的环节并不一定与商品所有权转移的动向和经过环节完全一样。例如,商品从生产者到零售商可能经过两道批发商与商品交易活动,但这些批发商实际上并没有运送或保管过该商品;另一方面,即使有若干专业的运输公司或仓储公司参与了商品实体转移活动,但他们却从未介入任何商品的买卖交易活动,他们只是提供了服务。因此,分销渠道的含义,一般仅指由参与了商品所有权转移或商品买卖交易活动的中间商组成的流通渠道。

从分销渠道的含义可以看出,分销渠道具有以下特征:

(1)分销渠道的起点是制造商,终点是最终顾客。

(2)分销渠道是由各中间商组成。

(3)分销渠道中存在着五种以物质或非物质形态运动的“流”,包括商流、物流、货币流、信息流、促销流。其中,前三种是以物质形态流动,后两种是以非物质形态流动。商流是商品价值流动,物流是实体流动。

【知识链接】

商流:产品从生产领域向消费领域转移过程的一系列买卖交易活动。

物流:产品转移过程中的一系列产品实体运动,包括原材料采购供应,生产各工序间的运输,产品的分类、包装、运输、保管等。

货币流:产品转移过程中的货币运动。

信息流:产品转移过程中所发生的信息收集、传递和处理活动。

促销流:产品转移过程中,企业通过各类传媒进行的一切促销努力。

7.1.2 分销渠道的类型

1)直接分销渠道

直接分销渠道是指生产者将产品直接供应给消费者或用户,没有中间商介入。直接分销渠道的形式是:生产者——用户。

直接渠道是工业品分销的主要类型。例如,大型设备、专用工具及技术复杂需要提供专门服务的产品等,都采用直接分销,消费品中也有部分消费品采用直接分销类型,诸如鲜活商品等。近几年来,企业自销的比重明显增加。

企业直接分销的方式比较多,但概括起来有如下几种:

(1)订购分销。它是指生产企业与用户先签订购销合同或协议,在规定时间内按合同条款供应商品,交付款项。一般来说,主动接洽方多数是销售生产方(如生产厂家派员推销),也有一些走俏产品或紧俏原材料、备件等由用户上门求货。

(2)自开门市部销售。它是指生产企业通常将门市部设立在生产区外、用户较集中的地方或商业区,也有一些邻近于用户或商业区的生产企业将门市部设立于厂前。

(3)联营分销。如工商企业之间、生产企业之间联合起来进行销售。

直接分销渠道的优点主要有:①有利于产、需双方沟通信息,可以按需生产,更好地满足目标顾客的需要。由于是面对面的销售,用户可更好地掌握商品的性能、特点和使用方法;生产者能直接了解用户的需求、购买等特点及其变化趋势,进而了解竞争对手的优势和劣势及其营销环境的变化,为按需生产创造条件。②可以降低产品在流通过程中的损耗。由于去掉了商品流转的中间环节,减少了销售损失,有时也能加快商品的流转。③可以使购销双方在营销上相对稳定。一般来说,直销渠道进行商品交换,都签订合同,数量、时间、价格、质量、服务等都按合同规定履行,购销双方的关系以法律的形式于一定时期内固定下来,使双方把精力用于其他方面的战略性谋划。④可以在销售过程中直接进行促销。企业直接分销,实际上又往往是直接促销的活动。例如,企业派员直销,不仅促进了用户订货,同时也扩大了企业和产品在市场中的影响,还促进了新用户的订货。

直接分销渠道的缺点主要有:①在产品和目标顾客方面:对于绝大多数生活资料商品,其购买呈小型化、多样化和重复性。生产者若凭自己的力量去广设销售网点,往往力不从心,甚至事与愿违,很难使产品在短期内广泛分销,很难迅速占领或巩固市场,目标顾客的需要得不到及时满足,势必转移方向购买其他厂家的产品,这就意味着企业失去目标顾客和市场占有率。②在商业协作伙伴方面:商业企业在销售方面比生产企业的经验丰富,这些中间商最了解顾客的需求和购买习性,在商业流转中起着不可缺少的桥梁作用。而生产企业自销产品,就拆除了这一桥梁,势必自己去进行市场调查,包揽了中间商所承担的人、财、物等费用。这样,加重了生产者的工作负荷,分散了生产者的精力。更重要的是,生产者将失去中间商在销售方面的协作,给产品价值的实现增加了新的困难,目标顾客的需求难以得到及时满足。③在生产者与生产者之间:当生产者仅以直接分销渠道销售商品,致使目标顾客的需求得不到及时满足时,同行生产者就可能趁势而进入目标市场,夺走目标顾客和商品协作伙伴。在生产性团体市场中,企业的目标顾客常常是购买本企业产品的生产性用户,他们又往往是本企业专业化协作的伙伴。所以,失去目标顾客,又意味着失去了协作伙伴。当生产者之间在科学技术和管理经验的交流受到阻碍以后,将使本企业在专业化协作的旅途中更加步履维艰,这又影响着本企业的产品实现市场份额和商业协作,从而造成一种不良循环。

2)间接分销渠道

间接分销渠道是指生产者利用中间商将商品供应给消费者或用户,中间商介入交换活动。间接分销渠道的典型形式是:生产者——批发商——零售商——个人消费者(少数为团体用户)。

现阶段,我国消费品需求总量和市场潜力很大,且多数商品的市场正逐渐由卖方市场向买方市场转化。与此同时,对于生活资料商品的销售,市场调节的比重已显著增加,工商企业之间的协作已日趋广泛、密切。因此,如何利用间接渠道使自己的产品广泛分销,已成为现代企业进行市场营销时所研究的重要课题之一。

随着市场的开放和流通领域的搞活,我国以间接分销的商品比重增大。企业在市场中通过中间商销售的方式很多,如厂店挂钩、特约经销、零售商或批发商直接从工厂进货、中间商为工厂举办各种展销会等。

间接分销渠道的优点主要有:①有助于产品广泛分销。中间商在商品流转的始点同生产者相连,在其终点与消费者相连,从而有利于调节生产与消费在品种、数量、时间与空间等方面的矛盾。既有利于满足生产厂家目标顾客的需求,也有利于生产企业产品价值的实现,更能使产品广泛地分销,巩固已有的目标市场,扩大新的市场。②缓解生产者人、财、物等力量的不足。中间商买走了生产者的产品并交付了款项,就使生产者提前实现了产品的价值,开始新的资金循环和生产过程。此外,中间商还承担销售过程中的仓储、运输等费用,也承担着其他方面的人力和物力,这就弥补了生产者营销中的力量不足。③间接促销。消费者往往是货比数家后才购买产品,而一位中间商通常经销众多厂家的同类产品,中间商对同类产品的不同介绍和宣传,对产品的销售影响甚大。此外,实力较强的中间商还能支付一定的宣传广告费用,具有一定的售后服务能力。所以,生产者若能取得与中间商的良好协作,就可以促进产品的销售,并从中间商那里及时获取市场信息。④有利于企业之间的专业化协作。现代机器大工业生产的日益社会化和科学技术的突飞猛进,使专业化分工日益精细,企业只有广泛地进行专业化协作,才能更好地迎接新技术、新材料的挑战,才能经受住市场的严峻考验,才能大批量、高效率地进行生产。中间商是专业化协作发展的产物。生产者产销合一,既难以有效地组织商品的流通,又使生产精力分散。有了中间商的协作,生产者可以从烦琐的销售业务中解脱出来,集中力量进行生产,专心致志地从事技术研究和技术革新,促进生产企业之间的专业化协作,以提高生产经营的效率。

间接分销渠道的缺点主要有:①可能形成“需求滞后差”。中间商购走了产品,并不意味着产品就从中间商手中销售出去了,有可能销售受阻。对于某一生产者而言,一旦其多数中间商的销售受阻,就形成了“需求滞后差”,即需求在时间或空间上滞后于供给。但生产规模既定,人员、机器、资金等照常运转,生产难以剧减。当需求继续减少,就会导致产品的供给更加大于需求。若多数商品出现类似情况,便造成所谓的市场疲软现象。②可能加重消费者的负担,导致抵触情绪。流通环节增大储存或运输中的商品损耗,如果都转嫁到价格中,就会增加消费者的负担。此外,如果中间商服务工作欠佳,可能导致顾客对商品的抵触情绪,甚至引起购买的转移。③不便于直接沟通信息。如果与中间商协作不好,生产企业就难以从中间商的销售中了解和掌握消费者对产品的意见、竞争者产品的情况、企业与竞争对手的优势和劣势、目标市场状况的变化趋势等。在当今风云变幻、信息爆炸的市场中,企业信息不灵,生产经营必然会迷失方向,也难以保持较高的营销效益。

3)长渠道和短渠道

分销渠道的长短一般是按流通环节的多少来划分,具体包括以下四层:①零级渠道,即由制造商直接到消费者。②一级渠道,即由制造商通过零售商到消费者。③二级渠道,制造商——批发商——零售商——消费者,或者是制造商——代理商——零售商——消费者,多见于消费品分销。④三级渠道,制造商——代理商——批发商——零售商——消费者。可见,零级渠道最短,三级渠道最长。

长渠道是指生产者在产品销售过程中利用两个或两个以上的中间商分销商品。长渠道的优点是:渠道长、分布密、触角多,能有效地覆盖市场,扩大商品的销售,能充分利用中间商的职能作用,市场风险小。长渠道的缺点是:长渠道使生产者市场信息迟滞;生产者、中间商、消费者之间关系复杂,难以协调;商品价格一般较高,不利于市场竞争。

短渠道是指生产者仅利用一个中间商或自己销售产品。短渠道能减少流通环节,流通时间短,费用省,产品最终价格较低,能增强市场竞争力;信息传播和反馈速度快;由于环节少,生产者和中间商较易建立直接的、密切的合作关系。但短渠道迫使生产者承担更多的商业职能,不利于集中精力搞好生产。

4)宽渠道与窄渠道

渠道宽窄取决于渠道的每个环节中使用同类型中间商数目的多少。企业使用的同类中间商多,产品在市场上的分销面广,称为宽渠道。如一般的日用消费品(毛巾、牙刷、开水瓶等),由多家批发商经销,又转卖给更多的零售商,能大量接触消费者,大批量地销售产品。企业使用的同类中间商少,分销渠道窄,称为窄渠道,它一般适用于专业性强的产品,或贵重耐用的消费品,由一家中间商统包,几家经销。它使生产企业容易控制分销,但市场分销面受到限制。

5)单渠道和多渠道

当企业全部产品都由自己直接所设的门市部销售,或全部交给批发商经销,称为单渠道。多渠道则可能是在本地区采用直接渠道,在外地则采用间接渠道;在有些地区独家经销,在另一些地区多家分销;对消费品市场用长渠道,对生产资料市场则采用短渠道等。

7.2 分销渠道中的中间商

7.2.1 为什么有中间商的存在

中间商是指在制造商与消费者之间参与交易业务,促使买卖行为发生和实现的经济组织或个人。中间商在商品由生产领域到消费领域的转移过程中,起着桥梁和纽带的作用。由于中间商的存在,不仅简化了销售手续,节约了销售费用,而且还扩大了销售范围,提高了销售效率。因此,中间商的存在有其客观必要性。

1)提高流通效率

图 7－1 对有无中间商的经济效益进行了比较。图(a)表示 3 个生产者直接将产品售予 3 个顾客,需要进行 9 次交易;图(b)表示在同样条件下,通过一个中间商,则交易次数降到 6 次。交易次数的减少,使得产品流通的效率大大提高。这样,中间商的介入减少了交易次数。

依此类推,卖者和买者的数量越多,中间商介入所减少的交易次数及节约的社会总劳动就越多。这是中间商最重要的贡献。

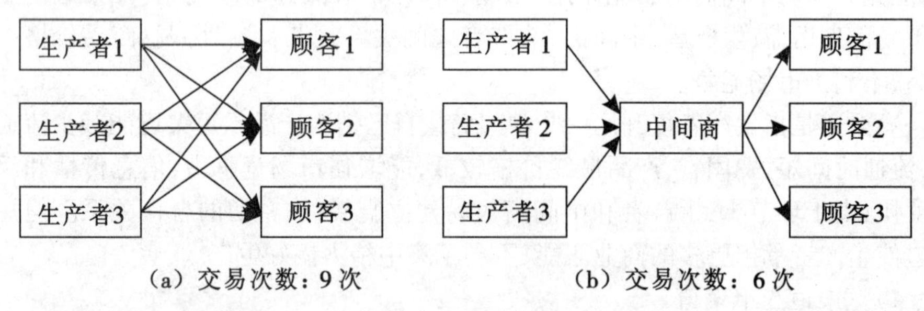

图 7－1　有无中间商的经济效益比较

2)调节生产与消费之间的矛盾

中间商起着社会生产的“蓄水池”作用。一方面,中间商的存在可以缓和供需之间在时间、地点和商品数量、种类等方面的矛盾;另一方面,中间商的存在能为生产者和消费者带来方便。对消费者而言，中间商充当了他们的采购代理，中间商可以在合适的时间和地点提供所需要的产品、灵活的付款方式和条件以及周到的售后服务；而对于生产者或贸易企业来说，中间商的存在使企业的销路有了保证，降低了流通成本。

3）有效分担企业的市场营销职能

大多数生产者缺乏将产品直接销售给最终顾客所必需的资源与能力，而这些正是中间商所擅长的。中间商由从事市场营销的专业人员组成，他们更了解市场，更熟悉消费者，对各种营销技巧掌握得更熟练，更富有营销实践经验，并握有更多的营销信息和交易关系。因此，由他们来承担营销职能，工作将更有成效，营销费用相对较低。尤其是企业打算进入某个陌生的地区市场时，中间商的帮助更为重要。

7.2.2 中间商的类型

中间商可分为商人中间商和代理中间商。商人中间商也称为经销商，是指从事商品交易业务，在商品买卖过程中拥有产品所有权的中间商。也正因为他们拥有产品所有权，所以在买卖过程中，他们要承担经营风险。商人中间商又可分为批发商和零售商。代理中间商是指接受生产者委托从事销售业务，但不拥有商品所有权的中间商。代理中间商的收益主要是从委托方获得佣金或者按销售收入的一定比例提成。代理中间商一般不承担经营风险。

1）批发商

批发商是指向制造商或经销单位购进商品，供应其他单位（如零售商）进行转卖或供给制造商进行加工制造产品的中间商。批发商出售的商品一般是供给零售商转卖或用于再生产；批发商在工商企业之间进行交易活动，批发交易结束后，商品仍留在流通领域。批发商销售的商品数量一般比较大，销售的频率相对较低，设点较少。

按照不同的标准，批发商又可分为以下几种类型：

（1）按服务范围可分为完全服务批发商和有限服务批发商。完全服务批发商执行批发商业的全部功能，提供诸如存货、推销、顾客信贷、送货以及协助管理等服务。它包括批发中间商和工业分销商。前者主要是向零售商销售，并提供全面服务；后者是向生产者提供生产性消费的商品或服务。有限服务批发商是指批发商为了减少费用，降低批发价格，因而只对其顾客提供有限的几项服务，如现货自运批发商、直运批发商、卡车批发商、货架批发商、邮购批发商等。

（2）依照经营业务内容可分为专业批发商、综合批发商和批发市场。专业批发商即专门经营某一类或某一种商品的批发商；综合批发商即经营多类商品的批发商;批发市场也称为批发交易市场,它是由多种批发组织组成的联合体,或以某类商品为中心集结多家批发商,共同开展批发业务。

(3)依照经营商品的种类可分为农副产品批发商和工业品批发商等。农副产品批发商的主要任务是从农村基层收购产品或从其他农副产品批发商处调入商品,供应外地批发商或生产者、零售商;工业品批发商经营的商品包括生产资料和日用工业品,实行专业化经营。按经营商品的类别,批发商还可以分为百货、文化、纺织、针棉织品、劳保用品、五金、交电、化工原料等专业批发商。

2)零售商

零售商是指把商品直接销售给最终消费者,以供消费者个人或家庭消费的中间商。零售商处在商品流通的最终环节,直接为广大消费者服务。零售商的交易对象是最终消费者,交易结束后,商品脱离流通领域,进入消费领域。零售商销售产品的数量比较小,但销售频率高;零售商数量多,分布广。对零售商可作如下分类:

(1)商店零售商

商店零售商的经营特点是在固定的店面内经营,主要的形式有:

①专业商店。专业商店是专门经营某一类商品,或专门经营具有连带性的几类商品,或专门为特殊消费对象经营特殊需要商品的商店,如钟表店、眼镜店、妇女用品商店、体育用品商店、文化用品商店等。专业商店的经营要求具有较高的专业知识和操作技能,销售与服务密切结合,能提供周到的服务。

②百货公司或商场。百货公司或商场是指大型零售商店,分门别类地销售品种繁多的商品。其特点是:经营范围广,商品类别多,花色品种齐全,能满足消费者多方面的购买需要。

③超级市场。超级市场也叫自选商场,其特点是由顾客自取自选,自我服务,定量包装。预先标价,顾客出门时一次性交款,因而可以节省售货时间,节约商店人力和费用,避免或减少顾客与售货员的矛盾。

④方便商店。方便商店指设在居民区附近的小型商店,经营的是品种范围有限、周转率高的方便商品,营业时间长,如便利店。

⑤折扣商店。折扣商店指经常以低价销售商品,并以自助服务为主的零售商。其所售商品多为制造商品牌,因此低价销售并不意味着产品质量低下,它主要通过降低成本,在租金低的地方选址等做法实现低价经营。

⑥购物中心。购物中心的占地与经营规模很大,涉及行业多,开设店铺多,服务功能多,是集购物、餐饮、休闲、娱乐、文化、艺术、体育、教育等多项消费服务功能于一体的商业形态。购物中心在欧、美、日、东南亚以及我国的香港和台湾地区取得了蓬勃发展,并且正在成为引领未来零售业发展的重要趋势。

(2)连锁店

20世纪零售领域最突出的变化就是连锁店的发展。根据各个连锁分店在所有权、财务权、管理权等方面的集中程度不同,可以分为三种形式:

①正规连锁。各分店由总店所有,并采取统一店面、统一标志、统一进货、统一配送、统一结算,是最为正式和紧密的连锁经营形式。

②自愿连锁。自愿连锁是由独立经营的企业通过合作契约的形式建立的连锁关系,在所有权与财务上一般各个分店是独立的、平等的,在管理方式与采购、配送上可自行协商,在合同中应确定清楚。

③特许经营。特许经营也称合同连锁、契约连锁,是主导企业以独特的产品品牌、专利权、经营诀窍或商誉作为特许对象,与被特许方根据特许合同而建立合作关系的一种契约式联合。加盟店则须交纳一定的营业权使用费,承担规定的义务。通常在餐饮、旅馆、娱乐、旅游等行业被广泛采用。

(3)无店铺零售商

这类零售商没有直接面向顾客的经营店铺,而是借助一定的技术手段、媒体、人员等来进行销售的零售方式。主要的方式有:

①直接销售。直接销售是由销售人员直接面向个人或小群体,展示产品、接受订单、开展销售的活动,如上门推销。

②自动售货机。自动售货机适合于便利品(如香烟、饮料、报纸等)的销售,可被放置在客流量较大的场所,24小时提供服务。

③直复营销。20世纪80年代以来,随着通讯技术、网络技术及信用手段的快速发展,直复营销获得了空前的发展,现已被世界所有发达国家的几乎所有企业普遍采用,甚至被称为21世纪最具发展潜力的营销模式。直复营销的主要形式有直接邮寄、电话营销、电视营销、网络营销。直复营销是一种将广告活动和销售活动统一在一起的销售方式,营销者通过一定的媒体把相关的商业广告信息传达给可能对其有兴趣的消费者,同时提供一种便利的回应工具(如免费电话、可直接邮寄的订单等)方便消费者的订货。

3)代理商

代理商按其和生产者业务联系的特点,又可分为企业代理商、销售代理商、寄售商、经纪商和采购代理商。

(1)企业代理商。企业代理商指受生产企业委托签订销货协议,在一定区域内负责代理销售生产企业产品的中间商。企业代理商和生产企业之间是委托代理关系,代理商负责推销产品,履行销售商品业务手续,生产企业按销售额的一定比例付给企业代理商酬金。

(2)销售代理商。销售代理商指与许多生产企业签订长期合同,替这些生产企业代销产品,但他们与企业代理商有显著不同的特点,即:每一个生产企业只能使用一个销售代理商,而且生产企业将其全部销售工作委托给某一个销售代理商以后,不得再委托其他代理商代理其产品,甚至也不能再派推销员去推销产品;销售代理商替委托人代销全部产品,而且不限定在一定的地区内代销。它在规定销售价格和其他销售条件方面也有较大的权力,因此销售代理商实际上是委托人的独家全权企业代理商。

(3)寄售商。这是经营现货代销业务的中间商。生产企业根据协议向寄售商交付产品,销售后所得货款扣除佣金及有关销售费用后,再支付给生产企业。寄售商要自设仓库或铺面,以便储存、陈列商品,使顾客能及时购得现货。

(4)经纪商。经纪商俗称掮客,是指既不拥有产品所有权,又不控制产品实物价格以及销售条件,只是在买卖双方交易洽谈中起媒介作用的中间商。经纪商的作用是沟通买卖双方,促成交易。其主要任务是安排买卖双方的接触与谈判,交易完成后,从交易额中提取佣金,他们与买卖双方没有固定的关系。

(5)采购代理商。采购代理商指与买主建有较长期的关系,为买主采购商品,并提供收货、验货、储存、送货等服务的机构,如大规模服装市场上有一种常驻买客,专门物色适合于小城镇的一些小零售商经营的服装。他们知识丰富,可向其委托人提供有益的市场情报,并为其采购适宜的优质商品。

7.3 如何选择与设计分销渠道

7.3.1 选择分销渠道的基本原则

分销渠道管理人员在选择具体的分销渠道模式时,无论出于何种考虑,从何处着手,一般都要遵循以下原则:

1)畅通高效的原则

畅通高效是渠道选择的首要原则。任何正确的渠道决策都应符合物畅其流、经济高效的要求。商品的流通时间、流通速度、流通费用是衡量分销效率的重要标志。

畅通的分销渠道应以消费者需求为导向,将产品尽快、尽好、尽早地通过最短的路线,以尽可能优惠的价格送达消费者方便购买的地点。畅通高效的分销渠道模式,不仅要让消费者在适当的地点、时间以合理的价格买到满意的商品,而且应努力提高企业的分销效率,争取降低分销费用,以尽可能低的分销成本,获得最大的经济效益,赢得竞争的时间和价格优势。

2)覆盖适度的原则

企业在选择分销渠道模式时,仅仅考虑加快速度、降低费用是不够的,还应考虑及时准确地送达的商品能不能销售出去，是否有较高的市场占有率足以覆盖目标市场。因此，不能一味强调降低分销成本，这样可能导致销售量下降、市场覆盖率不足的后果。成本的降低应是规模效应和速度效应的结果。在分销渠道模式的选择中，也应避免扩张过度、分布范围过宽过广，以免造成沟通和服务的困难，导致无法控制和管理目标市场。

3）稳定可控的原则

企业的分销渠道模式一经确定，便需花费相当大的人力、物力、财力去建立和巩固，整个过程往往是复杂而缓慢的。所以，企业一般轻易不会更换渠道成员，更不会随意转换渠道模式。只有保持渠道的相对稳定，才能进一步提高渠道的效益。畅通有序、覆盖适度是分销渠道稳固的基础。

由于影响分销渠道的各个因素总是在不断变化，一些原来固有的分销渠道难免会出现某些不合理的问题，这时，就需要分销渠道具有一定的调整功能，以适应市场的新情况、新变化，保持渠道的适应力和生命力。调整时应综合考虑各个因素的协调，使渠道始终都在可控制的范围内保持基本的稳定状态。

4）协调平衡的原则

企业在选择、管理分销渠道时，不能只追求自身的效益最大化而忽略其他渠道成员的局部利益，应合理分配各个成员间的利益。

渠道成员之间的合作、冲突、竞争的关系，要求渠道的领导者对此有一定的控制能力，统一、协调、有效地引导渠道成员充分合作，鼓励渠道成员之间有益的竞争，减少冲突发生的可能性，解决矛盾，确保总体目标的实现。

5）发挥优势的原则

企业在选择分销渠道模式时为了争取在竞争中处于优势地位，要注意发挥自己各个方面的优势，将分销渠道模式的设计与企业的产品策略、价格策略、促销策略结合起来，增强营销组合的整体优势。

7.3.2 影响分销渠道选择的主要因素

影响分销渠道选择的因素很多。生产企业在选择分销渠道时，必须对下列几方面的因素进行系统的分析和判定，才能作出合理地选择。

1）产品因素

（1）产品价格。一般来说，产品单价越高，越应注重减少流通环节，否则会造成销售价格的提高，从而影响销路，这对生产企业和消费者都不利。而单价较低、市场较广的产品，则通常采用多环节的间接分销渠道。

（2）产品的体积和重量。产品的体积大小和轻重，直接影响运输和储存等销售费用，体积大或过重的产品，应尽可能选择最短的分销渠道。对于那些按运输部门规定的起限(超高、超宽、超长、集重)的产品,尤应组织直达供给。小而轻且数量大的产品,则可考虑采取间接分销渠道。

(3)产品的易毁性或易腐性。产品有效期短,储存条件要求高或不宜多次搬运者,应采取较短的分销途径,尽快送到消费者手中,如鲜活品、危险品。

(4)产品的技术性。有些产品具有很高的技术性,或需要经常地技术服务与维修,应以生产企业直接销售给用户为好,这样,可以保证向用户提供及时良好的销售技术服务。

(5)定制品和标准品。定制品一般由产需双方直接商讨规格、质量、式样等技术条件,不宜经由中间商销售。标准品具有明确的质量标准、规格和式样,分销渠道可长可短,有的用户分散,宜由中间商间接销售;有的则可按样本或产品目录直接销售。

(6)新产品。为尽快把新产品投入市场,扩大销路,生产企业一般重视组织自己的推销队伍,直接与消费者见面,推介新产品和收集用户意见。如能取得中间商的良好合作,也可考虑采用间接销售形式。

2)市场因素

(1)购买批量大小。购买批量大,多采用直接销售;购买批量小,除通过自设门市部出售外,多采用间接销售。

(2)消费者的分布。某些商品消费地区分布比较集中,适合直接销售。反之,适合间接销售。工业品销售中,本地用户产需联系方便,因而适合直接销售。外地用户较为分散,通过间接销售较为合适。

(3)潜在顾客的数量。若消费者的潜在需求多,市场范围大,需要中间商提供服务来满足消费者的需求,宜选择间接分销渠道。若潜在需求少,市场范围小,生产企业可直接销售。

(4)消费者的购买习惯。有的消费者喜欢到企业买商品,有的消费者喜欢到商店买商品。所以,生产企业应既直接销售,也间接销售,满足不同消费者的需求,也增加了产品的销售量。

3)生产企业本身的因素

(1)资金能力。若企业本身资金雄厚,则可自由选择分销渠道,可建立自己的销售网点,采用产销合一的经营方式,也可选择间接分销渠道。若企业资金薄弱,则必须依靠中间商进行销售和提供服务,只能选择间接分销渠道。

(2)销售能力。生产企业在销售力量、储存能力和销售经验等方面具备较好的条件,则应选择直接分销渠道;反之,则必须借助中间商,选择间接分销渠道。另外,企业如能和中间商进行良好的合作,或对中间商能进行有效的控制,则可选择间接分销渠道;若中间商不能很好地合作或不可靠,将影响产品的市场开拓和经济效益,则不如进行直接销售。

(3)可能提供的服务水平。中间商通常希望生产企业能尽多地提供广告、展览、修理、培训等服务项目,为销售产品创造条件。若生产企业无意或无力满足这方面的要求,就难以达成协议,迫使生产企业自行销售;反之,提供的服务水平高,中间商则乐于销售该产品,生产企业则选择间接分销渠道。

(4)发货限额。生产企业为了合理安排生产,会对某些产品规定发货限额。发货限额高,有利于直接销售;发货限额低,则有利于间接销售。

4)政策规定

企业选择分销渠道必须符合国家有关政策和法令的规定。某些按国家政策应严格治理的商品或计划分配的商品,企业无权自销和自行委托销售;某些商品在完成国家指令性计划任务后,企业可按规定比例自销,如专卖制度(如烟)、专控商品(控制社会集团购买力的少数商品)。另外,如税收政策、价格政策、出口法、商品检验规定等,也都影响分销途径的选择。

5)经济收益

不同分销途径经济收益的大小也是影响分销渠道选择的一个重要因素。对于经济收益的分析,主要考虑的是成本、利润和销售量三个方面的因素。具体分析如下:

(1)销售费用。销售费用是指产品在销售过程中发生的费用。它包括包装费、运输费、广告宣传费、陈列展览费、销售机构经费、代销网点和代销人员手续费、产品销售后的服务支出等。一般情况,减少流通环节可降低销售费用,但减少流通环节的程度要综合考虑,做到既节约销售费用,又要有利于生产发展和体现经济合理的要求。

(2)价格分析。在价格相同的条件下,进行经济效益的比较。目前,许多生产企业都以同一价格将产品销售给中间商或最终消费者,若直接销售量等于或小于间接销售量时,由于生产企业直接销售时要多占用资金,增加销售费用,所以,间接销售的经济效益高,对企业有利;若直接销售量大于间接销售量,而且所增加的销售利润大于所增加的销售费用,则选择直接销售有利。

当价格不同时,进行经济效益比较。主要考虑销售量的影响,若销售量相等,直接销售多采用零售价格,价格高,但支付的销售费用也多;间接销售采用出厂价,价格低,但支付的销售费用也少。究竟选择什么样的分销渠道,可以通过计算两种分销渠道的盈亏临界点作为选择依据。当销售量大于盈亏临界点的数量,选择直接分销渠道;反之,则选择间接分销渠道。在销售量不同时,则要分别计算直接分销渠道和间接分销渠道的利润,并进行比较,一般选择获利较大的分销渠道。

6)中间商因素

每个中间商实力、特点不同,诸如广告、运输、储存、信用、训练人员、送货频率等方面具有不同的特点,从而影响生产企业对分销渠道的选择。

7)顾客因素

分销渠道选择深受顾客人数、地理分布、购买频率、平均购买数量以及对不同营销方式的敏感性等因素的影响。当顾客人数多时,生产者倾向于利用每一层次都有许多中间商的长渠道。但购买者人数的重要性又受到地理分布程度的修正。例如,生产者直接销售给集中于同一地区的500个顾客所花的费用,远比销售给分散在500个地区的500个顾客少。购买者的购买方式又会对购买者人数及其地理分布产生影响。如果顾客经常小批量购买,则需采用较长的营销渠道为其供货。因此,少量而频繁的订货,常使得五金器具、烟草、药品等产品的制造商依赖批发商为其销货。同时,这些相同的制造商也可能越过批发商而直接向那些订货量大且订货次数少的大客户供货。此外,购买者对不同营销方式的敏感性也会影响渠道选择。例如,越来越多的家具零售商喜欢在商品展销会上选购,从而使得这种渠道迅速发展。

7.3.3 如何设计分销渠道

分销渠道设计的程序主要包括四个步骤:分析顾客需要、建立渠道目标、选择渠道方案、评估渠道方案。

1)分析顾客需要

在具体的分销渠道设计中,企业首先要分析顾客的需要,了解企业所选择的目标顾客群需要购买什么样的商品与服务,他们一般习惯在什么地方购买,为什么购买,以什么方式购买,他们希望中间商提供什么服务类型与服务水平,以及时间与空间的便利条件等,即了解顾客需要的服务产出水平。分销渠道可以提供的服务产出水平包括批量大小、等候时间、空间便利、产品品种与服务支持等。

2)建立渠道目标

任何一个企业选择渠道模式都有一定的针对性,不同的渠道模式在不同时期,都有不同的目标祈求,即使同一模式在不同时期也有不同的目标。生产企业在设计渠道时,一定要在理想渠道与可能得到的渠道之间做出选择,确定达到目标市场的最佳渠道。如果企业的目标是扩大产品市场覆盖面,应选择尽可能多的中间商;如果企业要控制中间商,就应不断增强自身能力,选择较少中间商,掌握渠道主动权。当然渠道选择受很多因素的影响,已在前文中讲过。

3)选择渠道方案

任何企业选择分销渠道方案,总希望能以较低费用、较高效率,把目标用户需要的产品在用户需要的时间和地点送到用户手中。为此,企业需要做出一系列分销渠道决策,以选择合适的分销渠道。一个渠道选择方案由三方面的要素确定:中间商的类型、所需中间商的数目、渠道成员的权利与责任。

(1)识别中间商的类型

从企业角度,凡是对用户和市场分销渠道结构不太了解或没有能力了解的企业,适宜选择代理商或经纪商;准备开发新市场的企业也可以选择代理商或经纪商;希望加快资金周转的企业不宜选择代理商或经纪商。从产品角度,工业用品较宜选择经销商,和对方签订经销合同,双方承担一定的义务,并享有一定的权利,常见的是给对方独家经销权和较高的毛利,同时要求对方不再经营竞争者的同类产品;日用消费品则可视情况而定。

(2)确定中间商的数目

生产企业必须决定在每个目标市场中,每个渠道层次使用中间商的数目。中间商数目越多,渠道越宽。一般有三种类型可供选择:密集性分销、专营性分销与选择性分销。

①密集性分销。密集分销又称广泛性分销,是一种最宽的渠道,是指选择尽可能多的中间商来销售自己的商品,以便使产品有更多的展露度。其特点是使产品快速进入目标市场,扩大产品的市场覆盖面。一般情况下,日用消费品和工业用品中的标准化程度较高的产品常采用这种分销策略,如香烟、饮料等。但是,这一策略生产者付出的销售成本较高,中间商积极性较低。

②专营性分销。专营性分销是一种最窄的渠道,是指在一定的市场区域内,在一定时间内,只选择一家中间商销售其产品。这种策略的优点是:可以提高中间商的销售积极性;产品的价格易于控制;产销双方在广告宣传、产品促销、货物发送与结算等方面能够互相支持与合作。但也存在着许多缺点:使得制造商在某一特定区域过于依赖该中间商,容易受其支配;若该中间商销售力量不足,还会使制造商失去部分潜在顾客。

③选择性分销。选择性分销是指在一个特定市场上,既不是选择一家中间商,也不是选择全部中间商,而是选择部分中间商。这种策略的特点是:制造商与精心选择的中间商之间的配合较为密切。对制造商来说,由于中间商的数量不多,便于控制,同时也利于降低营销成本,提高营销效率;对于中间商而言,每个中间商可获得较大的销售量,利润有一定的保障,激发了中间商的销售热情,提高分销渠道的运转效率。大部分产品都可以采用这种分销模式。

(3)规定渠道成员的权利与责任

渠道成员的权利与责任问题对分销渠道的正常运转有着重要影响,企业必须制定相应的职责与服务范围,明确生产企业应为中间商提供哪些方面的服务,承担哪些职责;中间商要为生产企业提供哪些服务,承担哪些职责。一般情况下,生产企业应给中间商提供供货保证、产品质量保证、退货保证、价格折扣、广告促销协助等;中间商需要给生产企业提供市场信息、各种业务统计资料、保证实行价格政策、达到服务水准等。

4)评估渠道方案

制造商在初步识别了几种可行的渠道方案之后,就应确定哪个渠道最能满足企业的长期目标,因此,企业必须对各种可能的渠道方案进行评估。评估需要遵循经济性原则、控制性原则和适应性原则。

7.4 分销渠道的管理

随着现代市场营销的发展,分销渠道结构日益复杂,形成了多种经济形式、多条流通渠道、多种经营方式并存的局面。渠道之间既有合作,也有矛盾和竞争。企业要有一个畅通的分销渠道网络,必须加强对分销渠道的管理。

7.4.1 如何激励渠道成员

激励中间商,最大限度地调动和发挥中间商的销售积极性,是管理分销渠道的一个重要环节。生产者应通过合同规定在与中间商合作条件的基础上,不断地给中间商以鼓励。激励的方式主要有以下几方面:

(1)在提供商品方面,生产者要在商品的数量、质量、品种、价格和交货时间、交货条件等方面尽可能满足中间商的要求,为中间商创造良好的营销条件。这是鼓励中间商的一个很重要的措施。生产者根据市场需要以及中间商的要求,经常、合理地调整生产计划,改进生产技术,改善经营管理,生产物美价廉、适销对路的商品。

(2)在交流情报信息方面,生产者要及时向中间商传递本企业的信息以及所获得的其他市场情况,以便中间商合理安排营销工作。为此,企业有必要定期或不定期地邀请中间商座谈,共同研究消费者需求,分析市场动态,制定扩大销售的措施。

(3)在开展促销方面,生产者应协助中间商掌握商品的技术知识和开展技术服务,并通过广告宣传、举办商品展览和操作表演,帮助中间商搞好商品陈列、新商品专柜,培训推销人员和维修人员,提供商品目录、说明书和其他宣传材料,以开拓商品的销售市场。

(4)在资金互助方面,生产者对资金不足的中间商,应采取资金融通措施,包括给予中间商以较长的付款期限,给予一些折扣或代销办法上的优惠,尽力帮助中间商扩大经营。

(5)在经营收益方面,生产者要本着公平、合理、利益均沾原则,从双方的长期利益出发来处理经营收益的分配问题,使产销双方都能获得合理的利润。企业的定价既要考虑自己的盈利,也要考虑中间商的利益,应根据市场需要和中间商的销货情况,随时调整价格。

(6)在提供服务方面,在具体的营销业务手续中,多为中间商提供各种方便,协助他们搞好经营管理,提高经营效果。

7.4.2 如何化解渠道间的冲突

渠道控制也是渠道管理的一项重要内容。一般来说,生产企业能否成功地控制渠道,往往是企业能否在市场上成功的先决条件。渠道冲突指的是渠道成员发现其他渠道成员从事的活动阻碍或者不利于本企业实现自身的目标。

1)渠道冲突的基本类型

就渠道冲突的类型而言,主要有三种:

(1)不同品牌的同一渠道之争。渠道对持有不同品牌的制造商来说都很重要,是尽快进入市场的必经之道,各制造商为争夺同一渠道,都会制定更优惠的渠道政策来吸引渠道成员,这使得渠道成员的地位较为主动。不同渠道成员对一家二级经销商或销售终端的争夺也可能造成彼此之间的冲突。

(2)同一品牌的内部渠道冲突。在销售区域未划定或进行调整的时期,容易出现渠道成员之间的冲突。窜货与低价出货是冲突最常见的方式,较为严重的是跨区域延伸渠道——发展经销商、设立销售终端或抢占用户等。

【知识链接】

窜货

窜货是商业行为,其目的是盈利。经销商跨过自身覆盖的销售区域而进行的有意识的销售就是窜货,也称为冲货。窜货的危害有以下几方面:①一旦价格混乱,将使中间商利润受损,导致中间商对厂家不信任,对经销其产品失去信心,直至拒售;②供应商对假货和窜货现象监控不力,地区差价悬殊,使消费者怕假货、怕吃亏上当而不敢问津;③损害品牌形象,使先期投入无法得到合理的回报;④竞争对手品牌会乘虚而入,取而代之。

(3)渠道上下游的冲突。制造商或分销商从自身利益出发,采取直销与分销相结合的方式,不可避免地要与下游经销商争夺客户,挫伤下游渠道的积极性;经销商实力增强后,不甘心目前的等级体系,希望更上一层楼,向上游渠道成员挑战;给二级经销商供货是渠道上下游冲突的核心。制造商出于产品推广的需要,可能越过一级渠道成员直接向二级渠道成员甚至销售终端直接供货,使上下游产生矛盾。

2)建立有效的渠道冲突解决机制

渠道的冲突在一定程度上意味着一种活力,但更多的时候它展现的还是极具破坏性的一面,为保证对渠道的控制力和提高渠道成员的忠诚度,采取有效的化解措施是必要的。

(1)建立“预报警系统”制度。渠道冲突的发生是必然的,即便是再严密的制度也难以杜绝这类现象的出现,而解决冲突的措施已是亡羊补牢了,因为冲突潜在的消极影响已经初露端倪并且可能已经恶化。所以,应当在未发生冲突时防患于未然,渠道的管理者最好有个“预报警系统”。发现渠道成员之间冲突的具体做法有两种:一是通过调查其他渠道成员的感知及自身的行为来发现渠道成员间潜在的冲突。调研可以是企业通过互联网及电子邮件自己完成,也可以由独立的调研公司进行。二是分销渠道审计。它是指对特定渠道成员与其他渠道成员间的主要关系进行定期而规范的审查。通过审查各种关系,发现潜在冲突。

(2)渠道一体化、扁平化。传统的渠道存在许多不可克服的缺点,渠道成员之间单纯的买卖关系,导致渠道成员在各自短期利益驱动下各自为政,引发恶性渠道冲突。多层次的渠道格局不仅使制造商难以有效地控制销售渠道,而且多层次渠道中各层次价格差别,更是上下游渠道成员冲突的主要诱因。因此,供应链上各个渠道成员之间建立新型的关系是解决渠道冲突的根本方法。制造商可将具有较大销售网络的代理公司购买过来或控股,从而建立资本关系,即实现渠道一体化的战略联盟关系。同时,将销售渠道改为扁平化的结构,即销售渠道越来越短、销售网点则越来越多。销售渠道短,增强制造商对渠道的控制力;销售网点多,则增强商品的辐射面和销售量。总之,制造商只有拥有了自己的销售网络,才能真正控制市场,解决渠道的冲突问题。

(3)约束合同化。协议是一种合同,一旦签订,就等于双方达成契约,如有违反,就可以追究责任。因此,要完善专营权政策,明确划分市场区域和目标客户,清晰规定经销、代理合同双方的权利义务,保证信守合同。制造商要加强市场监管,建立市场巡视员工制度,建立严格的惩罚制度。

(4)包装差别化。制造商对相同的商品,可以采取不同地区不同包装的方式。主要方法有三种:一是通过文字识别,在每种商品的外包装箱上或商品的商标上,印刷“专供某某地区销售”,并且要有防伪标志。二是商标颜色差别化,即在不同的地区,将同种商品的商标,在保持其他标志不变的情况下,采用不同的色彩加以区别,并且要有防伪标志。三是外包装印刷条形码,不同地区印刷不同的条形码。以上措施都只能在一定程度上解决不同地区之间的窜货乱价问题,而对本地区内不同经销商之间的价格竞争,则可以通过监督物流方法解决,除在现有提单、提货车辆进行记录备案的情况下,可尝试增加经销商客户编码制,全程监控。

(5)价格体系化。价格体系化就是实行级差价格体系制度。级差价格体系是将销售网络内经销商分为总经销商、二级批发商、三级零售商的基础上,由销售网络管理者制定的包括总经销价、出厂价、批发价、团体批发价和零售价在内的综合价格体系。制定级差价格体系,在确保销售网络内部各个层次、各个环节的经销商都能获得相应利润的前提下,根据经销商的不同客户规定严格的价格,以防止经销商跨越其中的某些环节,进行窜货活动。总之,制造商要保证渠道每个环节都有利润可赚,每一级别的利润空间设计合理,并且监控价格体系的执行,同时制定违反价格政策的处理办法。

7.5 如何运作超级终端

7.5.1 进入超级终端的策略

超级终端是指那些大型的超市、商场及连锁店。超级终端与传统渠道有巨大的差异,进入超级终端的最大风险是带着传统渠道的思路运作超级终端,导致进入的策略失误,进入后的运作方法失误。因此,中小企业必须制定有别于传统渠道的超级终端策略。这个策略必须建立在对超级终端经营策略的了解和认识基础上。超级终端的经营策略和谈判策略有以下几个特点:

第一,大多数超级终端的经营策略是"赚厂家的钱而不赚消费者的钱",通过低价格获取超额销售量,然后从厂家获得很高的价格折扣。即使大企业和特大型企业进入超级终端,尽管销售量不小,厂家从超级终端销售中的获利却不丰。为什么众多厂家还趋之若鹜呢?主要是厂家通过超级终端的销售能够达到两个目的:一是分摊了企业费用,获得边际利润;二是扩大了影响力,为其他渠道的销售提供了支持。

第二,超级终端的大量经营费用都转嫁到了生产厂家。进入超级终端先要交数额不菲的进场费,仅此一项就吓走了一大批企业;单品上架还要交上架费,那些对自己的产品销售没有信心的企业也会望而却步;超级终端的"全球庆"、"中国庆"、"店庆"都要开展规模宏大的促销活动,厂家也要拿钱予以支持;产品集中陈列要交"集中陈列费";占领好的货架要交"TG 费";做堆头要交"堆头费";做海报要交"DM 费";产品报损有时要无条件退货。上述费用加上价格折扣,少则占价格的 30%,多则占价格的 60%。

第三,大多数超级终端每月都会对同类商品的销售情况进行排队,并依照销售额实行末位淘汰。产品被淘汰后,前期所交的各项费用通常不退,产品再次上架还得重新交费。

第四,产品进入超级终端的谈判通常由终端方所主导,他们不仅很专业,有时还有一股“霸气”,即使是大企业与超级终端谈判,也不得不顺着对方的要求和思路走。

有鉴于此,产品进入超级终端时在策略上必须注重三点:一是尽可能由厂家直接进入,不经过其他中间环节。当然,如果产品的品种比较少,销量不大,生产厂家直接进店不经济,也可由经销商“捆绑”几个厂家的产品同时进入;二是由企业派相对“专业”的谈判人员与超级终端谈判,而不是由当地业务员主导谈判;三是考虑到进场时高额的费用和进入后高额的运作费,在谈判报价时,要在出厂价的基础上再适当加价。

7.5.2 运作超级终端的技巧

由于进入超级终端的前期费用很高,而且还有被末位淘汰的可能,因此,产品进场后必须想方设法扩大销量,必须彻底改变传统渠道粗放运作的经营方式,只有精细化运作才能最终达到进入超级终端的目的。

进入超级终端,生产厂家必须直接介入超级终端的运作。生产厂家在超级终端销售现场所能做的工作包括三大项:理货、导购及促销。

进入超级终端后,理货是一项基本要求,厂家通常要聘请专职理货员(有导购员的情况下,导购员同时兼做理货员),理货员的工作职责包括:维护客情关系、整理陈列商品、及时补货、调换不合格商品、记录商品销售情况、了解商品信息、布置现场广告等。

中小企业的产品进入超级终端后,对导购的需要比大企业更迫切,导购就是帮助引导消费者购物,导购的特点是在销售现场“用嘴巴做广告”。导购员用嘴巴做的广告与媒体广告相比,更有针对性,更详细生动,更有感情色彩。中小企业产品在超级终端的销售有两个关键点:一靠产品包装“无声的推销”;二靠导购员“有声的推销”。

厂家在超级终端的促销有特价、捆绑、品尝、赠送等多种方式。如果要使促销发挥更好的效果,就必须做TG台、做堆头。据某食品企业统计,产品做堆头后的销量至少是普通货架的三倍。

超级终端的消费者对促销非常敏感,甚至有一部分专买促销品的消费群体。一些在超级终端运作效果较好的厂家的经验是:促销要“长年不断,花样不断翻新”。促销要花费用,费用从哪里来?进入超级终端的费用本来就较高,促销更是一笔不小的开销。大多数企业的策略是“高价高促销”,即在定价时先把价格加上去,然后通过促销又把实际价格降下来。高价格给消费者的感觉是高品质,高促销给消费者的感觉是占便宜。消费者从心态上并不愿意购买低价产品,而是愿意购买实惠的产品,“高价高促销”策略正好满足了消费者的这种心理需要。

超级终端时代正在到来,超级终端正在引发营销领域一场变革,中小企业应主动参与这场变革。运作超级终端对中小企业是不可多得的机会,逃避或拒绝超级终端,它就会成为中小企业生存的威胁。

【案例分析】

爱普生选择分销商的标准

日本的爱普生公司是生产电脑打印机的一家大型企业。在公司准备扩大其产品线时,公司总经理杰克·沃伦对现有的中间商有些不满意,也对他们向零售商店销售其新型产品的能力有一些怀疑,他准备秘密招聘新的中间商以取代现有的中间商。为了找到更适合的中间商,沃伦雇用了一家招募公司,并给他们这样的指示:

(1)寻找在经营褐色商品(如电视机等)和白色商品(如冰箱等)方面有两层次(从工厂到分销商,再到零售商)分销经验的申请者。

(2)申请者必须具有领袖风格,他们愿意并有能力建立自己的分销系统。

(3)他们每年的薪水是8 万美元底薪加奖金,公司提供375 万美元帮助其拓展业务,他们每人再出资25 万美元,并获得相应的股份。

(4)他们将只经营爱普生公司的产品,但是可以经销其他公司的软件;同时,每个中间商都配备一名培训经理并经营一个维修中心。

招募公司在寻找候选人时遇到了很大的困难。虽然他们在《华尔街日报》上刊登广告(没有提及爱普生公司)后,收到了近1 700 封申请书,但大多数不符合爱普生公司的要求。于是,招募公司通过黄页,得到了一份中间商的名单,再通过电话联系,安排与有关人员见面。在做了大量的工作之后,招募公司列出了一份最具资格的人员名单,沃伦与这些人员一一见面,并为其12 个配销区域选择了12 名最合格的候选者,替换了现有的中间商,并支付了招募公司25 万美元的酬金。由于招募是暗中进行的,因此原有中间商对此事一无所知。当沃伦通知他们须在90 天内完成交接工作时,中间商感到非常震惊。他们与爱普生公司共事多年,只是没有订立合同。但是,沃伦必须更换中间商,因为他认为现在的中间商虽然干了很多年,但是缺少经营爱普生新产品和拓展新渠道的能力。

讨论分析题:

本案例中,爱普生总裁招聘新的分销商的标准是什么?你认为这个标准还可以从哪些方面进行补充和完善?

第 8 章　促销策略

【导入案例】

里力的口香糖

口香糖是美国人里力的杰作，它刚出现时运气并不佳，买的人寥寥无几。后来，里力在试销中发现，为数不多的顾客大都是儿童，于是他决定以儿童作为推销口香糖的突破口。里力按照电话簿上的地址，给每户家庭免费送 4 块口香糖。他一口气送了 150 万户，共 600 万块口香糖。孩子们吃完里力免费赠送的口香糖，都吵嚷着还想吃，家长们当然只得再买。口香糖的销路由此打开了。不久，聪明的里力又想出了一个新点子：回收口香糖纸。顾客送回一定数量的糖纸，就可得到一份口香糖。孩子们为了多得糖纸，就动员大人们也嚼口香糖。就这样，大人小孩一起嚼，没过多久，口香糖就被"嚼"成了畅销世界的热门货。

如今，产品和信息日益丰富，"注意力"成为了稀缺资源，任何企业都敏锐地意识到促销的重要性及其所面临的机遇与挑战。随着经济的发展和人民生活水平的提高，消费者的需求从原先追求量的满足发展到追求质的满足，现在又进入了感性消费时代。因此，对企业而言，不仅要能够提供满足顾客需要的产品，制定具有吸引力的价格，采用适当的分销渠道，而且还要能够开展行之有效的沟通和促销活动，以吸引消费者眼球，这已经成为企业将产品推向市场的关键性环节。

8.1 什么是促销

8.1.1 认识促销

促销是指企业利用各种有效的方法和手段，使消费者了解和注意企业的产品，激发消费者的购买欲望，并促使其实现最终的购买行为。

促销的实质是信息沟通。企业为了促进销售，把信息传递的一般原理运用于企业的促销活动中，在企业与中间商和消费者之间建立起稳定有效的信息联系，实现有效的信息沟通。

8.1.2 促销的作用

(1)传递产品销售信息。在产品正式进入市场以前，企业必须及时向中间商和消费者传递有关的产品销售情报。通过信息的传递,使社会各方了解产品销售的情况,建立起企业的良好声誉,引起他们的注意和好感,从而为企业产品销售的成功创造前提条件。

(2)创造需求,扩大销售。企业只有针对消费者的心理动机,通过采取灵活有效的促销活动,诱导或激发消费者某一方面的需求,才能扩大产品的销售力。并且,通过企业的促销活动来创造需求,发现新的销售市场,从而使市场需求朝着有利于企业销售的方向发展。

(3)突出产品特色,增强市场竞争力。企业通过促销活动,宣传本企业的产品较竞争对手产品的不同特点,以及给消费者带来的特殊利益,使消费者充分了解本企业产品的特色,引起他们的注意和购买欲望,进而扩大产品的销售,提高企业的市场竞争能力。

(4)反馈信息,提高经济效益。通过有效的促销活动,使更多的消费者或用户了解、熟悉和信任本企业的产品,并通过消费者对促销活动的反馈,及时调整促销决策,使企业生产经营的产品适销对路,扩大企业的市场份额,巩固企业的市场地位,从而提高企业营销的经济效益。

8.1.3 促销的方式

1)降价式促销

降价式促销就是将商品低于正常的定价出售。最常见的有库存大清仓、节庆大优惠、每日特价品等方式。

(1)库存大清仓。以大降价的方式促销换季商品或库存较久的商品、滞销品等。

(2)节庆大优惠。新店开张、逢年过节、周年庆时,是折扣售货的大好时机。

(3)每日特价品。由于竞争日益激烈,为争取顾客登门,推出每日一物或每周一物的特价品,让顾客用低价买到既便宜又好的商品。低价促销如能真正做到物美价廉,极易引起消费者的抢购热潮。

2)有奖式促销

顾客有时总想试试自己的运气,所以抽奖是一种极有效果的促销活动。因为,抽奖活动一定会有一大堆奖品,如彩色电视机、洗衣机等,这样的奖项是极易激起消费者参与兴趣的,可在短期内对促销产生明确的效果。通常,参加抽奖活动必须具有某一种规定的资格,如购买某特定商品,购买某一商品达到一定的数量,在店内消费达到固定金额,或回答某一特定问题答对者。另外,需要注意的是,办抽奖活动时,抽奖活动的日期、奖品或奖金、参加资格、如何评选、发奖方式等务必标示清楚,且抽奖过程需公开化,以增加消费者的参与热情和信心。

3)打折式优惠

一般在适当的时机,如节庆日、换季时节等打折,以低于商品正常价格的售价出售商品,使消费者获得实惠。

(1)设置特价区,就是在店内设定一个区域或一个陈列台,销售特价商品。特价商品通常是应季大量销售的商品或为过多的存货,或为快过保质期的商品,或为外包装有损伤的商品。注意不能鱼目混珠,把一些变质损坏的商品卖给顾客,否则,会引起顾客的反感,甚至会受到顾客投诉。

(2)节日、周末大优惠,即在新店开业、逢年过节或周末,将部分商品打折销售,以吸引顾客购买。

(3)优惠卡优惠,即向顾客赠送或出售优惠卡,顾客在店内购物,凭手中的优惠卡可以享受特别折扣。优惠卡发送对象可以是由店方选择的知名人士,也可以是到店购物次数或数量较多的熟客。出售的优惠卡范围一般不定,这种促销目的是为了扩大顾客群。

(4)批量作价优惠,即消费者整箱、整包、整桶或较大批量购买商品时,给予价格上的优惠。这种方法一般用在周转频率较高的食品和日常生活用品上,可以增加顾客一次性购买商品的数量。

4)竞赛式促销

竞赛式促销是集动感性与参与性于一体的促销活动,由比赛来凸显主题或介绍商品,除了可打响商品的知名度以外,更可以增加销售量,如喝啤酒比赛等。此外,还可举办一些有竞赛性质的活动,如卡拉 OK 比赛等,除了可热闹卖场之外,也可借此增加顾客对零售店的话题,加深顾客对零售店的印象。

5)免费品尝和试用式促销

在促销之时,零售店可以在比较显眼的位置设专柜,免费品尝新包装、新口味的食品。非食品和其他新商品实行免费赠送、免费试用,鼓励顾客使用新商品,进而产生购买欲望。例如,许多连锁百货店设有美容专柜,免费为愿意试用新品牌化妆品的顾客做美容。国外零售店的香水柜台也常常进行免费试用。

6)焦点赠送式促销

想吸引顾客持续购买,并提高品牌忠诚度,焦点赠送是一种非常理想的促销方式。这一促销活动的特色是消费者要连续购买某商品或连续光顾某零售店数次后,累积到一定积分的点券,可兑换赠品或折价购买。

7)赠送式促销

赠送式促销是在店里设专人对进店的消费者免费赠送某一种或几种商品,让顾客现场品尝、使用。这种促销方式通常是在零售店统一推出新商品时或老商品改变包装、品味、性能时使用。目的是迅速向顾客介绍和推广商品,争取消费者的认同。

8)展览和联合展销式促销

这是说在促销之时,商家可以邀请多家同类商品厂家,在所属分店内共同举办商品展销会,形成一定声势和规模,让消费者有更多的选择机会;也可以组织商品的展销,比如多种节日套餐销售等等。在这种活动中,通过各厂商之间相互竞争,促进商品的销售。

8.2 巧用促销组合

所谓促销组合,是一种组织促销活动的策略思路,主张企业运用广告、人员推销、公关宣传、营业推广四种基本促销方式组合成一个策略系统,使企业的全部促销活动互相配合、协调一致,最大限度地发挥整体效果,从而顺利实现企业目标。

促销组合体现了现代市场营销理论的核心思想——整体营销。促销组合是一种系统化的整体策略,四种基本促销方式则构成了这一整体策略的四个子系统。每个子系统都包括了一些可变因素,即具体的促销手段或工具,某一因素的改变意味着组合关系的变化,也就意味着一个新的促销策略。

8.2.1 人员推销

人员推销是指通过推销人员深入中间商或消费者进行直接的宣传介绍活动,使中间商或消费者采取购买行为的促销方式。它是人类最古老的促销方式。在商品经济高度发达的现代社会,人员推销这种古老的形式更焕发了青春,成为现代社会最重要的一种促销形式。

1)人员推销的特点

(1)销售的针对性。与顾客直接沟通是人员推销的主要特征。由于是双方直接接触,相互间在态度、气氛、情感等方面都能捕捉和把握,有利于销售人员有针对性地做好沟通工作,解除各种疑虑,引导购买欲望。

(2)销售的有效性。人员推销的又一特点是提供产品实证,销售人员通过展示产品,解答疑惑,指导产品使用方法,使目标顾客能当面接触产品,从而确信产品的性能和特点,易于消费者引发购买行为。

(3)密切买卖双方关系。销售人员与顾客直接打交道,交往中会逐渐产生信任和理解,加深双方感情,建立起良好的关系,容易培育出忠诚顾客,稳定企业销售业务。

(4)信息传递的双向性。在推销过程中,销售人员一方面把企业信息及时、准确地传递给目标顾客,另一方面把市场信息,顾客(客户)的要求、意见、建议反馈给企业,为企业调整营销方针和政策提供依据。

2）人员推销的基本形式

（1）上门推销。上门推销是最常见的人员推销形式。它是由推销人员携带产品样品、说明书和订单等走访顾客，推销产品。这种推销形式可以针对顾客的需要提供有效的服务，方便顾客，故为顾客广泛认可和接受。

（2）柜台推销。柜台推销又称门市推销，是指企业在适当地点设置固定门市，由营业员接待进入门市的顾客，推销产品。门市的营业员是广义的推销员。柜台推销与上门推销正好相反，它是等客上门式的推销方式。由于门市里的产品种类齐全，能满足顾客多方面的购买要求，为顾客提供较多的购买方便，并且可以保证产品完好无损，故顾客比较乐于接受这种方式。

（3）会议推销。会议推销是指利用各种会议向与会人员宣传和介绍产品，开展推销活动。譬如，在订货会、交易会、展览会、物资交流会等会议上推销产品。这种推销形式接触面广、推销集中，可以同时向多个推销对象推销产品，成交额较大，推销效果较好。

3）人员推销的类型

人员推销的种类繁多，形式各异，将其归类后，有四种类型：

（1）生产厂家的人员推销。生产厂家雇佣推销员向中间商或其他厂家推销产品。日用消费品生产厂家的推销员往往将中间商作为他们的推销对象；而工业品生产厂家的推销员则把他们的产品作为生产资料的其他生产厂家作为推销对象。

（2）批发商。他们往往也雇佣成百上千名推销员在指定区域向零售商推销产品。零售商也常常依靠这些推销员来对商店的货物需求、货源、进货量和库存量等进行评估。

（3）零售店人员推销。这类推销往往是顾客上门，而不是推销员拜访顾客。

（4）直接针对消费者的人员推销。这类推销在零售推销中所占比重不大，但却是推销力量中的一个重要部分，有其特殊优点和作用。

4）人员推销的策略与技巧

（1）试探性策略，亦称刺激—反应策略。就是在不了解客户需要的情况下，事先准备好要说的话，对客户进行试探，同时密切注意对方的反应，然后根据反应进行说明或宣传。

（2）针对性策略，亦称配合—成交策略。这种策略的特点是，事先基本了解客户的某些方面的需要，然后有针对性地进行说服，当讲到点子上引起客户共鸣时，就有可能促成交易。

（3）诱导性策略，也称诱发—满足策略。这是一种创造性推销，即首先设法引起客户需要，再说明我所推销的这种服务或产品能较好地满足这种需要。这种策略要求推销人员有较高的推销技术，在“不知不觉”中成交。

(4)上门推销技巧

①找好上门对象。可以通过商业性资料手册或公共广告媒体寻找重要线索，也可以到商场、门市部等商业网点寻找客户名称、地址、电话、产品和商标。

②做好上门推销前的准备工作，尤其要对重要研发状况和产品、服务的内容材料十分熟悉、充分了解并牢记，以便推销时有问必答；同时，对客户的基本情况和要求应有一定的了解。

③掌握"开门"的方法，即要选好上门时间，以免吃闭门羹，可以采用电话、传真、电子邮件等手段事先交谈或传送文字资料给对方并预约面谈的时间、地点。也可以采用请熟人引见、名片开道、与对方有关人员交朋友等策略，赢得客户的欢迎。

④把握适当的成交时机。应善于体察顾客的情绪，在给顾客留下好感和信任时，抓住时机发起"进攻"，争取签约成交。

⑤学会推销的洽谈艺术。首先注意自己的仪表和服饰打扮，给客户一个良好的印象；同时，言行举止要文明，懂礼貌，有修养，做到稳重而不呆板、活泼而不轻浮、谦逊而不自卑、直率而不鲁莽、敏捷而不冒失。在开始洽谈时，推销人员应巧妙地把谈话转入正题，做到自然、轻松、适时。可采取以关心、赞誉、请教、炫耀、探讨等方式入题，顺利地提出洽谈的内容，以引起客户的注意和兴趣。在洽谈过程中，推销人员应谦虚谨言，注意让客户多说话，认真倾听，表示关注与兴趣，并做出积极的反应。遇到推销障碍时，要细心分析，耐心说服，排除疑虑，争取推销成功。在交谈中，语言要客观、全面，既要说明优点所在，也要如实反映缺点，切忌高谈阔论、"王婆卖瓜"，让客户反感或不信任。洽谈成功后，推销人员切忌匆忙离去，这样做，会让对方误以为上当受骗了，从而使客户反悔违约。应该用友好的态度和巧妙的方法祝贺客户做了笔好生意，并指导对方做好合约中的重要细节和其他一些注意事项。

【小案例】

善言获订单

一位推销现代办公系统的业务员，在拜访客户时，说的第一句话是："我见过商界里许多成名英雄，对他们珍惜时间的习惯非常敬佩，他们总是能在最短的时间做出决定。"结果，这位马上要出门的客户，居然在最短的时间里签下了订单。

(5)排除推销障碍的技巧

①排除客户异议障碍。若发现客户欲言又止，应主动少说话，直截了当地请对方充分发表意见，以自由问答的方式真诚地与客户交换意见。对于一时难以纠正的偏见，可将话题转移。对恶意的反对意见，可以"装聋扮哑"。

②排除价格障碍。当客户认为价格偏高时,应充分介绍和展示产品、服务的特色和价值,使客户感到"一分钱一分货";对低价的看法,应介绍定价低的原因,让客户感到物美价廉。

③排除习惯势力障碍。实事求是地介绍客户不熟悉的产品或服务,并将其与他们已熟悉的产品或服务相比较,让客户乐于接受新的消费观念。

8.2.2 广告促销

广告促销策略是在一般营销策略的基础上,利用各种推销手段,在广告中突出消费者能在购买的商品之外得到其他利益,从而促进销售的广告方法和手段。广告促销策略主要包括以下几种:

1)馈赠型广告促销策略

(1)赠券广告。利用报纸杂志向顾客赠送购物券。报刊登载商店赠券,赠券周围印有虚线,读者沿虚线将赠券剪下即可持券到商店购物。赠券一般优惠供应商品。赠券广告的作用可概括为三个方面:第一,薄利多销。第二,提高商店和品牌的知名度。第三,赠券吸引顾客到商店来,从而带动其他商品的销售。

(2)赠品广告。将富有创新意识与促销商品相关的广告小礼品,选择时机,在较大范围内赠送给消费者,从而引起轰动效应,促进商品销售。如可口可乐公司制作一种印有"Coca - Cola"字样小型红色手摇广告扇,选择亚运会时机,赠送给观众,顿时观众席上成了一片"Coca - Cola"的红色海洋,极大地促进了商品销售,而每把手摇扇的成本只有0.2元(人民币)。

(3)免费试用广告。将商品免费提供给消费者,一般让消费者在公众场合试用,以促进商品宣传。例如,日本东京PI广告社,设计出一项新颖的试用广告,向车迷们免费出借全新名贵跑车。每辆跑车在不同部位按照所出广告费多少贴上企业的名称。车迷们在规定时间开着车子到事先指定地点亮相替企业做广告,产生了不同凡响的广告效应。

2)直接型广告促销策略

(1)上门促销广告。促销人员不在大众媒体或商店做广告,而是把商品直接进到用户门口,当面向用户作产品宣传,并给用户一定的附加利益的一种促销方法。这种促销广告能及时回答顾客的问题,解除顾客的疑虑,直接推销产品。

(2)邮递促销广告。促销人员在促销期间将印有"某商品折价优惠"或"请君试用"等字样,并备有图案和价目表之类的印刷品广告,通过邮局直接寄到用户家中或工作单位的一种促销方法。为了减少邮递促销广告的盲目性,企业平时要做经常性的资料收集工作,掌握用户的姓名、地址和偏好,双方保持一定形式的联系,提高用户对企业的信任感。

3)示范型广告促销策略

(1)名人示范广告。让社会名人替商品做广告。例如,上海蓓英时装店有一天挂出两条特大号牛仔裤,打出“欢迎试穿,合身者本店免费奉赠以作纪念”的广告词,消息传出,观者如潮。当天下午两位巨人光顾,试穿结果恰好合身,老板欣然奉赠。这两位巨人并非别人,乃我国篮坛名将穆铁柱和郑海霞。这个精心设计的名人示范广告,产生轰动效应。

(2)现场表演示范广告。选择特定时间和地点,结合人们的生活习惯,突出商品的时尚功效,作公开场合示范表演。例如,日本索尼公司于 1979 年开发出带立体声耳机的超小型放音机的新产品,起名为“步行者”(Walkman)。当时,日本盛行散步、穿旱冰鞋锻炼等室外健身活动。为了增强宣传效果,索尼公司利用这种流行的生活习惯,特地作现场表演。公司请来模特儿,每人发一台步行者。模特儿头戴耳机,脚蹬旱冰鞋,一边愉快地听着音乐,一边悠闲地在公园里往来穿行,模特儿的现场表演给公园里的游客留下了深刻的印象。此后步行者销售量直线上升,起到了特殊的广告效应。

4)集中型广告促销策略

利用大型庆典活动、赞助公益事业、展销会、订货会、文娱活动等人群集中的场合进行广告宣传,就是集中型促销广告,其广告形式多种多样。例如,1993 年春,国际奥林匹克运动委员会检查团来北京考察申办奥运会情况,《人民政协报》有一则标题为《国际奥委会考察团今日到京》的广告,接着是“××公司预祝北京申办 2000 年奥运会成功”。这则广告给媒体受众留下深刻印象。

8.2.3 营业推广

1)什么是营业推广

营业推广是一种适宜于短期推销的促销方法,是企业为鼓励购买、销售商品和劳务而采取的除广告、公关和人员推销之外的所有企业营销活动的总称。营业推广具有以下特点:

(1)营业推广促销效果显著。在开展营业推广活动中,可选用的方式多种多样。一般来说,只要能选择合理的营业推广方式,就会很快地收到明显的增销效果,而不像广告和公共关系那样需要一个较长的时期才能见效。因此,营业推广适合于在一定时期、一定任务的短期性的促销活动中使用。

(2)营业推广是一种辅助性促销方式。人员推销、广告和公关都是常规性的促销方式,而多数营业推广方式则是非正规性和非经常性的,只能是它们的补充方式。亦即,使用营业推广方式开展促销活动,虽能在短期内取得明显的效果,但它一般不能单独使用,常常配合其他促销方式使用。营业推广方式的运用能使与其配合的促销方式更好地发挥作用。

(3)营业推广有贬低产品之意。采用营业推广方式促销,似乎迫使顾客产生“机会难得、时不再来”之感,进而能打破消费者需求动机的衰变和购买行为的惰性。不过,营业推广的一些做法也常使顾客认为卖者有急于抛售的意图。若频繁使用或使用不当,往往会引起顾客对产品质量、价格产生怀疑。因此,企业在开展营业推广活动时,要注意选择恰当的方式和时机。

2)营业推广的作用

(1)可以吸引消费者购买。这是营业推广的首要目的,尤其是在推出新产品或吸引新顾客方面,由于营业推广的刺激比较强,较易吸引顾客的注意力,使顾客在了解产品的基础上采取购买行为,也可能使顾客追求某些方面的优惠而使用产品。

(2)可以奖励品牌忠实者。因为营业推广的很多手段,譬如销售奖励、赠券等通常都附带价格上的让步,其直接受惠者大多是经常使用本品牌产品的顾客,从而使他们更乐于购买和使用本企业产品,以巩固企业的市场占有率。

(3)可以实现企业营销目标。这是企业的最终目的。营业推广实际上是企业让利于购买者,它可以使广告宣传的效果得到有力的增强,破坏消费者对其他企业产品的品牌忠实度,从而达到本企业产品销售的目的。

3)营业推广的方式

(1)面向消费者的营业推广方式

①赠送促销。向消费者赠送样品或试用品,赠送样品是介绍新产品最有效的方法,缺点是费用高。样品可以选择在商店或闹市区散发,或在其他产品中附送,也可以通过公开广告赠送,或入户派送。

②折价券。在购买某种商品时,持券可以免付一定金额的钱。折价券可以通过广告或直邮的方式发送。

③包装促销。以较优惠的价格提供组合包装和搭配包装的产品。

④抽奖促销。顾客购买一定的产品之后可获得抽奖券,凭券进行抽奖获得奖品或奖金,抽奖可以有多种形式。

⑤现场演示。企业派促销员在销售现场演示本企业的产品,向消费者介绍产品的特点、用途和使用方法等。

⑥联合推广。企业与零售商联合促销,将一些能显示企业优势和特征的产品在商场集中陈列,边展示边销售。

⑦参与促销。消费者通过参与各种促销活动,如技能竞赛、知识比赛等活动,获取企业的奖励。

⑧会议促销。各类展销会、博览会、业务洽谈会期间的各种现场产品介绍、推广和销售活动。

【小案例】

肯德基10周年纪念套卡

为纪念肯德基进入上海10周年,上海肯德基特别制作了一套“肯德基10周年纪念套卡”明信片,每套30元,共计6张,凭每套明信片上的剪角可在肯德基餐厅消费价值30元的食品。该明信片可以“让您写下美好的心愿,传递衷心的祝福”,“集齐一套6张,拼成一副肯德基10周年欢乐圈,置入镜框收藏,更别有情趣”。

(2)面向中间商的营业推广方式

①批发回扣。企业为争取批发商或零售商多购进自己的产品,在某一时期内给经销本企业产品的批发商或零售商加大回扣比例。

②推广津贴。企业为促使中间商购进企业产品并帮助企业推销产品,可以支付给中间商一定的推广津贴。

③销售竞赛。根据各个中间商销售本企业产品的实绩,分别给优胜者以不同的奖励,如现金奖、实物奖、免费旅游、度假奖等,以起到激励的作用。

④扶持零售商。生产商对零售商专柜的装潢予以资助,提供POP广告,以强化零售网络,促使销售额增加;可派遣厂方信息员或代培销售人员。生产商这样做的目的是提高中间商推销本企业产品的积极性和能力。

(3)面向内部员工的营业推广方式

主要是针对企业内部的销售人员,鼓励他们热情推销产品或处理某些老产品,或促使他们积极开拓新市场。一般可采用的方法有:销售竞赛、免费提供人员培训、技术指导等。

4)营业推广设计

(1)确定推广目标。营业推广目标的确定,就是要明确推广的对象是谁,要达到的目的是什么。只有知道推广的对象是谁,才能有针对性地制定具体的推广方案。例如,是为达到培育忠诚度的目的,还是达到鼓励大批量购买的目的。

(2)选择推广工具。营业推广的方式方法很多,但如果使用不当,则适得其反。因此,选择合适的推广工具是取得营业推广效果的关键因素。企业一般要根据目标对象的接受习惯和产品特点,以及目标市场状况等来综合分析选择推广工具。

(3)推广的配合安排。营业推广要与营销沟通的其他方式如广告、人员销售等整合起来,相互配合,共同使用,从而形成营销推广期间的更大声势,取得单项推广活动达不到的效果。

(4)确定推广时机。营业推广的时机选择很重要,如季节性产品、节日、礼仪产品,必须在季前、节前做营业推广,否则就会错过时机。

(5)确定推广期限。推广期限即营业推广活动持续时间的长短。推广期限要恰当,过长,消费者新鲜感丧失,产生不信任感;过短,一些消费者还来不及接受营业推广的实惠。

8.2.4 公关关系

1)公关关系的特征

公共关系是社会关系的一种表现形态,在市场营销学体系中,公关关系是企业机构唯一一项用来建立公众信任度的工具。科学形态的公共关系与其他任何关系都不同,有其独特的性质,了解这些特征有助于我们加深对公共关系概念的理解。

(1)情感性。公共关系是一种创造美好形象的艺术,它强调的是成功的人和环境、和谐的人事气氛、最佳的社会舆论,以赢得社会各界的了解、信任、好感与合作。我国古人办事讲究“天时、地利、人和”,把“人和”作为事业成功的重要条件。公共关系就是要追求“人和”的境界,为组织的生存、发展或个人的活动创造最佳的软环境。

(2)双向性。公共关系是以真实为基础的双向沟通,而不是单向的公众传达或对公众舆论进行调查、监控,它是主体与公众之间的双向信息系统。组织一方面要吸取人情民意以调整决策,改善自身;另一方面又要对外传播,使公众认识和了解自己,达成有效的双向意见沟通。

(3)广泛性。公共关系的广泛性包含两层意思:一层意思是公共关系存在于主体的任何行为和过程中,即公共关系无处不在,无时不在,贯穿于主体的整个生存和发展过程中;另一层意思是指其公众的广泛性。因为公共关系的对象可以是任何个人、群体和组织,既可以是已经与主体发生关系的任何公众,也可以是将要或有可能发生关系但暂时无关的任何人。

(4)整体性。公共关系的宗旨是使公众全面地了解自己,从而建立起自己的声誉和知名度。它侧重于一个组织机构或个人在社会中的竞争地位和整体形象,以使人们对自己产生整体性的认识。它并不是要单纯地传递信息,宣传自己的地位和社会威望,而是要使人们对自己各方面都有所了解。

(5)长期性。公共关系的实践告诉我们,不能把公共关系人员当作“救火队”,而应把他们当作“常备军”。公共关系的管理职能应该是经常性与计划性的,这就是说公共关系不是水龙头,想开就开,想关就关,它是一项长期性的工作。

2)公共关系的构成要素

(1)公关主体——社会组织

在人类社会生活中,人与人之间会发生各种各样的联系和交往,人们发现,在这些交往活动中单个人的活动往往会受到种种限制,因而逐渐产生了各种社会组织。我们这个社会之所以会丰富多彩、不断发展,就是因为各种组织之间在不停地相互影响和作用,新的组织不断地产生并努力壮大,已有的组织竭力维护自己的利益以实现扩张。

组织的生存和发展与很多因素有关,自身的实力、良好的管理、适宜的环境是组织成功的基础。公共关系作为一种管理职能,则是从如何建立和维护组织与公众之间的互利互惠关系、树立组织良好形象的角度来促进组织的发展。

公共关系是一种组织活动,而不是个人行为,因此,组织是公共关系活动的主体,是公共关系的实施者、承担者。我们在理解公共关系时,特别要注意这一点,不要把一些个人的行为也说成是公共关系。如某公司总裁以个人名义向野生动物基金会捐款,这是个人行为,而不是公共关系;但当他以公司的名义捐这笔款时,我们便可把这种行为理解为一种旨在提高组织(公司)的知名度和美誉度、扩大组织影响的公共关系行为。

(2)公关客体——公众

简单地说,公众就是公共关系的对象。正如前面所说,公共关系是一种特定关系;而当我们谈到关系时,必然要涉及双方。对于公共关系而言,这个相互影响、相互作用的双方便是组织与公众。因此,从这个角度说,公共关系就是公众与组织的关系。

任何组织都有其特定公众,而公共关系便是组织主动地去与公众建立和维护良好关系的过程。但这并不意味着作为客体和对象的公众是完全被动的、随意受摆布的,公众随时都可以表达自己的意志和要求,主动地对公关主体的政策和行为做出积极反应,从而对公关主体形成舆论压力和外部动力。公众还有一个最有效的权力——用脚投票。当公众因为不满意而使用这一权力时,他们(她们)可能不会当面抗议,也不会大吵大闹,但他们(她们)会抛售股票,不再光顾某一商店、某一银行、某一饭店、某一旅游点。因此,组织在计划和实施自己的公关工作时,必须认清自己的公众对象,分析研究自己的公众对象,并根据公众对象的特点及变化趋势去制定和调整公关政策和行动。

(3)公关手段——传播

公共关系中的传播是指组织传播媒介向公众进行信息或观点的传递和交流。这是一个观念、知识或信息的共享过程,其目的是通过双向的交流和沟通,促进公共关系的主体和客体(组织和公众)之间的了解、共识、好感和合作;其手段主要有人际传播、组织传播和大众传播等形式。

有的学者强调公关的传播这一要素的重要性,认为对传播过程和模式的研究是公共关系的主要内容,甚至觉得离开了传播、沟通,就无法界定公共关系。这种观点当然有一定的道理。但当我们把公共关系作为一个整体、一个系统来考察时,就会发现传播和公众、组织一样，都只是公共关系这个大系统中的一个要素，传播只是使组织和公众之间建立关系的一种手段，传播媒介则是实现这种手段的工具。只有这两者有机结合、共同作用，才能产生整体大于部分之和的协同效应，才能使组织的公共关系活动得以顺利开展，使组织得以在公众面前建立和维持良好的公共关系形象。三者的关系可用图 8－1 表示。

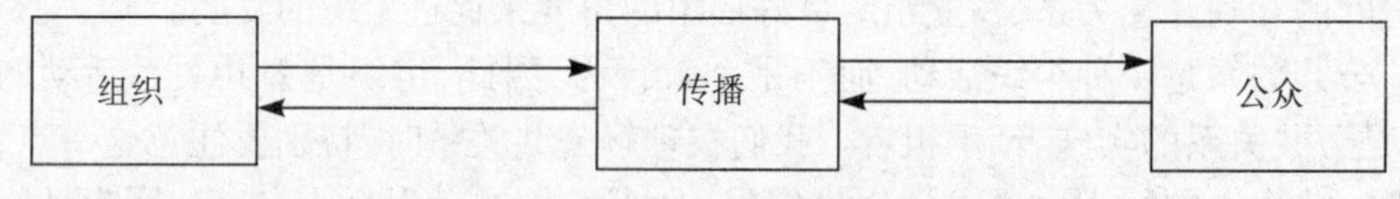

图 8－1　现代公共关系三要素关系图

3）公共关系的功能

（1）树立企业信誉，建立良好的企业形象

企业的信誉是指企业在市场上的威信、影响，在消费者心目中的地位、形象、知名度。建立良好的信誉是企业经营成功的诀窍，“酒香不怕巷子深”的陈旧经营观念已不能适应竞争日益激烈的趋势。树立信誉首先要创名牌企业。按照公共关系学的观点，商品信誉是较低层次的，只是部分公众或消费者在多次的商品交换过程中形成的对生产者和经营者的信赖程度，它只是企业技术经营素质的综合反映。而树企业信誉、创名牌企业，不仅是企业自身发展的需要，也是现代社会对企业日益强烈的要求。因为企业作为社会的一个单元，既可能给社会带来新的物质文明，也可能给社会带来公害和威胁。

公众对企业社会价值的评估标准发生了变化，评价范围由对产品质量和服务扩大到企业生产经营和社会活动的各个方面，这使公众舆论对企业产生更大影响力。争取舆论支持，争取公众信任，成为企业生存发展的重要条件之一。企业良好形象和声誉是无形的宝贵财富。公共关系的根本目的是通过深入细致、持之以恒的具体工作树立组织的良好形象和信誉，以取得公众理解、支持、信任。从而有利于企业推出新产品，有利于创造“消费信心”，有利于筹集资金，有利于吸引、稳定人才，有利于寻找协作者，有利于协调和社区的关系，有利于政府和管理部门对企业产生信任感，最终促进组织目标的实现。

（2）收集信息，为企业决策提供科学保证

美国管理学家西蒙说：“管理就是决策，而决策的前提正是信息”。企业每时每刻都会遇到大量的问题，市场需要产品质量、产品开发、新技术方向、竞争者动向、潜在危险、企业形象等方面的信息，不断传递给企业领导者，要求领导者做出及时而有效地决策。因此，现代企业把公共关系信息的获取划入企划之中，成为企业活动不可缺少的组成部分。公共关系部门就是要利用各种渠道和网络收集与企业发展有关的一切信息,为企业决策科学化提供强有力的保证。收集的信息包括企业战略环境信息、产品声誉信息及企业形象信息等。

(3)协调纠纷,化解企业信任危机

随着生产社会化程度不断提高,任何组织都处于复杂的关系网络之中,而且这种关系处于动态的发展之中。由于企业与公众存在着具体利益的差别,在公共关系中必然会充满各种矛盾。企业在生产经营运行过程中,也难免会有因自身的过失、错误而与消费者发生冲撞的时候。一旦发生,必然导致消费者对企业的不满,使企业面对一个充满敌意和冷漠的舆论环境。如果对这种状况缺乏正确的认识,对问题处理不当,就会产生公共关系纠纷,甚至导致严重的公共信任危机。对企业、对公众、对社会都会带来极大的危害。

事实证明,企业与公众的许多矛盾和摩擦都起源于误解和不了解,缺乏信息交流是造成不了解的根本原因。通过建立良好的公共关系机制,增加企业与公众之间的相互了解,企业就有可能避免与公众的纠纷,并可通过公关手段将已经发生的信任危机所造成的组织信誉、形象损失降到最低程度,进而因势利导,使坏事变为好事。这种功能是广告、人员推销、营业推广所不具有的。

【案例分析】

宝洁公司 Cheer 品牌的促销策略

22 岁的 Seth 从一所常春藤大学拿到 MBA 后,来到宝洁公司(P&G)的包装肥皂和洗涤剂部门的 Cheer 品牌组上班,从部门厚厚册子中了解到 Cheer 牌的洗涤剂是专门为开顶式洗衣机设计的一种白色并有蓝色和绿色微粒的洗涤产品。

在 Seth 选择新促销方案的时候,一个蓝绿色交织有红斑纹长腿的小玩意吸引了 Seth 的注意:那是一种橡胶玩具,给很小的小孩玩的,它们无毒,又足够大,让小孩子无法吃下去,安全经用。Seth 把它抓在手里:“我带这个回去给大伙儿看看。”

Lorinda 是 3 个小孩的母亲,第二天,她兴奋地跑来说她的孩子们爱不释手,促销部随后的测试表明:玩具很受欢迎。Seth 给它命名为“Cheery 怪物”,并仔细考虑各种促销选择。

根据采购部门的估计,这个玩具的成本大约每个 6 美分,这包括制造成本和从亚洲的产地运到辛辛那提的运费。Seth 的设想是每个大包装的 Cheer 放 3 个 Cheery 怪物来促销。那么,1 盒就要增加 18 美分的成本。Seth 分析了所有能想到的促销方式:

(1)邮寄促销:让顾客把洗涤剂包装盒上的标签寄到公司换取礼品。这样的方式对生产毫无影响,但无疑会减少礼品的吸引力。预计增加销量:200 000 盒;成本:每 3 个礼品的包装邮寄处理费用是 75 美分。

(2)放在包装内:礼品放在包装内,那么包装外面必须有醒目提示。包装过程不受影响,但是包装盒制造要修改,且顾客不能直接看到可爱的小怪物。预计增加销量:500 000 盒;成本增加:改变包装的额外花费不会高于 1.30 美元。

(3)捆在产品包装的外面:用真空包装膜将礼品和 Cheer 洗涤剂捆在一起,这要看工厂有没有专门的设备了。但是爱占便宜的客户会将礼品扯下偷走,而不买产品。不过放在外面的直观性要强得多。预计增加销量:至少 750 000 盒;成本增加:将礼品捆绑在产品外——1.75 美元,包装体积增大后成本——45 美分。

(4)随产品派送:在购买点即时派送。预计增加销量:600 000 盒;成本增加:每 300 个 Cheery 怪物运费是 25 美元。全国有超过 8 000 家零售商。

(5)互联网上促销:Seth 没能想出很好的策略利用互联网来促销,但是他觉得这也许是条路子。

在向上司 Tom 做出详尽汇报之前,Seth 需要做出选择和决定。

讨论分析题:

请你帮助 Seth 做出最终的促销决定,并说明理由。

第9章　网络时代的企业媒体公关与危机公关

【导入案例】

百度被黑事件的危机公关

2010年1月12日早上7:00左右,www.baidu.com突然出现无法访问故障,域名无法正常解析。至9:30,太原、天津、郑州、烟台、长沙、成都、沈阳等全国各地均出现百度无法正常访问现象。10:45,百度官方表示:由于baidu.com的域名在美国域名注册商处被非法篡改,导致百度不能被正常访问,公司有关部门正在积极处理,www.baidu.com.cn能够正常访问。自11:00起,各地网络开始逐渐恢复对百度的正常访问。12:51,对于百度被黑事件,CEO李彦宏在百度贴吧上用"史无前例"来表达自己对于事件的震惊。当日下午6:00,百度发表正式声明,称目前已经解决了大部分登录问题。对于部分中国网友基于义愤报复性攻击其他外国网站的做法,百度称"我们并不鼓励这样的做法,请大家保持冷静"。

作为国内最大的网络搜索平台,百度的突然被黑显然在网民中引起轩然大波。从应对角度来看,百度方面的做法近乎完美:在第一时间对事件作出回应;快速运用技术手段对问题进行技术处理;迅速制定应急方案,积极引导广大网友使用www.baidu.com.cn进行正常搜索;CEO李彦宏借助网络发表自己对于事件的看法,消除广大网友的猜疑与疑虑;而对于广大网友克制性的提醒,显示了百度的大度与事件应对的全局观。如此系统的危机应对策略,保障了问题的顺利解决,得到了广大网友的好评。

现代社会以知识化、信息化、网络化为特征,企业要想获得成功就必须具备一定的公共关系能力,包括媒体公关、政府公关、活动公关、危机公关等。通过公关活动,可以积极宣传企业、化解企业的各类矛盾、争取社会舆论、建立企业的良好信誉和形象等等。

9.1 企业媒体公关法则

无论是企业品牌,还是产品品牌,或者是服务品牌,都要得到各种社会力量的认可。在影响品牌形成的社会力量(包括政府、行业协会、专家、媒体、客户、竞争者等)中,媒体是极其关键、活跃的因素。“成也媒体,败也媒体”,媒体既可载“舟”(指企业),亦能覆“舟”。为此,企业如何与新闻媒体打交道,如何争取新闻媒体的理解和支持是一个值得深思的关键性问题,也是一个不大不小的难题。

媒体公关就是企业通过协调企业与媒体的需求与价值取向,使双方的利益最大化,最大可能地达到企业的传播目标和媒体的信息(报道)需求。企业操作媒体公关虽无定律,但也要遵循一定原则,并坚持正确的媒体公关策略:

1)企业要认识媒体并让媒体最大化了解企业

首先,企业要认识、了解并理解媒体。企业公关人员只有了解媒体,才能知道媒体的所思所求,才能量身提供新闻稿,适宜媒体刊发。而通过理解媒体,容易创造一种良好的合作氛围,相信媒体的工作人员不会喜欢在企业的压力下开展工作。同时,企业公关人员也应理解媒体在一些新闻传播上的不便,少做那些“互相为难”的事情,而把事情想在媒体前面。

其次,企业要让媒体最大化了解自己。只有媒体充分了解企业,才不会在新闻创作时“走笔”,这是防止错误传播的最基本做法。因此,无论是发布动态新闻、专访、专题还是评论,向媒体提供完善的企业资料(包括企业、产品、品牌、服务等方面的声、光、电、纸介资料)、新闻稿件,甚至深度传播稿,这样可以防止媒体工作人员以偏概全、吃不透企业的情况出现。

2)企业要以专业机构、专业人员做专业的事

公关行销是一项技术性、专业性很强的工作,必须实施专业化管理。我国很多企业都设立了专业的公关职能部门,并设有新闻发言人、新闻撰稿人等关键职位。例如,海尔集团设有企业文化中心,对内负责企业文化研究,对外负责公关传播管理;科龙集团设立整合传播部,下辖公共关系科,负责公关传播事宜。当然,企业也可以把公关业务外包,也符合“专业”这条规则。

3)企业要建立完善的新闻发布渠道与媒体传播监控

新闻传播渠道包括很多种方式:一是“广泛发布”模式,如企业组织的新闻发布会、媒体记者座谈会、媒体恳谈会、网上新闻发布、名人见面会等;二是“特定发布”模式,企业直接把新闻通过面谈、电话、传真、电子邮件等方式传递给目标媒体。即使采取“广泛发布”模式,企业也必须予以跟踪服务,以刊发接近企业预期的新闻,二者相辅相成。

媒体传播要找准时机,即“企业有意义、媒体有兴趣”的时机。根据公关实践,以下机会最适宜开展新闻传播:企业股票上市;企业周年庆典;新产品上市;新技术、新材料、新工艺论证;CIS 导入;企业品牌“变脸”(指换 LOGO);企业并购、联营、合作及分立;企业遭遇危机事件等等。

媒体传播监控是指对媒体传播的控制和监测，这是两个关键环节。所谓控制即通过事前努力确保媒体报道的内容最大化接近企业预期，或保证报道不偏离基本方向，以及事后对媒体报道失实、不客观所产生的后果（负面效应）采取补救措施。监测则是通过关注媒体的报道动向，及时发现关于本行业及企业的报道，收集报样、制作剪报，形成媒体公关简报及总结报告，对报道的真实性、准确率、影响力加以及时把握，并把存在的问题与媒体沟通。这两大环节非常关键，也紧密相关，只有严密地监测才能及时发现，乃至及时控制，并消除不良影响。

4）企业要加强媒体公关传播的计划管理

媒体公关传播计划管理包括以下几个方面：有计划地选择对本企业来说有实效的媒体、制定有节奏的新闻传播周期、选择最恰当的传播时机及确定最有效的传播方式等方面。只有通过计划管理，才能做到传播的长期性、有序性、节奏性、统一性。当然，即使是突发事件，无论是危机还是对企业利好的消息，也应快速制定媒体公关传播计划。

企业应将媒体作为自己的客户进行管理，把媒体客户进行细分，研究不同媒体对信息的需求，针对不同的媒体，营销自己的企业形象，而不应该还停留在利用各种手段强行推销自己的产品或没有什么新意的做法上。另外，当企业没有制造信息产品能力，只有信息产品的毛坯时，就需要媒体来加工，媒体的工作要对企业和读者（或听众、观众）负责，这时媒体更是企业的客户。

5）企业要做到与媒体沟通主动化，建立与媒体多层次对话机制

媒体时时刻刻都在寻找新闻，具有极强的主动性。从某种意义上来讲，企业与媒体互为客户，企业也应对媒体的主动作出回应，但这种反应有些被动。企业要主动"制造"并"奉献"新闻，这种情况更有利于优化与媒体的合作关系。在美国报纸媒体上，60% 以上的新闻都是企业机构提供的，企业机构具有极强的主动性，而美国企业的今天正是中国企业的明天。

企业要建立与媒体多层次对话机制，这里的多层次对话机制，包括企业与媒体的基层、中层、高层之间的沟通与对话，通过机制化保证长期、稳定的合作关系。实践证明，企业只与媒体基层人员（编辑、记者）打交道是不可靠的：一是好的新闻稿可能上不去，被中高层领导 PASS（否决）掉；二是记者、编辑撰写的负面稿子可能在审查中"顺利过关"。也就是说，通过与媒体中高层沟通、交流，可以掐断"不友好"的新闻、消息在媒体刊发，这使心存不良目的的记者、编辑失去"报复"企业的机会，更可以使好新闻顺利通过审查。

6）企业要重视网络媒体

随着网络时代的到来，网络给人类社会各个领域带来了极富深远意义的变革。公关关系亦被推到了风口浪尖上。网络被誉为迄今为止最民主的媒体。从理论上

说,网络给所有人提供了向大众发表言论的渠道,造就了“一人一媒体”的基础。任何人只要具备一定的计算机及网络知识和技能便可通过建立网站、发帖子等网络功能,发布新闻、传播信息,犹如拥有了属于自己的媒体。

网络传播使公共关系面临着前所未有的不确定性与复杂性,大大增加了公关业务的难度和风险以及环境监测的难度。网络媒体也给了企业更多操纵公共关系的机会。在互联网上,企业完全有条件建立自己的网站,通过这一可控媒介,企业可以在不违背法律和职业道德的前提下,按照自己的意愿向包括媒体在内的各类公众发布信息,并与他们进行有效的互动,而不必经过第三方的“解释”和“过滤”。这样,企业就能掌握公关的主动权,在对公众产生直接影响的同时,与各种媒体建立良好的关系。

9.2 网络媒体公关管理

9.2.1 公关面临的新挑战

传统的公关传播手段,局限于举行新闻发布会,组织媒体参观工厂或研发中心,组织高层专访,维护日常媒体关系等,手法相对来说比较单一。互联网的出现,使得公关面临以下新的挑战:

1)需要更快速的反应

在传统媒体条件下,企业出现了负面报道,公关从业人员有比较充裕的时间去澄清基本事实,进行公关应对。而在互联网时代,企业的一个负面报道会在非常短的时间内呈现在互联网的各个角落,从而使得公关人员的应对时间被极大地压缩,给公关人员带来了极大的挑战。

2)需要更全面的反应

在互联网时代,公关人员面对的媒体日益增多,尤其需要随时追踪新的技术、动态和关注点。例如一开始网民可能会在若干的门户聚集;后来网民的兴趣分散了,可能会在一些大型的论坛聚集;而现在的网民则可能出现在一些社区,比如51网、人人网,或者是一些更加新型的web2.0社区空间。而公关人员如果想要针对受众进行定向传播,就必须研究网络受众的行动规律,从而达成传播的规律。

3)需要应对更复杂的局面

传统媒体与网络媒体的互动对公关人员的素质、技能提出更高的要求。在以往,传统媒体记者的新闻来源比较有限,而现在他们往往会从网上很方便地找到企业的某个负面或者热点话题,接着开始深度报道。网络编辑则会将传统媒体记者的深度报道在网络上进一步转载,使事态不断升级,进而影响到更多地域的平面媒体和网络媒体的关注。这样网络媒体与传统媒体的互动轨迹就很清晰了:①传统媒体从网络新闻、论坛或是其他地方寻找相关负面信息然后开始报道;②网络媒体跟进报道;③传统媒体根据网络最新报道及时跟进,循环往复。传统媒体和网络媒体互动后危机会明显扩大。

此外,公关人员需要协调的各方力量趋于多元与复杂,要应对的舆论压力也会很大。现在消费者也可以把自己的意见发到论坛上,消费者的利益需要得到尊重和满足。另外,一些传统媒体的记者也会就某个厂商的负面话题建专题网站,然后将专题链接在记者群中扩散,引起舆论热点。这就给公关人员带来新的挑战,公关人员处理相关事件时,需要很小心谨慎地应对。

4)需要随时关注新技术和新应用

在互联网时代,新技术和新应用层出不穷。公关人员必须随时予以关注,否则很快将被时代淘汰。正如时代不能同情一个不会电脑打字、不会在手机内书写短信的老年人一样,互联网时代也不会原谅一个对 google、trend、最热门的在线游戏毫无所知的公关人员。

9.2.2 企业应对策略

那么,公关人员应该如何化解互联网带来的挑战,适应互联网时代的出现和发展呢?

1)利用网络媒体进行公关传播

公关人员利用互联网的一个直接方式是,通过在企业本身网站、有影响力的门户网站或者垂直媒体发送新闻来实现网络公关。网络被称为是海量的信息空间,因此从公关人员的信息提供来看,他们越来越倾向在网络进行产品、服务和品牌的全方位的推广。传统媒体由于版面空间容量的限制和对稿件新闻性的考量,发的公关文章往往篇幅较小,并且上图的可能也受到很大限制。与传统媒体相比,网络媒体不受版面的限制,图文并茂,因此越来越受到公关人员的欢迎。在具体的公关宣传中,网络媒体公关新闻发布的位置也是很重要的,比如发布在重要新闻门户首页或者是频道、栏目的首页,都意味着带来的访问流量会十分可观,带来良好的传播效应。如果发布的新闻不是极端重要的,就算位置不好也能够被用户通过搜索引擎搜出来,从而达到一定的宣传效果。

在具体的网络新闻传播策划中,公关人员需要确定新闻题材类型配比,根据不同传播目标(如品牌、战略、技术、产品等),进行不同文章类型的配比(如新产品发布和上市、产品评测、产品选购、企业新闻、行业新闻等)。网络的互动性还为公关更深入地参与营销、融入营销提供了全新的机会。具体而言,有以下几种策略可以供公关人员选择使用:

(1)稿件发布。公关传播的方式可以是首先在网络媒体定期发布稿件,让自己的品牌和产品在网络世界保持一定的提及度,并且可以被利益相关者关注到;其次是在网络媒体进行大规模专题化的运作,也有助于用户对企业或者组织的服务有更为深刻和全方位的了解。

(2)在线访谈。利用某个特定机会,如展会举办、新品发布或某个特殊意义的事件发生之际,邀请公司的高管进行在线访谈,与网民进行在线互动,宣传公司的产品和品牌,已经成为公关人员越来越熟悉的手段。

(3)网上新闻发布会。在公关实践中,一些厂商早在多年前就开始尝试。例如,2003 年出现"非典"疫情的时候,政府出于健康考虑限制企事业单位举行大规模会议,这反而催生了一种新的网络公关方式——网络新闻发布会。时任索尼爱立信公关总监的宁述勇一直比较自豪的故事是在新浪举办了网络发布会,成功地推广了公司的英雄产品 T618c。除了有记者在线访谈提问外,当时直播和事后的点击率高达 60 多万人,每秒在线的就有三四百人。

(4)人物在线访谈。让企业相关负责人到网络媒体去讲述相关的事件、品牌,分享企业或者自身的成长经历、理念,与网民互动,从而拉近企业与利益相关者的距离。

(5)专题页面。专题又分为常规专题和特殊专题。常规专题是网站自发、企业配合性的综合专题。特殊专题则是以企业事件为焦点,通过图片、文字链接、视频等形式组成的单一专题。专题能够通过整合的文字、图片、链接和视频等综合形式来传达企业或者产品的综合品牌形象,从而形成受众较大程度的关注和兴趣。

此外,网络媒体的监测对于危机公关的意义也是非常重大的。网络新闻的传播速度是非常快的,这要求公关人员能在第一时间获得相关资讯,及时应对。很多公司在危机出现的时候,委托公关公司 24 小时不间断地监控网上信息。第一时间获得网上相关信息是非常重要的,有助于提高应对的效率,维护公司的品牌。

2)利用网络论坛进行公关传播

根据艾瑞调查的数据,28.1% 的网民使用论坛时间占总上网时间的比例为 40% 以上,这说明社区是网民停留时间较长、黏性较稳固的应用;另一方面,61.4% 的被调查网民第一次注册使用论坛至今在两年及两年以上,说明社区网民在网络应用方面成熟度较高。网络论坛可以成为公关传播的一个重要阵地。

网络论坛是一个双向交流的平台,个体可以很方便地跟企业主体互动,因此在设计网络传播的方式的时候,要注意通过新的创意和策略,让受众与内容互动起来,主动传播和分享体验,从而实现公关传播的价值。

可以说,在互联网上,忽视网民体验就注定传播效果不佳。网络公关首要原则就是:不要用传统公关模式来规划网络公关。公关宣传有两种宣传模式,一种是单向的,如传统公关的报刊新闻撰文发布;另一种是双向互动的,如网络公关、论坛营销,它是一个互动的过程。在网络公关中,最重要的不是我们要告诉网民什么,而是我们回应网民什么。

因此,论坛的公关宣传要更加重视意见的均衡表达和相互之间的尊重,而不是在网络上发帖子去单方面宣传企业。未来网络论坛的公关传播应该是一个双向互动的过程,企业和公众可以在一个公开的平台进行相关利益问题的探讨。网络论坛慢慢会变成企业倾听公众意见、完善自身服务的一种有效途径。

值得注意的是,在网络论坛进行公关传播也有一定的伦理底线,不应该抹杀具体的事实,不应该成为舆论操纵的工具,而应该客观公正地进行有效的公关传播,宣传企业的品牌和价值。

3)利用博客进行公关传播

就其属性而言,博客作为一种个性化基础上的社会化媒体,通过引发交流和讨论,从而影响一个互相关联的群体。博客中一些博主本身就具有意见领袖的特质,可以有比较广泛的影响力。另外,博客通过博客文章、RSS、社会书签收藏、trackback 等方式将观点广泛分享,还能被搜索引擎常年搜索,以及可能被一些主流媒体转载。博客公关一般而言具有三种形式:

(1)公司专门开办一个博客。聘请专门的(咨询、公关)人员乃至记者为其写作和管理,及时、透明地发布公司的讯息与评论。如以新产品营销为目的的单一事件博客,比如搜狐与柯达携手举办的"柯达数码相机神秘西藏之旅"活动博客。

(2)鼓励、引导雇员写作博客。介绍和评论公司的发展,讲述自己的切身体会。如 Google、IBM、金山等公司的员工团队博客。

(3)由总裁(或经理)自己或专人写作和管理的总裁博客。将公司发展与个人的成长经历和评论融合起来,以塑造公司领头人的良好公众形象。如万科集团王石、零点调查研究咨询集团袁岳、皇明太阳能集团黄鸣等人的个人博客。通过企业博客和企业高管博客,对企业的形象和品牌进行宣传,是企业公关的一个重要的渠道和窗口。企业的利益相关者通过企业或者高管的博客,可以更深入地了解到企业,形成良好的互动关系。

4)利用其他公关传播方式

随着互联网的深入发展,一些新的公关方式也被发掘出来了,它们在互联网公关传播中也能取得很好的成绩,引起社会对企业的关注,打造良好的企业品牌形象,应该引起公关从业人员的重视。这里仅举播客和 Flash 的例子,相信未来还会出现新的技术应用到公关传播中。

(1)播客与公关传播

播客公关的传播过程并非设计播客内容,播客内容应该具有趣味性、娱乐性、争议性，传播播客内容引起社区的关注，引发社区话题和讨论。

一般而言，具体的公关操作步骤是：将企业的视频宣传片做成传播的种子上传于播客类网站，并进行"视频推荐"。视频播放器下方为关注度极高的观众评论，是用户交流和分享的重要方式，可以对用户反馈意见进行收集整理和引导，通过视频引发社区的互动传播。有情节、有看点、有新意的企业宣传片较适合互联网人群的眼光和口味，因此有良好的用户好感度，企业信息易于传播和接受。具备良好的可传播性的有产品、理念置入的故事短片，创意性较强且未播出的电视 TVC 广告，和产品相关的有趣味性或话题性的短片等等。

(2) Flash 与公关传播

与播客相类似，Flash 也要有一定的趣味性，能引起普遍的关注。具体的公关操作中，需要撰写 Flash 脚本，设计 Flash 游戏流程，制作 Flash，然后将 Flash 培养成网络互动传播的种子进行传播及下载上传，通过网络社区、博客等其他推广渠道对 Flash 进行推广，然后对用户回复收集、建议提取等等。

利用播客和 Flash 进行公关传播值得关注的是，不要触及一些违反社会道德底线的话题，造成对企业的负面影响。

总之，互联网给公关传播提供了很多新的机会与挑战。机会在于互联网给公关提供了界面更加便捷、互动性更强的平台，挑战在于随着技术的进步和时代的变迁，公关人员必须熟悉网络传播规律和特点，才能应对随时可能出现的危机，做到趋利避害，取得更高的关注度和更强的影响力。只有这样，互联网公关才能更好地支持营销，维护企业形象，树立企业品牌。

9.3 企业危机的防范与处理

9.3.1 企业危机防范

出色的危机预防管理不仅能够预测可能发生的危机情境，积极采取预防措施，而且能为可能发生的危机做好准备，拟好计划，从而自如应付危机。危机的预防措施主要有以下几种：

1) 树立强烈的危机意识

危机管理的理念就是居安思危，未雨绸缪。在企业经营形势不好的时候，人们容易看到企业存在的危机，但在企业如日中天的时候，居安思危则并非易事，然而危机往往会在不经意的时候到来。所以，企业进行危机管理首先应树立一种"危机"的理念，营造一个"危机"的氛围，使企业经营者和所有员工面对激烈的市场竞争，充满危机感，理解企业有危机，产品有危机。用危机理念来激发员工的忧患意识和奋斗精神，不断拼搏，不断改革和创新，不断追求更高的目标。

2)引入危机管理框架结构

以前，人们总是在危机发生时建立一个危机管理小组来协调和控制危机及其产生的影响，但这种小组是临时组建的，不具备行驶一些特定任务所必备的各种技能，同时用来挑选小组成员也要花费很多时间。因此，我们可以尝试建立危机管理组织结构框架，它主要由三部分组成，第一部分是信息系统，第二部分是决策系统，第三部分是运作系统。

信息系统主要负责对外工作，由信息整合部、信息对外交流部和咨询管理部组成。信息整合部对外派出信息侦察员来收集信息，并对所收集的信息进行整理和评估鉴定；信息对外交流部负责应付公众、媒体、利益团体和危机之外的人；咨询管理部主要负责分析危机的影响和危机管理造成大众及相关利益团体对企业组织的看法，并提出改善的建议，把一些重要信息及时向企业高层报告。

决策系统由危机管理者统帅，负责处理危机的全面工作，它必须有足够的权威进行决策，一般由首席危机管理者，如公司的经营决策层担任，也可由中级或基层管理者担任，但是这时必须由高级决策层授予其较大的权限。

运作系统由部门联络部和实战部组成。其中，部门联络部负责联络公司内部受危机影响的部门与不受影响的部门，是政策经营地区与受危机影响地区的联系纽带；而实战部则负责将危机管理者的策略计划翻译成实战的反应策略和计划，并通过专业知识来实施这些计划。这种危机管理框架结构，不管应付何种类型、规模与性质的危机，都清楚地限定了每一个部门的工作和目标。将组织内部的信息沟通和提供给外部团体的信息分开，减少了误解和对抗，降低了对企业信誉所造成的影响。

3)建立危机预警系统

危机预警系统就是运用一定的科学技术方法和手段，对企业生产经营过程中的变数进行分析及在可能发生危机的警源上设置警情指标，及时捕捉警讯，随时对企业的运行状态进行监测，对危害自身生存、发展的问题进行事先预测和分析，以达到防止和控制危机爆发的目的。危机预警系统主要包括以下几方面内容：

(1)危机监测。危机监测指对可能引起危机的各种因素和危机的表象进行严密的监测，收集有关企业危机发生的信息，及时掌握企业危机变化的第一手材料。

(2)危机预测和预报。危机预测和预报指对监测得到的信息进行鉴别、分类和分析，使其更有条理、更突出地反映出危机的变化，对未来可能发生的危机类型及其危害程度做出估计，并在必要时发出危机警报。危机监测与预测是相辅相成的，它们是企业进行危机预控和处理危机的基础与依据，其中最重要的是收集和整理信息，选择适宜的方法作出判断，以赢得危机处理的时间。

(3)危机预控。危机预控指企业应针对引发企业危机的可能性因素,采取应对措施和制定各种危机预案,以有效地避免危机的发生或尽量使危机的损失减少到最小。

9.3.2 企业危机处理

危机预防管理只能使危机爆发次数或程度减到最低值,而无法阻止所有危机的到来,那么企业真正面临危机时如何应对呢?可以从以下几方面入手:

(1)以最快的速度启动危机处理计划,如果初期反应滞后,将会造成危机的蔓延和扩大。当然不能照本宣科,由于危机的产生具有突变性和紧迫性,任何防范措施也无法做到万无一失,因此应针对具体问题,随时修正和充实危机处理对策。

(2)应把公众的利益放在首位。要想取得长远利益,企业从危机爆发到危机化解应更多地关注消费者的利益而不仅仅是企业的短期利益,拿出实际行动表明公司解决危机的诚意,尽量为受到危机影响的公众弥补损失,这样有利于维护企业的形象。

(3)开辟高效的信息传播渠道。危机发生后,应尽快调查事情原因,弄清真相,尽可能把完整情况告诉新闻媒体,避免公众的各种无端猜疑。诚心诚意才是企业面对危机最好的策略。企业应掌握宣传报道的主动权,通过召开新闻发布会,使用互联网、电话、传真等形式向公众告知危机发生的具体情况,公司目前和未来的应对措施等内容。信息应具体、准确,随时接受媒体和有关公众的访问,以低姿态、富有同情心和亲和力的态度来表达歉意,表明立场。

(4)选择适当的危机处理策略。如危机隔离策略、危机中止策略、危机消除策略、危机利用策略。

危机隔离策略,危机的发生往往具有连锁效应,一种危机爆发常常引发另一种危机,为此,企业在发生危机时,应设法把危机的负面影响隔离在最小范围内,避免殃及其他非相关生产经营部门。

危机中止策略就是要根据危机发展趋势,主动承担危机造成的损失,如停止销售、收回产品,关闭有关工厂、部门等。

危机消除策略。需要企业根据既定的危机处理措施,迅速有效地消除危机带来的负面影响,善于利用正面材料,冲淡危机的负面影响,如通过新闻界传达企业对危机后果的关切,采取的措施等,并随时接受媒体的访问和回答记者的提问。

危机利用策略。这一策略是变“危机”为“生机”的重要一环,越是在危机时刻,越能昭示出一个优秀企业的整体素质和综合实力。只要采取诚实、坦率、负责的态度,就有可能将危机化为生机。处理得当,甚至还会收到坏事变好事的效果。

(5)充分发挥公证或权威性机构对解决危机的作用。利用权威机构在公众心目中的良好形象,处理危机时,最好邀请公证机构或权威人士辅助调查,以赢取公众的信任,这往往对企业危机的处理能够起到决定性的作用。例如,雀巢公司的“奶粉风波”恶化后,成立了一个由 10 人组成的专门小组,监督该公司执行世界卫生组织规定的情况,小组成员中有著名医学家、教授、大众领袖乃至国际政策专家,此举大大加强了公司在公众心中的可信性。

综上所述,企业应以对危机过程及其性质的深入分析为依据,将危机的防范、危机的预控和危机的处理有机地结合起来,企业管理当局面对危机时,要沉着应对,适时化劣势为优势,化危机为机会,走出困境,保证企业安全运行,维护企业持续经营。

9.4 网络危机公关策略

9.4.1 企业应对和防御策略

网络环境下,企业面临前所未有的挑战。在危机爆发之初,企业可以采取如下策略:

(1)诚信经营。无论在传统媒体环境下还是在网络环境下,企业预防危机最好的方式就是坚持诚信经营,只要自身没有问题,哪怕是有谣言缠身,谣言也会很快不攻自破。

(2)建立企业博客和企业微博。对企业网络危机追根溯源,源头很可能就是一篇博客或者一条微博。在平时,企业可以通过博客和微博传达企业信息,加强与外部的信息沟通,与消费者进行交流沟通。同时,通过企业的博客和微博,还可以随时监控企业所处舆论环境,当舆情发生变化,可以及时发现问题,将危机的苗头扼杀。

(3)建立专门部门,安排专门人员对网络环境进行监测。监测工作包括定期浏览各大传统媒体、一些门户网站和主流的有较大影响的网络论坛和社区,查找与企业相关的信息,识别和分辨可能发生的危机苗头;定期利用主要搜索引擎,以企业名和企业的主要产品和服务名为关键字进行搜索,查看相关的新闻和评论,发现问题及时上报解决,杜绝不良信息升级为大规模危机的可能。如果发现危机苗头,必须第一时间作出反应,不要忽视每一个微小的环节,即使是一个误会的评议,也要寻找合适的途径加以化解。新媒体的出现给企业危机公关带来了前所未有的挑战,但同时也有很多积极的意义,如果企业善于利用,对于企业自身公共关系的维系有着相当大的帮助。

当危机爆发时,企业可以采取以下策略:

(1)找出危机源头。引发危机的事件是由企业内部导致的,还是外部发生在企业生产、销售、服务的哪个环节？事件被认为是杜撰的还是确有其事？只有找出危机的源头，才好对症下药，及时迅速开展危机公关。

(2)与公众沟通，以获得公众原谅和支持。危机发生后，企业应该在第一时间查清真相，第一时间告知公众。这既是对消费者负责的做法，更是对企业自身负责的表现。以人为本，关照在危机事件中遭受损失的消费者及相关人员，才能在最大程度上获得公众的谅解。危机出现后，妄图捂住事件的真相，蒙骗公众，这种行为只会激起公众的愤怒，将危机扩大化，企业应该全力避免。

(3)制造新的关注点，转移公众注意力。

(4)诉诸法律。当企业被媒体错误报道、被竞争对手诬陷或者遭人刻意诬陷，可以通过法律手段解决危机。

9.4.2 网络危机应对的三大误区

一些企业对传统的公关危机都没有好好地掌握，在面对网络危机的时候，有时会采取粗暴式公关行为，即陷入三大应对的误区：删帖、对抗、伪装。

1)删帖

删帖这种做法只会欲盖弥彰，且会促使当事人或网友继续挖掘真相。

危机管理是一个敏感话题。在情况瞬息万变的网络社会，企业在遇见负面新闻的时候，会很自然地想到去删帖，大规模动用水军造势，刻意地删帖、遮掩、屏蔽负面新闻。当然，这仅仅局限在危机还没有大规模爆发之前，如果这种删帖屏蔽的动作是发生在危机全面爆发，已是全民讨论的时候，则完全没有作用，顶多起到信息屏蔽的作用，并不能引导舆论，而只会坚定公众对危机主体的不信任感。企业如果没有足够的能力去做这方面的工作，很可能使网民因为这些网络运作对公司产生反感情绪。

2)对抗

当企业受到错误网络舆论报道时，有些企业往往会急于澄清或对其进行法律威胁，这种强硬对抗的策略往往会引起反效果。在未能取得网民信任的前提下，企业任何急于澄清的行为，都会被网民视为托词辩解。何谓真相？民众相信的事实就是真相。而事实的本身并非真相的全部。所以，危机沟通必须是两个层面同时进行：一是情感沟通取得网民信任；二是事实沟通澄清事情原委。而企业如果专注于情绪的对抗、偏执于事实的澄清，只会激起网民进一步对抗行为。

3)伪装

通过伪装身份的方式来为危机主体解围，这种做法很危险，一旦被认定是危机主体的枪手，所造成的影响远远大于危机本身。

【案例分析】

麦当劳——3·15 危机公关

众所周知，在国际消费者权益日来临的时刻，央视打假行动特别晚会，会成为全国民众关注的焦点。与此同时，让国内外企业紧张的一刻也将到来，因为，只有在 3·15 晚会的现场，你才能知晓谁将成为“被打”的对象，由此将带来一系列对被打对象不利的市场负面影响。我们看到太多在 3·15 晚会被曝光之后翻船的企业，2012 年的 3·15 典型——麦当劳，却是险中求生，很巧妙地化解了一场在其他企业眼中实为难熬的危机。

麦当劳在被央视曝光后的 1 个小时，即用微博形式发出第一条官方声明，对曝光事件进行正面对待，并阐明自己观点，及时向公众公开道歉并向相关监督部门表示感谢，诚意十足。

在被央视曝光之后，麦当劳能够就事件作出快速决策，这是体现企业管理团队工作效率的一个重要方面。微博致歉与关闭问题店，显然是连贯性的措施，让问题瞬间消失，让消费者看不到所谓的问题，是巧妙的公关手段。麦当劳在这次堪称重大的事件面前，既没有新闻发布会，也没有过多的言论反驳，而是精准地进行微博致歉，让更多的粉丝和受众，看到其真诚的一面，将一个事件交给消费者去认识，去评判。通过消费者对麦当劳的长期认识，感染更多终端去客观认识一个品牌的是与非，通过博得消费者的同情，去传播更多的理解与谅解。

在麦当劳被曝光的第二天，虽然国家相关部门已经约见麦当劳相关负责人，并对各个店面展开了前所未有的检查与检验，并发出整改通知，但是从麦当劳入店的消费人群来看，依然是人满为患。是消费者忽视了自身的消费安全权益，还是麦当劳被媒体小题大做，从市场的反映来看，显然是麦当劳胜利了。麦当劳并没有因此而陷入“翻船”境地，反而被央视的免费广告又火了一把。化险为夷，还占尽好处，这是国内众多企业需要学习的有效公关策略。

讨论分析题：

指出本案例中麦当劳采用的危机公关策略，分析麦当劳危机公关成功的关键，说明危机公关的原则。

第 10 章　企业公关策划

【导入案例】

贴金币的胶水

香港一家经营强力胶水的商店,坐落在一条鲜为人知的街道上,生意很不景气。一天,这家商店的店主在门口贴了一张布告:"明天上午九点,在此将用本店出售的强力胶水把一枚价值 4 500 美元的金币贴在墙上,若有哪位先生、小姐用手把它揭下来,这枚金币就奉送给他(她),本店绝不食言!"这个消息不胫而走。第二天,人们将这家店铺围得水泄不通,电视台的录像车也开来了。店主拿出一瓶强力胶水,高声重复广告中的承诺,接着便在那块从金饰店定做的金币背面薄薄涂上一层胶水,将它贴到墙上。人们一个接着一个地上来试运气,结果金币纹丝不动。这一切都被录像机摄入镜头。这家商店的强力胶水从此销量大增。

从鲜为人知到销量大增,企业公关显示了其魔力;同时,也表明企业公关其根本是着眼于人性的学科。

10.1 什么是企业公关策划

企业公关策划是指企业为实现某一具体的企业公关目标而选定的企业公关主题、设计企业公关方案、谋划企业公关对策、攻克企业公关难关的运筹过程。企业公关策划具有以下特征:

(1)目的性。一般而言,企业公关策划工作,其目的在于促进企业公关活动从无序转变为有序,从模糊转变为清晰。具体的公关策划工作的目的视环境、条件和所追求的目标而定。

(2)思想性。企业公关策划是一种思维过程,它依赖于人脑的机能,并通过策划者对社会环境、企业的条件和策划目标的分析来完成。

(3)创造性。企业公关策划的思维过程是一种创造性思维。

(4)针对性。企业公关策划不具有统一的、一成不变的模式。

(5)调适性。企业公关策划方案应该具有一定的弹性,以便随环境的变化和方案的实施而进行有针对性的调整。

10.2 企业公关工作的一般程序

企业公关的一般程序分为七个步骤:调查情况、制定目标、确认公众、选择传播媒介、编制预算、传播策动、效果评价。

1)调查情况

调查情况是搞好企业公关的基础和依据,它贯穿于整个公关的过程之中。应该用定性与定量分析的方法整理信息、积累资料,准确地了解企业公关的历史和现状,从而预测公关的发展,检验公关活动的效果。企业公关调查的内容包括以下几个方面:

(1)企业基本情况调查。企业基本情况调查包括企业建立的时间,企业历史上的重大事件及其影响,企业产品市场分布情况,企业原材料市场情况,企业产品、服务、价格特点,企业形象、厂容厂貌,企业机构、领导制度以及员工情况等。

(2)公众意见调查。公众意见调查包括企业在公众中的知名度、美誉度,社会新闻媒介对企业的反应,政府部门、社区对企业的印象,专门性公关活动的效果,企业内部职工对规章制度、领导的意见等。

(3)社会环境调查。社会环境调查包括国家有关的法律、法规、政府政策对企业发展的影响,政治局势,社会经济情况,其他企业生产经营状况和公关工作,社会文化、风尚、道德对企业发展的影响,进出口情况等。

2)制定目标

企业公关目标必须与企业整体目标相一致,即公关目标必须服从和服务于整体目标。公关目标包括如下几方面内容:

(1)传播信息。信息传播是企业公关的基本目标,主要是向公众传递企业的有关信息,让公众及时了解企业的方针、人事变动、企业产品和售后服务等情况,使公众了解事情真相,以得到公众的理解、支持和信赖。同时,也要及时收集来自公众的各种信息、意见和要求。

(2)联络感情。联络感情是企业公关的长期目标。感情是人们交往的纽带,公关部门是企业联络公众感情的主要职能部门。公众与企业的感情越深,就越会关心、理解和支持企业。要经常研究与公众的感情联系,加强和加深与公众的感情。

(3)改变态度。改变公众对企业的态度,主要是通过信息传播,纠正或改变公众对企业的不满态度,或让公众接受新的观念,对企业做出新的评价。

(4)激发行为。激发公众行为是企业公关的高级目标。它最容易检验,但也最难达到。传播信息、联络感情、改变态度,归根结底是为了激发公众的行为。

3)确认公众

按照公众与企业的相关情况,可将公众分为生存性、功能性、横向同业和扩散性系统公众。一个企业能否在社会中生存,取决于生存性系统公众。因此,企业的公关部门必须加强对这个系统公众的工作,为企业的生存维护和建造有利的环境。企业的发展速度、发展前景则取决于功能性系统公众。这个系统的公众与企业的利益关系最为直接、最为密切。处理好与这个系统公众的关系,可为企业的发展提供有利的条件,开拓广阔的渠道。

至于横向同业系统和扩散性系统中的公众,比较而言,与企业的利益关系不是十分重要,对这两个系统中的公众也应该开展公关工作,但不应该把它们当作重点。

根据公众对企业的重要程度,可将公众分为首要公众、次要公众和边缘公众三类。首要公众与企业的关系最为密切,相互关联最为直接,是企业生存和发展的基础。因此,企业应该投入最多的人力和物力来维护和改善同这类公众的关系。次要公众和边缘公众虽然与企业有联系,但对企业的生存和发展不起决定作用或不发生影响,显然,不应该以此作为工作重点。

通过分析可以看出,不同类型的公众对企业来说具有不同的重要程度。而对于具有不同重要程度的公众,就应该采取不同的政策,投入不同的力量,选用不同的沟通方式,这样才能使公关取得成效。

4)选择传播媒介

传播媒介主要包括报纸、杂志、广播、电视、电话、信函等。媒介选择适当有利于提高企业公关效果。一般来说,选择媒介时应着重考虑以下因素:

(1)媒介本身的特点。不同的媒介有不同的特点,因此适用的传播类型也不同。报纸、广播、图书、杂志、电视、电影等适合于大众传播;信函、电话、电报、传真等适用于人际传播;内部报刊、闭路电视适用于企业传播;灯箱、广告牌、布告适用于公关传播;互联网既适合于大众传播、组织传播,也适合于人际传播。媒介选用得当,在传播过程中可收到事半功倍的效果。

(2)传播的内容。不同的传播内容应选择不同的传播媒介。一般来说,比较形象浅显易懂的内容应选用电子媒介,而难以理解的适合于印刷媒介。

(3)受传者的特点。受传者是传播的目标和对象,传播效果取决于受传者接受信息的多少和对信息的理解程度。根据受传者的文化层次、工作性质、年龄特征等的不同,选择不同的传播媒介,因此应对受传者进行全面细致的考察。

(4)讲求经济效益。各种传播媒介的成本和使用费用相差极大。因此,在选择传播媒介时,公关人员应进行成本效益分析,遵守"花最少的钱,争取最大的传播效果"的信条。以电子传播媒介为例,若效果相当,选用广播比选用电视经济得多。

(5)注重时间安排。有些信息传播,其目的是吸引公众的短时注意,有的则是引起公众的持久注意;有的信息要求迅速传送出去,有的则无时间要求。因此,选择媒介应注意时效性和频率上的合理性。如重大新闻、短期展销广告就宜选用电子传播媒介;而树立企业形象的系列内容,则应选用印刷传播媒介有规律地连续刊出。

5)编制预算

公关预算包括公关项目活动费、设备购置费、办公费、人员工资等。公关预算的制订可以采取比例法或目标任务法。

比例法是指按当年预计总产值或预计总销售额的一定比例提取公关经费。目标任务法是指将为实现确定的公关目标而必须进行的各项活动项目所需的费用加总,再加上公关活动的管理费用,从而确定公关预算。

6)传播策动

公关活动是一项整体活动,它本身是由一系列活动项目组成,这就要求运用相应的策略加以指导。具体的公关项目是指为了实现公关活动的目标,而采取的一系列有组织的行动,包括记者招待会、展览会、纪念庆祝会活动等。在制定公关决策时,还要充分考虑预算开支、所需人力和技术上的可行性以及各种可控或不可控的因素。这一步骤的主要工作就是选择公共宣传的信息和工具,并决定如何加以运用。

7)效果评价

评价企业公关的效果,目的是评价公关活动给企业带来的好处,了解公关本身的工作成绩、经验、教训,帮助调整和制订下一个公关计划。评价程序主要如下:

(1)同原制订的公关目标对比,看实现预订目标的程度。

(2)收集和分析资料,评价公关活动是否达到了预期的要求。

(3)向决策部门报告评估结果,便于领导决策。

10.3 庆典活动公关策划

庆典活动是组织利用自身或社会环境中的有关重大事件、纪念日、节日等所举办的各种仪式、庆祝会和纪念活动的总称,包括节庆活动、纪念活动、典礼仪式和其他活动。通过庆典活动,可以渲染气氛,强化组织的影响力;也可以广交朋友,广结良缘;成功的庆典活动还可能具有较高的新闻价值,从而进一步提高组织的知名度和美誉度。

10.3.1 企业庆典活动的类型

1)节庆活动

节庆活动是利用盛大节日或共同的喜事而举行的表示快乐或纪念的庆祝活动。不同国家甚至同一国家不同地区,都有自己独特的节日。节日又有官方节日和民间传统节日之分。常见的官方节日有元旦、妇女节、消费者权益保护日、国际劳动节、儿童节、国庆节、圣诞节、感恩节、复活节等,民间传统节日有春节、元宵节、清明节、端午节、中秋节等。还有些地方根据自身文化传统、风俗习惯、土特产等,组织举办一些具有地方特色的节庆活动,如北京地坛庙会、湖南的龙舟节、山东潍坊风筝节、德国的啤酒节等。

节庆日是公共关系部门特别是酒店、宾馆等接待服务单位开展公共关系活动的绝好时机。所以,每年6月1日前后,大小商店都会在小孩商品上绞尽脑汁;中秋节前,则会爆发一轮又一轮的月饼大战;五一和十一长假前夕,旅游胜地和饭店就会大张旗鼓地宣传和推介其优质的特色服务。

2)纪念活动

纪念活动是利用社会上或本行业、本组织的具有纪念意义的日期而开展的公关活动。可供组织举办纪念活动的日期和时间有很多,如历史上的重要事件发生纪念日、本行业重大事件纪念日、社会名流和著名人士的诞辰或逝世纪念日;而本组织的周年纪念日、逢五逢十的纪念日及重大成就的纪念日,更是举办纪念活动的极好时机。通过举办这样的活动,可以传播组织的经营理念、经营哲学和价值观念,使社会公众了解、熟悉进而支持本组织。因此,举办纪念活动实际上又是在做一次极好的公关广告。

3)典礼仪式

典礼仪式包括各种典礼和仪式活动,如开幕典礼、开业典礼、项目竣工典礼、毕业典礼、颁奖典礼、就职仪式、授勋仪式、签字仪式、捐赠仪式等。在实际工作中,典礼仪式的形式多样,并无统一模式。有的仪式非常简单,如某个企业办公楼的开工典礼,放一挂鞭炮,企业老总喊一声“开工”,仪式便宣告结束;有的仪式非常隆重、庄严,如英国女王登基、国外皇室婚礼及葬礼等,甚至还有一套严格的程序和繁文缛节。

10.3.2 企业庆典活动的组织程序

(1)庆典策划:①确定来宾及发放请柬;②来宾组成:政府官员、地方实力人物、知名人士、新闻记者、社区公众代表、客户代表或特殊人物等,总之,来宾要具有一定的代表性;③发放请柬要求:请柬提前7~10天发放。重要来宾请柬发放后,组织者当天应电话致意,庆典头晚再电话联系。

(2)设计庆典活动程序:①主持人宣布开典;②介绍来宾;③由组织的重要领导或来宾代表讲话;④安排参观活动;⑤安排座谈或宴会;⑥邀请重要来宾留言或提字。

(3)落实致辞人和剪彩人:致辞人和剪彩人分己方和客方,己方为组织最高负责人,客方为德高望重、社会地位较高的知名人士;选择致辞人和剪彩人应征得本人同意。

(4)编写宣传材料和新闻通讯材料:列出庆典主题、背景、活动内容等相关材料,将材料装在特制的包装袋内发给来宾。对记者,还应在其材料中添加较详细的资料,以方便记者写作新闻稿件。

(5)庆典活动的接待工作:设置接待室,对所有来宾,都应热情接待,耐心服务;对重要来宾,要由组织领导人亲自接待;他们的签到、留言、食宿均应由专人负责。

10.3.3 企业庆典活动的注意事项

庆典活动既是社会组织面向社会和公众展现自身的机会,也是对自身的领导和组织能力、社交水平以及文化素养的检验。因此,举办庆典活动时,公共关系人员应做到准备充分,接待热情,头脑冷静,指挥有序。一般来说,庆典活动应注意以下事项:

(1)确定庆典活动主题,精心策划安排,并进行适当的宣传。

(2)拟定出席庆典仪式的宾客名单,一般包括政府要员、社区负责人代表、同行代表、员工代表、公众代表、知名人士、社团。

(3)拟定庆典程序,一般为:签到、宣布庆典开始、宣布来宾名单、致贺词、致答词、剪彩等。

(4)事先确定致贺词、答词的人名单,并拟好贺词、答词,贺词、答词都应言简意赅。

(5)确定关键仪式人员,如剪彩、揭牌、托牌等;除本单位领导人外,还应邀请德高望重的知名人士。

(6)安排各项接待事宜,事先确定签到、接待、剪彩、摄影、录像、扩音等有关服务礼仪人员。

(7)可在庆典活动中安排节目,如舞龙等;还可邀请来宾题词,以作为纪念。

(8)庆典结束后,可组织来宾参观本组织的设施、陈列等,增加宣传的机会。

(9)通过座谈、留言形式,广泛征求意见,并综合整理、总结经验。

上面讲的是举办庆典活动所要注意的一般事项。实际上,庆典活动中还有一些细节问题需要注意,下面仅举两例加以说明:

1)国旗悬挂

国旗是一国的标志和象征,人们往往通过悬挂国旗表达对本国的热爱和对他国的尊重。在国际交往中的悬旗惯例,已为各国公认,成为一种重要的礼宾仪式。接待国宾时,通常要在国宾下榻的住所和交通工具上悬挂该国国旗;两国国旗并挂,以旗本身面向为准,右挂客方旗,左挂本国旗;车上挂旗,则以车辆行驶方向为准,司机左方为主方,右方为客方。在国际会议会场也要悬挂与会各国国旗。悬挂国旗的一般规定是日出升旗，日落降旗；悬挂双方国旗，左为下，右为上；升旗时，服装整洁，立正，脱帽，行注目礼。如遇外国元首或政府首脑逝世，一般在特定建筑物上降半旗致哀，通常的做法是先将旗升至杆顶，再下降至距离杆顶相当于 1/3 的地方。

2）签字仪式

签字是一种常见仪式，作为组织中负责对外交往和礼宾的公关人员，应当熟悉签字仪式的程序。签字时，双方签字人的身份应大体相同。安排签字及签字仪式是一项细致的工作。首先，要做好文本的定稿、翻译、校对、印刷、装订、盖火漆印等工作；第二，准备好签字用的文具、国旗等物品；第三，与对方商定签字人员及参加签字仪式的人员，原则上是双方参加会谈的人员出席，或者是为表示重视，安排较高级别的领导人出席签字仪式。签字后，由双方签字人员互换文本，相互握手，有时还备有香槟酒，以示庆贺。

10.4 赞助活动公关策划

企业赞助活动是指企业无偿提供人力、物力、财力、资助某一项事业，以取得一定的形象传播效果的社会活动。赞助活动是商务公共关系专题活动中不可缺少的重要组成部分，已经越来越多地被企业所认识并加以重视，是一种超越一般广告宣传的系统化公共关系活动，它是能达到少花钱而比广告效益更好的“悄悄的广告”。有效的赞助活动能为企业赢得政府、社区及相关公众的支持，创造组织生存和发展的良好环境。

10.4.1 企业赞助活动的类型

1）赞助体育活动

由于体育比赛活动是新闻媒介热衷报道的对象，而且拥有众多的观众，对公众的吸引力大，因此，社会组织常常赞助体育活动，以增加对公众施加影响的广度和深度。赞助体育运动常见的形式有：赞助体育训练经费或物品、赞助体育竞赛活动、设立体育竞赛奖励项目等。

2）赞助社会慈善和福利事业

为各种需要社会救助的人，如孤寡老人、残疾人、病人、福利院儿童等提供物质、经费帮助，开展服务活动，以及捐助灾民，既是社会组织向社会表明履行社会义务的重要手段之一，又是社会组织改善与社区公众关系、政府公众关系的重要途径之一。

3）赞助教育事业

教育是立国之本，发展教育事业是一个国家的基本战略方针。社会组织自觉地赞助教育事业，如捐资建立图书馆与实验室，设立某项奖学金制度、资助贫困学生、捐资希望工程、设立某项奖学金制度等，既可以促进学校教育事业的发展，又可以为组织树立一种关心教育事业的良好形象。

4）赞助文化生活

文化生活是公众社会生活的主要内容之一。社会组织积极赞助文化生活，不仅可以增进社会组织与公众的深厚感情，而且可以提高社会组织的文化品位和知名度。赞助文化生活的方式主要有：赞助拍摄与社会组织有关的影视片、资助文艺演出队伍、赞助文化演出活动等。

5）赞助各种展览和竞赛活动

如蒙牛乳业有限公司对2005年“超级女声”的赞助、加多宝对2012年“中国好声音”的赞助。

10.4.2 企业赞助活动的程序

赞助活动是一种技术性很强的公共关系专题活动，一次完整的、成功的赞助活动，需要做好以下工作：

1）做好赞助研究

组织要开展赞助活动，进行赞助研究是非常重要的一步。组织应从经营活动政策入手，分析组织公共关系目标，确定赞助目的，并据此考核需要赞助的项目是否对社会、对公众有益，是否能对本组织产生有利影响。在此基础上，研究赞助项目的必要性、可行性、有效性，保证社会和组织都能获益。

2）制订赞助计划

组织要在赞助研究的基础上制订赞助计划。赞助计划是赞助研究的具体化，因此赞助计划的内容应该具体、翔实。对赞助的目的、对象、形式、费用预算、具体实施方案等都应有所计划，并控制范围，防止赞助规模超过组织的承受能力。

3）评估与审核赞助项目

这一步主要是针对具体赞助项目进行的，对每一项具体的赞助项目，赞助工作机构都应进行分析研究。首先对赞助项目进行总体评估，检查是否符合赞助方向，对赞助效果进行质和量的评估。审核则是结合计划进行，组织每进行一次具体赞助活动，都应有组织的高层领导或赞助委员会对其提案和计划进行逐项审核评定，确定其可行性、具体赞助方式、款额和时机。

4）实施赞助方案

组织要派出专门的公共关系人员实施赞助方案。在赞助方案实施过程中，公关人员要充分利用有效的公共关系技巧，尽可能扩大赞助活动的社会影响；同时，应采用广告和新闻传播等手段，辅助赞助活动，使赞助活动的效益达到最佳峰值，争取赞助的成功。

5)测定赞助效果

赞助活动结束后,组织应该对照计划,测定实际效果。赞助活动的效果应由组织自身和专家共同评测,尽可能做到符合客观实际。检测过程包括检查、收集各个方面对此次赞助的看法、评论,看是否达到预定目的,还有哪些差距,对活动不理想的应该找出原因,并把这些写成总结报告,归档储存,为以后的赞助活动提供参考。

10.4.3 企业赞助活动的注意事项

社会组织的赞助活动中,作为一种投资行为和宣传方式,具有较强的政策性与技巧性,在实际操作中必须注意以下具体事项:

(1)开展赞助活动必须着眼于社会效益,以获得公众的普遍好感。一般地说,社会组织要优先赞助社会慈善事业、福利事业、公共市政建设以及文化教育活动。

(2)开展赞助活动必须符合法律规范。主要有两方面含义:第一,赞助的对象要合法,要认真研究和确认被赞助的组织、个人或社会活动本身是否具有良好的社会声誉,是否有积极广泛的社会影响,以保证赞助活动取得良好的社会效益。否则,就会给公众以"助纣为虐"之感,不仅不利于实现赞助活动的目的,反而会损害组织形象。第二,赞助的方式要合法,即严格遵守政策法规。违背政策法规,利用赞助搞不正之风,也会破坏社会组织的形象。

(3)开展赞助活动应当量力而行,不能凭一时冲动,感情用事。赞助经费的数额,应在社会组织能够承受的范围之内。每年列出赞助总额预算,在预算范围内予以赞助。

(4)目前,社会拉赞助者众多,鱼目混珠,企业应加以仔细品鉴。对各种明显不能满足其要求的征募者,应当坦率而诚恳地解释组织的有关政策,不应为威胁利诱所屈服。必要时可以诉诸社会舆论和法律,以保障组织的合法权益。

(5)要注意留存一部分机动款项,作为遇到临时、重大活动时的备用款。

10.5 会展公关策划

10.5.1 认识企业会展活动与会展策划

会展活动是会议、展览、大型活动等集体性活动的简称。其内涵是指在一定的地域空间,围绕特定主题,众多人聚集在一起形成的、定期或不定期、制度或非制度的传递和交流信息的群众性社会交流活动;其外延包括各种类型的博览会、展览会、展销会、大中型会议、竞技运动、文化活动、节庆活动、庙会活动等。

会展活动有着悠久的历史。在中国,它的渊源可以上溯到古老的社祭。上至皇家下至百姓无不参与社祭活动,在社祭活动时少不了舞蹈、音乐,以此祭神娱人。

频繁的祭祀活动多在寺庙或其附近举行。商贩们看到烧香拜佛者众多,于是在庙外摆起各式小摊赚钱,由此形成了包括宗教、文化、经济、娱乐等内容在内的庙市,后逐步演变成集市贸易活动,演变到今天形成了会展活动。

国际展览会与博览会是经济全球化的产物。在中世纪时代,作为展览会前身的贸易集市就定期或不定期地在人口集中、商业较为发达的欧洲城市举行。到15世纪末16世纪初,世界各大洲的经济文化交流密切起来,形成连接大西洋、太平洋、印度洋的国际市场,国际展览业形成萌芽。

会展活动的基本形式是会议、展览会、博览会、交易会、展销会、展示会等,世界博览会为最典型的会展活动。狭义的会展活动仅指展览会和会议;广义的会展活动是会议、展览会和节日活动的统称。

会展活动具有强大的经济功能和信息传递功能,包括联系和交易功能、整合营销功能、调节供需功能、技术扩散功能、产业联动功能、信息集散功能,可以促进经济一体化发展。

成功的会展活动源于成功的会展策划,会展策划是指充分利用现有信息和资源,判断事物变化发展的趋势,全面构思、设计,选择合理、有效的方案,使之达到预期目标的活动。策划是一个综合性的系统工程,目标是起点,信息是基础,创意是核心。会展策划就是会展企业根据收集和掌握的信息,对会展项目的立项、方案实施、品牌树立和推广、会展相关活动的开展、会展营销及会展管理进行总体部署和具有前瞻性规划的活动。会展策划对会展活动的全过程进行全方位的设计并找出最佳解决方案,以实现企业开展会展活动的目标。

10.5.2 企业会展策划的工作程序

1)成立策划工作小组

2)进行市场调查与分析

会展市场调查与分析是会展策划的基础。其针对的内容也十分广泛,主要包括五个方面:①产业环境;②目标市场;③政策法规;④同类会展;⑤自身资源。

3)制定会展项目的行动方案

制定一个统筹兼顾的方案是会展项目顺利开展的重要前提,选择合适的时间,合适的地点,并做到两者的合理搭配,是方案必须注意的内容。

会展策划方案具体化,应形成一个可供操作的具体措施。其间得需明确以下内容:会展项目的目标、实现会展项目目标的环境、会展项目营销战略要素、会展相关活动的开展、会展策划方案的效果与评估、会展策划方案实施的附加条件。

设计行动日程表也是必不可少的一环。会展项目的行动日程必须精心设计,策划方案的制作、方案的实施不得延误,每个步骤的开始和结束都应有时间的规定和限制，以保证方案的实施能够顺利进行，否则就会严重影响会展的成功举办。

4）制定预算方案

制定一份会展项目预算方案一般包括的内容有以下几个方面：①场地费用；②行政管理费用，包括公司行政管理人员的工资和行政办公费用等；③宣传推广费用；④招展、招商费用；⑤相关活动经费。

会展项目收入来源：①会务费或展位费收入；②门票收入；③企业赞助收入；④广告位租赁费用收入（宣传费用收入）；⑤其他。

5）撰写项目策划方案

撰写会展项目策划方案就是将策划的最终成果整理成书面材料，即策划书，也称企划案，其主体内容包括现状或背景介绍、分析、目标、战略、战术或行动方案、效益预测、控制和应急措施，各部分内容可因具体要求不同而详细程度不一。其可涵盖内容如可行性研究报告、项目意向书、项目建议书以及广告策划书、宣传手册等围绕某次展前、展中以及展后的所有策划文案。

6）评估与修正

评估与修正的内容主要包括项目评估、阶段考评、最终考评和反馈改进等内容。

10.5.3 会展策划细节

1）邀请

不管什么样的会议或者展览，主办者当然希望有适宜的对象（客户）参加。作为主办者，邀请的方式非常重要。通常情况下，邀请包括信息发布、回执处理、确认通知等3个程序。

（1）信息发布。从媒体上分有印刷品（包括邀请信函、组织文件、会议通知）、电子邮件、印刷媒介公告、电子媒介公告等几种形式。通常的信息发布包括主题、时间、地点（暂定或者候选）、主要议程及安排、费用及标准等等，有些还附送会议（展）企划书，可以让参与者了解参加的意义及对会展的期望。

（2）回执。对于主办者来说，回执是对会展企划活动成功与否的判定标志之一。回执收到后，通常需要统计（回执单的设计非常重要，应当是合理且圆满的，应当包括如下信息：明确的人数、职务、性别、联系方式、预计到达目的地的时间、迎送要求等等）和确认回执有效（通常以会务费用是否交纳为标志），接下来需要做的就是资源分配——主要是展位与酒店住宿的安排，回执确认即确认通知可以在这一切完成后发出。

回执可以有多种形式，传真、信函、电子邮件、网络或者电话均可。回执需要注意的是，如果会展课题允许，应该考虑到参与者的特殊要求，譬如家属、随行人员、保健要求、交通代理、饮食习惯、住宿要求等,如果回执清楚,那么对会展的有序安排会起到很大帮助。

(3)确认通知。如果会务费用确认或者有其他方式可以确认,需要发出确认通知。同时发出的应该还有会展的确切地点、时间、议程、签到程序及会展注意事项等。

2)签到与入住安排

如果是小型商务会议,签到相对简单,仅仅是名录登记。但如果是大型会议或者展览,那么签到就是一项复杂的工作。通常情况下,会议的签到与住宿安排连在一起。

大型会议如果想要签到过程不出现混乱,必要的流程及准备是必需的——回执统计表、签到表格、引导及协助人员、住宿宾馆准确的房间数量及房间号、房间分配表、钥匙、标明入住者姓名及房号的小信封(内装客房钥匙,通常酒店可以提供)、入住酒店相对明显的路径指示、会议(展)须知、会议(展)详细日程、考察线路及参与方式、酒店功能开闭说明及付费标准、返程预订及确认、会务交通使用方式及付费标准等等。如果可能,尽量使用电脑签到。一般情况下,签到服务人员应该不少于6人——工作时间应该根据会展参与人员抵达时间合理分配。如果事先将回执的项目设计得很周全,对于签到及入住安排有很大帮助。

3)餐饮安排

一般而言,展览不统一安排餐饮(特邀嘉宾或者重要客户除外),会议通常统一安排餐饮。餐饮安排通常有两种形式:自助餐或者围桌餐。类别有中式、西式及清真系列。

统一安排餐饮的会议,对于成本的控制非常重要,自助餐一般可以发餐券控制(很多酒店对于自助餐的开设有就餐人数的最低要求),可以事先制订餐标及餐谱,严格区分正式代表与随行人员、家属,特殊要求者可以和餐厅协商。围桌式餐饮安排比较复杂——特别是大型会议的时候。围桌式餐饮安排需要考虑的问题有:开餐时间、每桌人数、入餐凭证、同桌者安排、特殊饮食习惯者、酒水种类及付款等。需要提醒的是,会议前期考察时要注意餐厅及用具的卫生情况,不能让就餐者出现健康问题。如果就餐者无法按时集合就餐,可采取哪桌够人数哪桌开席的做法,以保证就餐者的权益。

4)秘书服务

所谓秘书服务指向会展主办方提供各类文秘、勤杂、临时采购、临时司乘、向导等服务。这些服务通常是临时或者按时提供的,在预算时通常按类别笼统计算,可以按不可预计费用或者按其他类别计算。

如果通过代理公司操作,那么告诉代理公司做好随时服务的准备很有必要。

代理公司与主办方之间的最后服务费用核算将通过双方指定的联络人互相签单认可,由双方财务或者相关人员核定。

5)车辆调度

重要的国际性会议、行业重要会议、知名公司全球或者大区会议,参与者通常人数较多,身份较高,如果在主办者所在地,车辆调度可能不成问题,如果在异地举办,那么车辆调度就值得好好研究。通常,异地举办会议基本上委托当地专业机构代理,车辆调度涉及主办者与代理方的沟通,还涉及会议举办地的车源问题。对于主办方,通常只提出用车要求及安排要求,而代理公司则要考虑时间安排、预定的合理车辆数量、行走时间及线路等等。因此,主办方应该提前告诉代理方相对准确的与会者抵达时间、人数、此时间段内抵达客人的身份及车辆使用标准,并告诉代理方如果出现与预告情形不符时希望采取的弥补措施及愿意为此承担的代价。

6)健康保障

一般情形下,健康保障不需要列入会议或者展览企划。但对于特殊会议如有高龄知名学者、身体残疾专家或者政府官员参加的一些会议,那么健康保障就应该纳入会议企划内。主要内容包括举办地医疗信息的收集、特色专科分布、急救车辆呼叫及费用支付办法、常用药品少量采购、无障碍通道及洗浴卫生设备的改造等等。

7)茶歇

茶歇对于一般的大型会议而言可能不需要,中小型会议特别是公司或者组织高层会议,会间茶歇是很重要的。茶歇的定义就是为会间休息兼气氛调节而设置的小型简易茶话会,当然,提供的饮品可能不限于中国茶,点心也不限于是中国点心。通常茶歇的准备包括点心要求、饮品要求、摆饰要求、服务及茶歇开放时间要求等等,一般不同时段可以更换不同的饮品、点心组合。大致上茶歇的分类是中式与西式。中式的饮品包括矿泉水、开水、绿茶、花茶、红茶、奶茶、果茶、罐装饮料、微量酒精饮料,点心一般是各类糕点、饼干、袋装食品、时令水果、花式果盘等等;西式茶歇饮品一般包括各式咖啡、矿泉水、低度酒精饮料、罐装饮料、红茶、果茶、牛奶、果汁等等,点心有蛋糕、各类甜品、糕点、水果、花式果盘,有的还有中式糕点。

8)翻译

可能有的人认为翻译只是传声筒,是一个工具,所以会议翻译的安排就如同其他道具那样很简单,只要“采购”就可以了。其实,翻译是工具不假,但翻译是个特殊的工具,是担负思想传递的具有思维方式的人(有时候还是会谈僵局的润滑剂或者缓冲剂)。所以翻译,特别是临时聘请的翻译值得认真对待。很多所谓翻译不是通才(换言之,除翻译者本身已经掌握的知识外,可能对其他领域的知识连概念都没有),而会议涉及的专业术语往往很多,而且通常是很生僻的单词或者组合词,因此提前沟通十分必要。

再者，应当告诉翻译发言者通常的语速，有条件的可以把以往的影像资料交给翻译，让其熟悉一下，并告诉翻译本次会议大致的研讨或者涉及的内容。当然为了商业秘密不外泄，对翻译必要的约束是应该的——通常以书面形式约定在多长时间内接触机密的翻译不得对外界透露，在此期间内雇用方有权要求翻译保密，并有权要求翻译赔偿由于泄密而带来的损失。

9）礼仪与迎送

对于会议而言，必要的礼仪显得温馨。礼仪工作一般包括模特召集、程序分解、简单培训、服装道具准备、礼仪执行等。值得注意的是，礼仪的文化素质及外语基本技能考察，不能简单看形体决定是否聘请，另外一点就是礼仪的个性是否符合工作要求。各种主题的会议对礼仪的要求不一样，学术性会议、政府性质会议要求模特的着装比较素雅，不能抢了专家及政府要员的形象，而销售类会展则需要模特为企业及产品锦上添花，尽量着装鲜艳，与企业或产品的品质形象要求一致。

【案例分析】

IBM的“金环庆典”

美国IBM公司每年都要举行一次规模隆重的庆功会，对那些在一年中作出过突出贡献的销售人员进行表彰。这种活动常常是在风光旖旎的地方，如百慕大或马霍卡岛等地进行。对3%的做出了突出贡献的人所进行的表彰，被称做“金环庆典”。在庆典中，IBM公司的最高层管理人员始终在场，并主持盛大、庄重的颁奖酒宴，然后放映由公司自己制作的表现那些作出了突出贡献的销售人员工作情况、家庭生活，乃至业余爱好的影片。在被邀请参加庆典的人中，不仅有股东代表、工人代表、社会名流，还有那些作出了突出贡献的销售人员的家属和亲友。整个庆典活动，自始至终都被录制成电视或电影片，然后被拿到IBM公司的每一个单位放映。

在庆典活动中，公司主管会同那些常年忙碌、难得一见的销售人员聚集在一起，彼此毫无拘束地谈天说地。在这种交流中，无形地加深了彼此心灵的沟通，增强了销售人员对企业的“亲密感”和责任感。

讨论分析题：

IBM公司的庆典活动属于什么类型？对IBM公司有何作用？

主要参考文献

崔自三. 2012. 营销破局八大策略[M]. 沈阳:北京联合出版传媒(集团)股份有限公司万卷出版公司.

陆少俐. 2007. 中小企业市场开发五日通[M]. 北京:经济科学出版社.

陈朝锋. 2010. 中小企业创业与经营市场推广[M]. 北京:中国纺织出版社.

李文斐,段建军. 2011. 企业公关与策划[M]. 武汉:华中科技大学出版社.

赵泓. 2012. 企业媒体公关与危机管理[M]. 广州:华南理工大学出版社.